UNE COLL[illegible]ANOUISSEMENT INTÉRIEUR

dirigée par Anne Ducrocq

On naît, on grandit, on vit, on prend des coups, on s'étonne. On esquive, on mûrit, on guérit, on avance. Et parce que la vie est la vie et qu'elle nous veut du bien, on rencontre sur le chemin des livres de sagesse et d'épanouissement intérieur : on y apprend à respirer avec le cœur ; la vie s'y faufile, vaste et libre, toujours en train de commencer.
Car il ne suffit pas d'être né, il faut renaître à l'essentiel.

Des histoires personnelles aux expériences universelles, de la foi au combat spirituel, des épreuves à l'amour, des blessures à la fin de vie,

tout est à vivre.

A. D.

Tomás Navarro, psychologue espagnol, anime dans la nature des ateliers de kintsukuroi appliqué aux blessures émotionnelles. Il intervient comme coach en entreprise et en milieu sportif. Il donne également des cours et des conférences sur l'intelligence émotionnelle et ses ressources dans le monde entier.

Tomás Navarro

WABI SABI

L'art d'accepter l'imperfection

Traduit de l'espagnol
par Marianne Coulin

Éditions de La Martinière

TEXTE INTÉGRAL

ISBN 978-2-7578-8099-9
(ISBN 9782-7324-8997-1, 1re publication)

Je dédie ce livre à toutes les personnes imparfaites et singulières qui se sentent différentes et en souffrent, sans savoir qu'elles sont en réalité des personnes extraordinaires, uniques et merveilleuses…

Lorsque vous vous sentez différent ou seul, dites-vous qu'il m'arrive aussi de me sentir seul, et rappelez-vous que cela arrive à tout le monde.

Vos anomalies, vos accidents et vos défauts ne sont peut-être pas aussi terribles que vous le pensez.

Le monde est rempli de personnes aussi belles et singulières que vous, vivant dans le silence et la honte leur merveilleuse particularité.

Les trois chimères : la perfection, le bonheur et la réussite

Hitoshi et Susumo venaient d'emprunter sur le sentier qu'ils peinaient à percevoir tant la neige était tombée en abondance. Les pas du vieil homme étaient lents, mais sûrs, et son regard attentif scrutait le manteau blanc en quête d'un signe qui lui indiquerait le meilleur endroit où poser le pied.

« Sais-tu pourquoi nous gravissons cette pente enneigée ? » demanda soudain le vieil homme. Susumo, qui suivait son grand-père en prenant soin de marcher dans la trace qu'il venait de laisser afin de ne pas abîmer le beau manteau blanc, savait que la question visait avant tout à éveiller sa curiosité.

« Qu'est-ce qui te motive à grimper, Susumo ? » demanda une nouvelle fois Hitoshi.

Susumo appréciait beaucoup les longues conversations qu'il avait avec son grand-père lorsqu'ils partaient se promener. Comme son grand-père commençait généralement par des questions incitant à la réflexion, il décida d'accélérer le pas pour marcher à ses côtés et mieux l'entendre. Recevoir un bon conseil méritait bien d'altérer quelque peu le manteau blanc ! Qui plus est, marcher en laissant deux traces de pas parallèles était un beau témoignage du lien qui les unissait. Le temps efface tout, mais la neige allait être pendant un instant le témoin de la relation d'amour et de sagesse qui existait entre Hitoshi et Susumo.

« Nous avons besoin de motivation pour vivre. La motivation, c'est l'énergie qui naît dans la poitrine et met en mouvement tout notre être, la volonté qui nous fait persévérer malgré la fatigue, le guide qui nous indique la direction à prendre, fit observer le vieil homme.

« Susumo, dans ta vie, tu devras faire face à toutes sortes de motivations, certaines que tu auras toi-même choisies et d'autres non. Certaines réveilleront ce qu'il y a de meilleur en toi et d'autres ce qu'il y a de pire. Et, plus important encore, certaines motivations seront valables et d'autres non, car ce qui te motive aujourd'hui pourrait ne plus te motiver demain. Sache que de nouvelles motivations peuvent apparaître chaque jour et que c'est une bonne chose, car elles te conduiront vers des destinations que tu n'aurais jamais imaginées.

« Les jeunes comme toi poursuivent généralement trois objectifs dans la vie sans savoir que ce ne sont que des chimères, des illusions générées par notre ambition. Nous souhaitons tous être heureux, réussir et avoir une vie parfaite !

« La première chimère est de croire que nous aurons une vie parfaite. Nous voulons avoir un travail parfait, un chef parfait, un couple parfait et des relations sociales parfaites. En fin de compte, nous voulons que notre vie soit la preuve la plus tangible de la perfection absolue.

« Or, dans cette quête de perfection, nous en oublions que la vie est imparfaite. Nous devons faire face à des maladies, des désillusions et des tromperies. Nous vivons des rêves qui ne se réalisent pas, nous construisons des châteaux de sable qui finissent par s'effondrer, nous pouvons être licenciés et connaître des déceptions et des fins. La vie, Susumo, est comme elle est, et non comme on souhaiterait qu'elle soit.

« Cette quête de réussite et de perfection est la cause des deux fardeaux que nous portons sur nos épaules, la tristesse et l'anxiété. Tant que nous sommes en quête de perfection, de réussite et de bonheur, nous ne profitons pas du chemin. Nous vivons dans l'avenir, et non dans le présent, espérant quelque chose qui ne se produira jamais ou qui sera si éphémère ou si peu conforme à nos attentes que cela ne vaut pas la peine d'en souffrir ou de déployer des efforts démesurés pour l'obtenir.

« À quoi tout cela nous mène-t-il ? À vivre dans un état d'anxiété permanent, en quête désespérée du bonheur. Nous mettons en place toutes sortes de stratégies pour trouver le bonheur – changer de travail pour trouver le travail parfait, de partenaire dans l'espoir de trouver notre moitié, de voiture pour en avoir une plus puissante ou plus grande que la précédente –, et cette quête incessante génère en nous de tels niveaux d'anxiété que nous ne pouvons plus apprécier les choses "imparfaites" que nous avons. À force de rechercher la perfection, nous passons à côté des trésors simples et imparfaits dont nous pourrions profiter intensément.

« Un jour finit par arriver où la quête prend fin. Nous aurons eu beau nous voiler la face en nous efforçant de vivre notre rêve et d'évoluer dans une sorte de décor artificiel, nous réalisons un jour que nous avons gaspillé notre temps en voulant quelque chose d'inaccessible et sacrifié notre jeunesse, voire notre existence, en poursuivant une chimère. Sais-tu ce qui se passe alors, Susumo ? La tristesse apparaît.

« Nous vivons cette révélation comme une crise et, aveuglés par le voile noir de la tristesse qui recouvre tout, nous prenons des décisions malavisées et impulsives et nous mettons désespérément en quête de quelque chose pour remplir le vide que nous ressentons. La rage, la colère et la haine prennent le pouvoir sur nous et, comme nous ne savons pas gérer les sentiments qui accompagnent cette révélation, nous tombons dans la rancœur et le ressentiment et n'avons plus aucune perspective.

« Un grand vide s'empare alors de notre cœur et de notre esprit. La mélancolie imprègne toutes nos expériences et ouvre la porte à des sentiments tels que la culpabilité, la vengeance ou la peur.

« Rappelle-toi, Susumo, que la tristesse n'est pas mauvaise en soi, pas plus que l'anxiété. Le problème est que nous ne sommes pas attentifs aux signaux et aux messages qu'elles nous envoient. Le corps nous parle comme il peut, en utilisant tous les moyens dont il dispose, notamment les émotions, mais nous les ignorons et passons ainsi à côté du message qu'elles cherchent à nous faire parvenir. »

Hitoshi resta silencieux un moment. Il savait que Susumo avait besoin de réfléchir à ces paroles. Le rythme de leur marche sur le sentier enneigé marquait celui des pensées du grand-père et de son petit-fils.

« Je comprends ce que tu dis, grand-père, mais il y a des jours où je me sens inquiet et agité : j'ai du mal à me lever, à m'endormir, à étudier ou à me concentrer, et j'ai beau retourner les choses dans ma tête, je ne sais pas ce que me dit mon corps. Mon mental ne sait pas interpréter le langage de mon corps. Peut-être qu'un jour je pourrai l'entendre et le comprendre ? Pourquoi ne savons-nous pas décrypter les messages que notre corps nous adresse ?

— Tu vis les choses ainsi parce que tu es encore jeune, mais tu comprendras un jour que l'anxiété nous dit que quelque chose ne va pas dans notre vie, et que nous devons prendre une décision ou agir selon nos priorités ou nos valeurs. La tristesse nous parle aussi, cher Susumo. Elle nous indique que nous devons chercher en nous-mêmes, nous arrêter, nous réorganiser ou apprendre de nos expériences. Rappelle-toi que toutes les émotions sont nécessaires et utiles, car elles nous aident toutes, sans exception, à mener une vie plus saine et équilibrée. »

Susumo et Hitoshi arrivèrent dans un lieu où la neige laissait apparaître des bassins d'eau sulfureuse. Leur promenade les avait menés jusqu'à des piscines naturelles d'eaux thermales, où ils décidèrent de se baigner.

Ils retirèrent leurs vêtements, qu'ils plièrent avec soin avant de poser dessus un morceau de bois pour éviter qu'ils ne s'envolent. Puis, après s'être inclinés, ils pénétrèrent dans des eaux dont la chaleur contrastait avec le froid glacial de la forêt.

Assis dans un coin du bassin, Susumo regardait la montagne, perdu dans ses pensées. Il n'avait pas encore vingt ans et avait l'énergie d'un jeune cheval impétueux, mais il était en même temps sensible et sensé. Les idées continuaient de se bousculer dans sa tête sans qu'il puisse vraiment les verbaliser. Il y avait tant de choses qu'il ne comprenait pas et qu'il avait besoin de comprendre. Sa sensibilité était sa meilleure alliée, et aussi sa pire ennemie.

« Grand-père, tu me demandes d'être conformiste ? » demanda Susumo, le regard perdu dans le paysage.

« Non, absolument pas. Je te recommande de mettre en contexte les choses, le monde, ce qui se passe, ce que tu souhaites, ce que tu ressens et ce que tu penses. J'ai compris que, pour vivre une vie sereine, il faut pouvoir la mettre en perspective. Cela m'a pris toute une vie, mais j'ai appris plusieurs choses : qu'une opinion n'est pas un fait, que ce qui compte vraiment est simple, que la vie est imparfaite, que la réussite ne justifie pas toujours le sacrifice qu'elle exige, et que le bonheur, s'il existe réellement, est de pouvoir se baigner un jour ordinaire dans des bassins d'eaux thermales au beau milieu de la neige.

« Connais-tu une méthode infaillible pour être heureux ? Pourquoi crois-tu que tout le monde parle du bonheur ? Crois-tu vraiment au bonheur ? Tous ces débats, depuis la nuit des temps, sans parvenir à un accord, un consensus, un mode d'emploi… C'est peut-être simplement parce que la notion de bonheur n'est pas réelle et n'existe que dans notre imagination.

« Susumo, dis-toi que dans le monde entier des chercheurs, des artistes, des poètes, des sociologues, des anthropologues et des politiciens ont tenté de définir le bonheur et de déterminer la manière d'y parvenir. Certains disent que le bonheur réside dans des relations sociales de qualité, d'autres dans une vie pleine de sens, dans nos accomplissements, nos buts, notre alimentation, l'exercice physique ou des projets. Mais peut-être confondent-ils la joie que provoquent leurs découvertes et les théories sur le bonheur.

« Susumo, le meilleur conseil que je puisse te donner est de ne plus rechercher le bonheur, mais la liberté et la sérénité. Une sérénité qui permet de vivre les petites joies de tous les jours. Oublie le bonheur et commence à rechercher les petites joies. Le bonheur est une construction poétique qui, en nous distrayant et en nous réduisant en esclavage pendant des siècles, nous a empêchés de nous préoccuper de ce qui compte vraiment. Nous sommes en quête du bonheur sans savoir ce que c'est. Et, si personne ne sait ce qu'est le bonheur, c'est parce que personne ne l'a vécu. Le bonheur n'est qu'un idéal, le produit d'une hypothèse, une déduction naïve et pourtant lourde de conséquences.

« Nous supposons qu'une joie très intense et qui dure dans le temps est le bonheur que nous recherchons tant, alors que les joies, par définition, ont une fin. Admettons que tu connaisses le bonheur dans ces bassins d'eaux thermales perdus dans la montagne, entourés d'une belle neige, pure et glacée. Que se passerait-il ? Eh bien, tu y trouverais la mort.

« Comme tu aurais trouvé le bonheur, tu ne souhaiterais plus rien faire dans ta vie. Tu aurais atteint un état de bonheur suprême et ton corps et ton esprit se sentiraient tellement satisfaits que tu ne ferais plus rien d'autre. Tu cesserais de manger, de boire, de dormir, de prendre soin de toi, de travailler, de penser et de ressentir, et tu finirais par mourir.

« Mais, vois-tu, cher Susumo, un esprit simple, naïf et ambitieux croit à tort que l'éphémère peut perdurer, alors que le bonheur, les moments de joie, même lorsqu'ils sont très intenses ou très subtils, sont toujours éphémères, et c'est une bonne chose, car cela nous protège et nous motive.

« Persuadés que cette supposition qu'on appelle le "bonheur" existe, nous en oublions d'apprécier les petites joies de la vie. Nous voulons atteindre le sommet le plus vite possible et l'atteignons effectivement dans des temps record, mais sans avoir profité de la beauté des orchidées sauvages sur le chemin, des animaux qui nous observent et de la chaleur des rayons du soleil qui nous caressent le visage. »

Susumo ferma les yeux. Il se sentait en paix, serein. Il savourait la compagnie de son grand-père bien-aimé et observait l'effet de la chaleur de l'eau sulfureuse sur son corps et de la fraîcheur de la brise sur son visage. La montagne enneigée se dressait, magnifique, devant eux. Mais Susumo savait aussi qu'il allait devoir bientôt reprendre les cours à l'université et faire face aux obligations qui l'attendaient, au bruit et à la frénésie de Sapporo.

Il sut alors qu'il devait retenir cet instant qu'il vivait avec son grand-père, parce que ce serait ce souvenir, et le désir de le revivre, qui allait lui permettre de supporter sa routine quotidienne.

« Grand-père, je pense que les souvenirs des moments de joie nous procurent aussi de petites joies, même si elles ont moins d'intensité. Et, lorsqu'on imagine des moments de joie, cela nous permet d'anticiper une partie de ce plaisir, fit remarquer Susumo.

– Tu as raison. Le problème, c'est qu'en passant trop de temps dans les souvenirs ou les rêves nous passons à côté de petites choses qui nous font du bien chaque jour. Je sais que tu ne te plais pas à Sapporo, mais il faut parfois faire de petits efforts, de petits investissements, pour avoir plus tard une meilleure qualité de vie. Au lieu de te laisser submerger par la souffrance et la tristesse, tu peux enrichir ta journée de mille petits détails. À moins qu'une simple soupe de miso suffise à te réjouir ?

« Susumo, tu es beaucoup plus riche que tu ne le penses : que ce soit à Sapporo ou ici, à Furano, que tu sois seul ou accompagné. Nous oublions parfois la véritable richesse qui est en nous dans notre quête de réussite matérielle, sociale et personnelle. Nous pensons que la réussite est associée à une position de pouvoir, généralement d'ordre économique et social, mais la vie m'a enseigné que la réussite, c'est être libre de faire ce que l'on a envie de faire et vivre en accord avec nos priorités et nos valeurs. C'est, cher Susumo, la seconde chimère dont je souhaitais te parler : vouloir réussir à tout prix.

— Mais, c'est important d'avoir de l'argent ! » l'interrompit le jeune homme.

Les mots étaient sortis de sa bouche sans crier gare. Susumo savait qu'il avait besoin d'argent pour vivre, c'était la seule chose qui le motivait à poursuivre ses études de médecine, la carrière que son père, lui-même médecin, lui avait recommandée. « Susumo, tu pourras t'occuper de mes patients, tu feras honneur à notre nom et tu vivras en ayant la notoriété et l'argent d'un bon médecin », lui avait expliqué son père, et ces paroles résonnaient dans sa tête chaque fois qu'il sentait sa motivation faiblir. Il ne voulait pas être médecin, même si, d'un point de vue rationnel, c'était la meilleure décision qu'il pouvait prendre. « La médecine est une profession dont on hérite », se plaisait à dire son père. Le fait est que Susumo n'était pas satisfait de cette décision, de cette direction qu'il avait prise.

« L'argent est important, ajouta Hitoshi, sortant Susumo de ses réflexions. Mais combien de temps t'a-t-il fallu pour gagner l'argent que tu as maintenant ? J'ai longtemps pensé que l'argent apportait la liberté et le bonheur, pour finalement me rendre compte que ce n'était pas vrai. Cher Susumo, je sais que mes paroles peuvent t'aider à ne pas avoir à vivre ce que j'ai vécu. Tu peux en tirer les enseignements, mais sans avoir à vivre les crises et les problèmes qu'il m'a fallu surmonter pour le comprendre. Tu auras d'autres problèmes, mais, si tu te souviens de ce que je t'ai dit, tu n'auras pas à reproduire mes erreurs.

« J'ai compris un jour que les personnes les plus riches ne sont pas celles qui possèdent le plus et que cette croyance est une simplification de la réalité. Pour apprécier la richesse qui est en nous ou que nous générons, deux autres facteurs sont à prendre en compte dans notre analyse : le temps et l'émotion ressentie.

« Combien de temps t'a-t-il fallu pour gagner l'argent que tu as maintenant ? Et combien de temps te reste-t-il pour en profiter ? Cette réflexion est de la plus haute importance. Tu es aujourd'hui étudiant à l'université et tu as beaucoup de temps, mais pas beaucoup d'argent. Tu n'as peut-être pas les moyens d'aller à Paris, mais tu peux contempler le spectacle du *sakura fubuki* et t'émerveiller chaque année en voyant voleter comme des flocons de neige les pétales de la délicate fleur de cerisier. Et pour cela, cher Susumo, tu n'as besoin que de temps : ce temps qu'un homme d'affaires empressé ou des millions de personnes dans le monde qui rêvent de voir une fois dans leur vie ce que tu vois tous les jours n'ont pas.

« Que préfères-tu, gagner mille yens en travaillant deux heures par semaine ou gagner deux mille yens en travaillant cinq jours par semaine ? De combien d'argent as-tu besoin pour vivre ? Quel prix es-tu prêt à payer pour avoir plus d'argent ? Auras-tu le temps d'en profiter ?

« Je te soumets une nouvelle réflexion : que dois-tu faire pour gagner cet argent ? Que ressens-tu en gagnant cet argent ? Es-tu heureux dans ton travail ou espères-tu que l'argent que tu vas gagner compense ton manque de motivation ? Il n'y a pas de travail parfait, certes, mais nous n'avons pas non plus à hypothéquer notre vie pour un travail qui ne nous plaît pas, ne nous motive pas et ne nous fait pas du bien.

« Si tu devais élaborer une formule de la richesse, comment t'y prendrais-tu ?

— Je commencerais par diviser la somme d'argent gagnée par le temps travaillé, proposa Susumo.

— Cela me paraît bien, car cela nous permet de savoir ce que l'on gagne à l'heure.

— Mais il faut aussi ajouter le temps libre qu'il nous reste. On pourrait multiplier le résultat de la division par le temps libre qu'il nous reste ? suggéra alors le jeune homme.

— Parfait, mais il faut aussi prendre en compte le facteur émotionnel, fit observer le grand-père.

— Comme le facteur émotionnel est essentiel, il doit servir de catalyseur. Je mettrais une valeur de 0 à 10, 0 étant l'absence d'émotions positives et 10 une explosion d'émotions positives. Le nombre sélectionné entre 0 et 10 serait la puissance du résultat de la multiplication, dit alors Susumo.

— Tu viens de donner la clé, la formule de la richesse. Pourrais-tu maintenant me dire ce qu'est la réussite pour toi ?

— Grand-père, la réponse est dans ta question. Je ne sais pas ce qu'est la réussite. Je sais seulement que, pour mon père, réussir, c'est être un bon médecin, pour ma mère, avoir une bonne famille, pour mon professeur, travailler aux États-Unis... Et la télévision me dit que c'est avoir une voiture de luxe. En fait, j'ignore ce qu'est la réussite pour moi.

— C'est très intéressant. Il existe différentes formes de réussite, mais la seule réussite qui vaille est celle qui est bonne pour toi. Pendant ton séjour à Sapporo, je t'invite à réfléchir à ce que signifie la réussite pour toi et à te dire que la réussite n'est qu'une chimère. Dis-toi aussi, comme on vient de le voir pour le bonheur, qu'il vaut mieux parler de petites réussites en sachant qu'elles sont passagères. Les petites réussites sont à la réussite ce que les petites joies sont au bonheur. »

Susumo ferma les yeux. Il se sentait triste et contrarié. Il voyait bien qu'il ne vivait pas sa vie, mais ignorait quel genre d'existence il voulait mener.

« Je vois sur ton visage l'ombre de la colère, observa Hitoshi.

— Je suis désolé, grand-père.

— Tu n'as pas à être désolé, Susumo. La troisième chimère à éviter est de vouloir atteindre la perfection à tout prix. Nous sommes imparfaits et nous nous mettons en colère. Ce n'est ni bien ni mal de se mettre en colère, et encore moins un signe d'imperfection. C'est simplement nécessaire. Ta colère te dit quelque chose, quelque chose qui requiert d'autant plus ton attention. Le temps n'est jamais d'aucune aide tant que nous refusons de voir ce dont nous devons nous occuper. Nous pouvons faire en sorte que cette colère dure plus ou moins longtemps et comprendre ce qu'elle nous dit ou l'ignorer, mais nous ne devons en aucun cas culpabiliser de ne pas être parfaits parce que nous nous sommes énervés. Nous acceptons l'imperfection comme un préalable pour grandir et nous libérer des chaînes de la perfection, qui est illusoire.

« Ne cherche pas à être parfait, mais à t'améliorer. La clé, comme nous venons de le voir pour le bonheur et la réussite, n'est pas d'atteindre un état d'extase absolue, elle est dans le chemin. Grandis et accepte avec humilité tes imperfections. Rien de ce qui nous entoure n'est parfait. Les eaux dans lesquelles nous nous baignons sont une altération de l'ordre de la nature, une fuite du système volcanique provoquant le réchauffement d'une veine d'eau qui s'échappe à la surface. Dis-toi que nous avons une chance incroyable de profiter de cette imperfection.

« Ce n'est pas tout. Le véritable problème est la supériorité morale de ceux qui se plaignent des imperfections qui existent autour d'eux. Il faut faire preuve d'une grande humilité pour grandir, et cette humilité sera la clé pour s'améliorer chaque jour. Transforme l'imperfection en quelque chose de naturel, et, en te libérant des stigmates, des étiquettes et des préjugés, tu pourras y être attentif et même prendre plaisir à l'observer. L'imperfection est un fait, un accident, qui peut se transformer en occasion selon ce que l'on en fait.

« Susumo, nous avons besoin d'être motivés par quelque chose pour vivre, mais nous ne nous y prenons généralement pas de la bonne manière. C'est bien souvent après avoir vécu un événement traumatique que nous réalisons que les trois motivations les plus répandues ne sont que des chimères. Nous sommes en quête de réussite, de bonheur et de perfection. Nous stressons pour y parvenir et déprimons quand nous n'y parvenons pas, et passons ainsi à côté de tout le reste.

« Ma vie n'a pas été parfaite, et c'est pourquoi je veux te donner quelques conseils pour t'aider à vivre sereinement une vie imparfaite. N'aspire pas à avoir une vie parfaite, ni au bonheur ni à la réussite. S'il y a bien quelque chose que j'ai appris durant toutes ces années, c'est que ces trois aspirations ne sont que des idéaux qui nous détournent de ce qui compte vraiment : vivre en paix et dans la sérénité avec soi-même, en vivant la vie intensément et en profitant de l'imperfection, et avancer sur le chemin de la vie, un chemin qui n'a jusque-là jamais été parcouru.

« Cher Susumo, écoute cet ancien qui a eu besoin de toute une vie pour se rendre compte que la vie est imparfaite, et que c'est ainsi qu'elle doit être comprise et vécue. »

INTRODUCTION

Hatsune, un changement nécessaire

« À quoi tout cela nous mène-t-il ? À vivre dans un état d'anxiété permanent, en quête désespérée du bonheur. »

Je distillerai tout au long de ce livre les paroles de Hitoshi afin de rappeler ses meilleurs conseils pour vivre une vie imparfaite. La vie est telle qu'elle est, et non comme on voudrait qu'elle soit. Et comme notre capacité d'action sur elle est limitée et partielle, il est important d'affronter la vie et de la vivre en adoptant une attitude adéquate.

En psychologie, on parle d'« attitude » pour désigner la façon dont les individus font face à la vie telle qu'elle se présente. L'attitude est une disposition vitale qui encadre nos pensées, nos paroles et nos actes, et donne sens à ce que nous vivons au quotidien, à ce que nous avons vécu dans le passé et à nos projets pour l'avenir.

Votre attitude conditionnera effectivement toute votre existence. L'attitude, ce sont les lunettes à travers lesquelles vous regardez la réalité, mais aussi votre façon de réagir aux situations et événements. C'est votre attitude qui détermine si vous allez passer une bonne ou une mauvaise journée, indépendamment de ce qui vous arrive. C'est aussi votre attitude qui vous pousse à mener une vie plus conforme à vos objectifs, à pleurer dans un coin ou à prendre de la hauteur, à avoir peur ou à faire le pas en avant que la vie attend de vous.

Comme notre attitude conditionne des aspects aussi importants que notre état émotionnel, nos motivations les plus profondes, la perception que nous avons de la réalité, voire nos relations sociales, il est vraiment important de savoir comment elle fonctionne et d'apprendre à l'interpréter et à la modifier.

On nous dit souvent qu'il faut profiter de la vie. La majorité des livres se contentent de cette affirmation sans expliquer comment y parvenir, et ne disent pas que la clé est de faire un travail sur cette attitude. Ils lancent des idées et des propositions sans fournir de cadre conceptuel qui leur apporterait rigueur et validité. Mon livre *Wabi sabi* est différent. Vous y trouverez une méthode simple et didactique pour parvenir à un changement d'attitude qui dépasse le cadre théorique et que vous pourrez adopter dans votre quotidien de manière concrète afin de vivre la vie que vous souhaitez avoir.

Tout au long de mon expérience en tant que praticien, j'ai pu observer que, si le destin nous distribue les cartes, c'est bien nous qui décidons de la façon dont nous les jouons. Et notre façon de jouer nos cartes dépend effectivement de notre attitude.

Nous venons au monde sans l'avoir voulu, nous naissons par pur hasard dans une famille ou une autre, avec ses bons et ses mauvais côtés. Notre première éducation est une carte choisie au hasard, de même que le pays où nous vivons nos premières expériences. Si notre créativité, notre capacité d'analyse et d'autres fonctions cognitives dépendent de la génétique et de l'éducation que nous avons reçue, notre attitude en revanche nous appartient et nous pouvons nous en servir en notre faveur. C'est ainsi que nous pourrons choisir notre tirage de cartes et même en obtenir de nouvelles grâce à notre capacité à apprendre et à progresser. C'est pourquoi je vous propose de concentrer nos efforts sur une attitude essentielle que j'appelle une attitude wabi sabi.

Mais qu'est-ce que le wabi sabi ? Le wabi sabi est une tendance esthétique japonaise qui a évolué au fil des siècles. C'est aujourd'hui une philosophie de vie qui, une fois transformée en attitude essentielle, peut nous aider à trouver la sérénité, l'inspiration et la liberté dans notre quotidien.

Le wabi sabi nous rappelle que rien dans la vie ne dure éternellement, que tout est incomplet et que c'est en acceptant les choses imparfaites, incomplètes et impermanentes que nous pourrons avancer et accepter la vie telle qu'elle se présente.

Une attitude wabi sabi nous aide à nous adapter plus rapidement aux changements inévitables que la vie nous propose, à replacer les choses dans leur contexte, à adopter une nouvelle perspective, à vivre avec l'incomplet et à vivre la vie dans toute sa splendeur, avec la richesse de ses millions de petites joies de tous les jours.

Vous pourrez appliquer dans votre quotidien tout ce que je vous expliquerai de manière très simple, comme je l'ai fait moi-même ainsi que les personnes que j'ai accompagnées pendant plus de vingt ans de carrière professionnelle.

Nous verrons comment développer une attitude wabi sabi et aborderons des aspects essentiels, tels que le fonctionnement de la motivation. Nous apprendrons à transformer les objectifs en réalité, à établir nos priorités, à faire face aux pressions internes et externes et à concentrer notre énergie sur ce qui peut être transformé. Comment y parviendrons-nous ? En ayant une attitude réaliste, contextualisée et détendue, en acceptant ce qui est imparfait, impermanent et incomplet, en prenant plaisir à contempler la beauté de ce qui est humble, modeste et non conventionnel, en somme, en élargissant notre horizon et en enrichissant notre vie.

Apprendre à adopter une attitude wabi sabi est plus simple qu'il n'y paraît. Soyez sans crainte, je vous fournirai progressivement des outils et des ressources pour vous aider à accepter vos imperfections et à vous en servir comme stratégie pour grandir, vous développer et vivre avec les imperfections d'autrui et améliorer ainsi vos relations sociales. Vous apprendrez également à analyser et à comprendre ce que vous disent les crises que vous traversez ou celles dont vous êtes le témoin. Et, pour finir, je vous aiderai à porter un nouveau regard sur la perte et à vivre avec votre sensibilité et celle des personnes qui vous entourent.

Adopter une attitude wabi sabi vous aidera à vivre intensément, à jouer au mieux les cartes que la vie vous a données et à faire de cette partie un coup de maître pour vivre votre vie en toute liberté et sérénité.

La motivation, moteur de l'action

> *« Susumo, nous avons besoin d'être motivés par quelque chose pour vivre, mais nous ne nous y prenons généralement pas de la bonne manière. »*

Le champ des émotions est actuellement le plus investi en psychologie. Bon nombre de théories psychologiques portent sur les émotions, que ce soit pour découvrir les messages qu'elles renferment ou pour analyser leur fonctionnement.

Je considère que cet intérêt pour l'étude des émotions nous a fait oublier d'autres outils indispensables que nous possédons tous et qui nous aident à nous développer et à grandir, comme la motivation, une ressource très utile pour atteindre nos objectifs et affronter les situations de la vie quotidienne dans de meilleures conditions.

Mon intention en écrivant ce livre est de rappeler et de mettre en évidence le rôle important que joue la motivation dans nos vies. Devenir des spécialistes en motivation nous intéresse tous, car c'est le moyen le plus efficace d'atteindre les objectifs que nous visons.

Cette ressource vous permettra non seulement de transformer vos objectifs en réalité, mais aussi de prendre des décisions plus avisées, car vous aurez défini clairement vos priorités et persévéré dans vos efforts pour réaliser votre rêve.

Vous retrouverez la vigueur que vous aviez perdue et que vous souhaitez tellement retrouver, et vous apprendrez notamment à distinguer ce qui est important de ce qui relève de l'accessoire. Plus important encore, chers lecteurs, vous apprendrez à prendre votre vie en main en tenant compte de vos besoins et gagnerez ainsi en indépendance et en liberté sur tous les plans.

Mais que sait-on de la motivation ? Comment fonctionne ce mécanisme d'adaptation capital ?

La motivation est un processus psychologique fondamental, un mécanisme d'adaptation psychologique pour vivre mieux, disposer d'un plus grand nombre de ressources pour gérer notre quotidien et apporter de meilleures réponses aux exigences de la vie. La motivation nous permet d'avancer et de persévérer dans nos efforts en dépit des difficultés.

Nous autres, psychologues, définissons la motivation comme étant une pulsion qui active, maintient et guide notre conduite. Dans notre quotidien, cela correspond à l'énergie qui nous permet de persévérer et de nous démener pour atteindre un objectif. Lorsque cette énergie nous fait défaut, nous sommes incapables de nous rendre à notre cours de gym un jour de grand froid, nous rêvons d'une vie meilleure sans rien faire pour y parvenir, que ce soit changer de travail ou déménager, ou nous passons la journée à nous plaindre de notre partenaire sans nous résoudre à le quitter, tout en sachant que cette relation est abusive et toxique.

La motivation joue un rôle important dans notre quotidien. Bien qu'elle ait été étudiée sous différents prismes, notamment sur le plan cognitif, comportemental ou neurophysiologique, il reste un long chemin à parcourir dans ce champ d'observation.

Comme l'indique très justement le sage Hitoshi, nous avons besoin d'être motivés par quelque chose pour vivre. La motivation est l'énergie qui nous mobilise en vue d'atteindre un objectif et nous permet de transformer nos buts, qu'ils soient simples ou ambitieux, en réalités.

Certaines motivations sont passagères, par exemple s'entraîner pour courir un marathon, mais nous avons aussi des motivations qui nous sont propres et nous accompagnent depuis toujours, par exemple faire preuve de courtoisie envers les autres et répondre à leurs besoins. Lorsqu'une motivation est passagère, on parle d'une « motivation-état » et lorsqu'elle est propre à une personne de « motivation-trait ». Les motivations-traits peuvent évoluer au cours de notre existence, mais comme elles sont ancrées dans notre personnalité, il nous faudra déployer beaucoup d'efforts ou vivre un incident particulièrement traumatique pour en changer.

Une personne aimable ou ayant une motivation-trait d'amabilité aura beaucoup de mal à ne plus se montrer aimable. Si elle est déçue ou en colère, elle peut décider d'être plus sélective lorsqu'elle fait preuve d'amabilité, voire cesser de se montrer aimable pendant un temps, mais, une fois cette contrariété passée, elle retrouvera son amabilité.

Nous avons toutes sortes de motivations d'intensités variables qui peuvent évoluer au fil du temps. Par exemple, une personne qui prend plaisir à faire souffrir les autres peut exercer sa motivation avec plus ou moins d'intensité en fonction du contexte dans lequel elle se trouve, de son état d'esprit ou des effets qu'elle pense obtenir en exerçant sa toxicité.

Afin de mieux comprendre comment fonctionnent les processus motivationnels, nous examinerons plus en détail trois aspects clés : les besoins, les désirs et les choix.

Le rôle des besoins

« Que signifie pour toi la réussite ? »

Commençons par la notion de besoin. On pourrait dire que les besoins sont un des détonateurs internes les plus puissants dont on dispose pour activer notre motivation. Quand on a besoin de quelque chose, on doit s'en occuper immédiatement. Si un besoin apparaît dans notre vie, on voudra le satisfaire et notre dispositif motivationnel se mettra en marche en activant les émotions, et plus particulièrement l'anxiété.

On comprend que l'on a besoin de telle ou telle chose et que l'on doit agir pour l'obtenir… Mais que doit-on faire ?

Dans un premier temps, la motivation se soucie rarement des raisons. Sur le plan neuronal, le circuit de la motivation est très proche du circuit émotionnel et partage même avec lui des processus et des zones, ce qui explique que le cerveau reptilien, le plus primitif, se mette en marche plus rapidement que la cognition et s'occupe de la question sans attendre que la cognition soit activée.

C'est la raison pour laquelle nous faisons souvent des choses en pensant qu'elles nous permettront de satisfaire notre besoin, alors qu'il n'en est rien. Nous pouvons alors faire des achats de manière impulsive, allumer une cigarette, agir de façon téméraire, par exemple rouler trop vite en voiture, ou nous goinfrer pour calmer l'anxiété diffuse qui s'empare de nous. Le problème est qu'il n'y a rien à faire pour calmer le besoin qui a réveillé notre anxiété. Tant qu'on est occupé à faire quelque chose, on se sent un peu plus apaisé, mais on ne va nulle part.

La clé n'est pas de renoncer

La clé n'est pas de renoncer à nos besoins, mais de les contextualiser et d'en établir une hiérarchie. Nous avons besoin de certaines choses : d'amour, de confort, de sécurité, de défis... Les besoins étant un facteur de motivation important, je vous invite à oublier tout ce qu'on a pu vous dire à leur sujet, par exemple qu'il ne faut pas en avoir ou que nous n'avons besoin de rien, etc.

Les émotions sont plus rapides que la cognition ; elles apparaissent avant même qu'un besoin ne se fasse sentir, mais sont souvent peu précises, et c'est alors que la raison entre en scène, certes un peu tard, et prend le contrôle de la situation.

La bataille commence à ce moment précis, lorsque la raison fait son entrée et que notre ressenti est en conflit avec notre raison. Il y a souvent une grande différence entre ce que l'on souhaite et ce que l'on a, ce qui génère une lutte interne difficile à gérer, notre mental ayant recours aux stratégies, conduites et ressources dont il dispose pour calmer notre anxiété et ce besoin si impérieux. Celui-ci trouvera parfois des ressources efficaces, mais pas toujours. À quoi cela tient-il ? À des aspects aussi importants que notre éducation, notre créativité ou notre expérience.

Enfin, selon les ressources qu'elle aura trouvées dans sa base de données, la cognition fera appel à la créativité et optera pour une conduite déterminée en vue de satisfaire ce besoin.

Vu comme ça, ce processus paraît simple, n'est-ce pas ? Eh bien, oui, c'est simple ! Bien souvent, ce n'est pas si compliqué de vivre un peu mieux ou, pour le moins, de comprendre un peu mieux comment fonctionnent notre esprit et notre corps.

Parfois, on ne trouve rien dans la base de données des actes à accomplir, des décisions à prendre ou des pensées à activer, ou, pis, on trouve quelque chose qui, au lieu de nous aider, nous compliquera l'existence et nous rendra encore plus anxieux et agités.

D'où l'importance d'apprendre de notre expérience et d'enrichir notre répertoire de stratégies en lisant, en voyageant et en s'instruisant. Notre cognition pourra ainsi faire des recherches dans sa base de données et y trouver une stratégie efficace pour satisfaire ce besoin ou élaborer une stratégie en faisant appel à la créativité.

Le rôle du désir

> *« Susumo appréciait beaucoup les longues conversations qu'il avait avec son grand-père quand ils partaient se promener dans la nature. »*

Le désir est un des mécanismes internes et subjectifs qui réveillent et conditionnent nos motivations, au même titre que les besoins et les choix. Je suis certain que vous avez déjà expérimenté la capacité du désir à mettre en marche le moteur de l'action.

Une grande partie de nos problèmes tient au fait que nous avons tendance à confondre nos désirs avec nos besoins. Quand on prend un désir pour un besoin, on peut penser avoir besoin de quelque chose qui n'est en réalité qu'un désir. Avoir besoin, ce dont vous pensez avoir besoin… Le fait est que nous n'avons pas besoin de grand-chose. Tout le monde a le droit d'avoir besoin de ce qui lui fait envie, mais nous n'avons pas besoin de grand-chose pour mener une vie tranquille.

Depuis notre plus tendre enfance, nous associons les désirs aux besoins et combattons l'anxiété qui en découle en obtenant ce dont nous n'avons en réalité pas besoin. En prenant nos désirs pour des besoins, nous ajoutons une composante émotionnelle qui vient tout compliquer.

Un désir naît d'une décision cognitive, c'est-à-dire d'une réponse de notre cerveau à une perception ou à un ressenti après avoir traité un stimulus déterminé, mais cette décision n'est pas toujours rationnelle.

Nous désirons parfois des choses que nous avons vues chez d'autres personnes, à la télévision ou dans un magazine. Nous ajoutons parfois une touche romantique à nos désirs, en rêvant les yeux ouverts et en confondant fantasme et réalité. Jusque-là, rien de grave. Il y a problème lorsque les objets de nos désirs sont hors de notre portée ou que nous n'avons pas de plan d'action bien défini pour les atteindre.

Pour illustrer mon propos, je vous donnerai des exemples tirés de mon expérience. Dans ma vie, j'ai eu trois désirs, le premier étant de devenir explorateur pour découvrir de nouveaux territoires et de nouvelles cultures. Mon deuxième désir était d'être écrivain, et le troisième de me faire opérer des yeux, car j'aime faire du sport, mais comme je ne peux pas me passer de lunettes, cela me complique quelque peu l'existence.

De ces trois désirs, le seul que je n'ai pas pu réaliser est de me passer de lunettes, car je suis bel et bien une sorte d'explorateur, avec quelques nuances. En effet, si je ne suis pas un explorateur professionnel, je consacre ma vie à explorer le monde avec ma fourgonnette et pars en voyage aussi souvent que possible. Le désir d'être écrivain, je l'ai concrétisé. Cet ouvrage est mon troisième livre. Pour l'écrire, j'ai établi un plan de travail auquel j'ai pu me tenir parce que ma motivation de persévérer ne m'a jamais fait défaut, car je savais clairement ce que je voulais et devais faire pour y parvenir. Quant à l'opération des yeux, j'ai dû y renoncer parce que je souffre, à un œil, d'une paralysie de la paupière et que je ne pourrais pas me remettre d'une telle opération.

J'ai accepté le fait de devoir porter des lunettes toute ma vie. Mais imaginez ce que ma vie serait devenue si mon désir de me passer de lunettes s'était transformé en besoin. Comme nous venons de le voir, les besoins génèrent une importante tension émotionnelle sous forme d'anxiété qui ne disparaît qu'une fois ces besoins satisfaits. Tous les jours, plusieurs fois par jour, je serais accablé, triste ou en colère à cause de mes lunettes, de ce besoin impérieux que je ne peux pas satisfaire. Mon quotidien ne serait pas facile, tout comme celui de mon entourage.

La meilleure chose à faire est donc de laisser nos désirs être des désirs et de ne pas les transformer en besoins.

C'est en faisant fonctionner notre puissante machinerie cognitive et comportementale que nous pourrons appliquer ce conseil. Dites-vous « wabi sabi » et analysez aussitôt si ce que vous souhaitez obtenir correspond à un désir ou à un besoin.

J'ai un truc pour apprendre à distinguer un désir d'un besoin. Lorsque je pense avoir un désir, je commence par me demander s'il s'agit réellement d'un désir, puis, une fois mon analyse terminée, j'attends une semaine avant de prendre ma décision. Si, pendant une semaine, je n'ai pas eu besoin de ce que je désirais, il ne fait aucun doute qu'il s'agit d'un désir. Toutefois, si le jour même ou le lendemain, je constate que j'ai eu besoin de ce que je désirais, le désir devient un besoin.

Voici un exemple : lorsque l'écran de mes deux derniers téléphones portables s'est cassé, je me suis demandé si c'était un désir ou un besoin de le changer. Dans le premier cas, un coin de l'écran était cassé, mais je pouvais toujours utiliser mon téléphone, et, pendant une semaine, je n'ai pas ressenti le besoin d'avoir un nouveau portable. Quant au deuxième téléphone, l'écran était complètement cassé. Le jour même, voyant que je ne pouvais pas lire mes messages, aller sur les réseaux sociaux ou enregistrer les vidéos que j'avais faites dans la montagne avec mon portable, je suis allé m'acheter un nouveau téléphone. Dans le premier cas, changer d'écran aurait été un désir et non un besoin, car je pouvais parfaitement me servir de mon portable sans le faire réparer. Dans le second cas, j'étais face à un besoin, parce que, si je ne trouvais pas de solution à mon problème, cela aurait eu des effets sur mon quotidien.

Grâce à cet exemple, que vous pourrez appliquer à de nombreuses situations de votre quotidien, vous verrez qu'il n'est pas si difficile de distinguer un désir d'un besoin. Optez pour la raison, analysez les choses en les mettant en perspective et apprenez à différencier ce dont vous avez réellement besoin d'un désir qui ne présente pas un caractère urgent.

Le rôle des choix

> *« L'anxiété nous indique que quelque chose ne va pas dans notre vie, et que nous devons prendre une décision. »*

Comme nous venons de le voir, la motivation s'appuie sur des mécanismes subjectifs comme les besoins et les désirs. Elle s'appuie aussi sur les choix, un autre mécanisme très important. Les choix diffèrent des désirs et des besoins en ce sens qu'ils exigent une motivation encore plus forte, sachant que, faire un choix, c'est choisir une possibilité et écarter les autres.

Il y a généralement derrière un choix une décision pleinement consciente, c'est-à-dire qu'à un moment donné nous avons choisi un chemin et écarté les autres. Nous prenons chaque jour de nombreuses décisions. Par exemple, se lever le matin lorsque le réveil sonne est un choix, et c'est notre motivation qui nous fait choisir l'option « je vais me lever même si j'ai encore sommeil, parce que je ne veux pas arriver en retard au travail », au lieu de l'option « je vais rester au lit encore un peu, même si je sais que cela me fera arriver en retard au travail ».

La responsabilité et l'engagement sont deux aspects clés à prendre en compte s'agissant des choix. La responsabilité nécessite toutefois un minimum de maturité, tout le monde n'étant pas prêt à se motiver à tout moment à partir de ses choix. Notre volonté peut aussi faiblir et nous devons alors faire preuve de responsabilité et d'engagement.

Pourquoi notre volonté faiblit-elle parfois ?

Lorsque nous n'avons pas envie de faire ce que nous devons faire, c'est généralement pour l'une des raisons suivantes : cela n'a pas de sens pour nous, nous ne voyons pas les avantages que cela nous apporte, ou nous confondons les conséquences inconfortables de la décision que nous avons prise avec des inconvénients.

Si votre volonté faiblit, faites un exercice de visualisation et vous y trouverez l'énergie supplémentaire dont vous avez besoin.

Je me souviens d'un client qui manquait tous ses rendez-vous avec son entraîneur personnel. Un jour, il a évoqué cette question et m'a demandé pourquoi il était si peu motivé. Voici ce que je lui ai répondu : « Est-ce que vous aimez ce que vous faites avec lui ? Comment souhaiteriez-vous passer le temps que vous passez avec lui ? » La réponse a été claire : il n'aimait pas faire du cross-fit et n'avait pas besoin de porter des poids, ce qu'il aimait, c'était danser…

Devinez ce qu'il a commencé à faire le week-end suivant sans jamais manquer un rendez-vous ? Évidemment, aller à des cours de danse !

Ne faites jamais rien qui n'ait pas de sens pour vous, car vous aurez beaucoup plus de mal à persévérer et finirez par laisser tomber.

En matière de choix, l'élément le plus important à prendre en compte est le fait que nous choisissons une possibilité et que nous écartons les autres. Ce phénomène a des effets importants sur notre motivation et notre conduite, par exemple quand nous décidons de commencer une relation avec un partenaire stable et d'écarter tous les autres candidats.

Si dans notre couple une des règles du jeu est la fidélité, ce choix peut se heurter à un besoin, celui d'assouvir nos pulsions sexuelles provoquées par une libido débridée !

Avant qu'apparaisse cette dissonance motivationnelle il y a deux choses à faire : mobiliser notre volonté et notre engagement et ignorer notre besoin primitif, mais naturel, et ne pas céder, sous l'emprise d'une forme d'anxiété, à l'impulsion provoquée par ce besoin qui nous ferait rompre l'engagement que nous avons choisi librement.

Que se passerait-il si nous nous laissions porter par nos désirs les plus libidineux sans faire appel à la raison ? Eh bien, une fois passée l'urgence, la raison viendrait reprendre le contrôle de la situation, ce qui créerait en nous un malaise proche du sentiment de culpabilité. Deux possibilités s'offrent pourtant à nous : accepter ce que nous avons fait et en assumer la responsabilité ou culpabiliser notre partenaire, notre amant, ou le monde pour tenter de nous libérer du poids obscur de la culpabilité.

Si nous confondons les conséquences de notre décision, par exemple de rester fidèle, avec un renoncement et une résignation, nous trouverions prétexte à commettre cette infidélité et bien d'autres en ayant des pensées comme « ce n'est pas moi qui ne respecte pas un pacte, c'est ce renoncement qui est insupportable et c'est logique que je compense d'une manière ou d'une autre ».

Pour toutes les raisons que nous venons d'évoquer, je vous conseille au début d'une relation de demander sans tarder à votre nouveau partenaire s'il considère la fidélité comme un choix ou comme un renoncement… Selon la réponse qu'il vous donnera et vos priorités, vous saurez ce qu'il vous reste à faire…

Le rôle des émotions

> *« La tristesse n'est pas mauvaise en soi, pas plus que l'anxiété. Le problème est que nous ne sommes pas attentifs aux signaux et aux messages qu'elles nous envoient. »*

Cela peut vous sembler étrange, mais l'anxiété et la tristesse sont deux excellentes conseillères. Le problème est que nous ne voulons pas les écouter ou que nous ne savons pas interpréter ce qu'elles nous disent. Mais elles peuvent devenir si insistantes qu'elles finissent généralement par nous troubler.

Avant que l'anxiété ou la tristesse ne se transforment en troubles sévères, nous pouvons y voir des émotions essentielles qui tentent de nous dire quelque chose. Toutes les émotions naissent d'un stimulus qui les a provoquées. Nous n'aborderons pas ici la question des troubles anxieux et dépressifs provoqués par un déséquilibre biochimique ou qui sont secondaires à d'autres problèmes d'ordre médical ou génétique.

Les émotions constituent une des parties les plus importantes du système motivationnel, car elles servent à donner des instructions claires à notre motivation : éviter ce qui provoque des émotions négatives et rechercher ce qui génère des émotions positives.

C'est aussi simple que vrai. Nous agissons notamment pour rechercher le plaisir et pour éviter la souffrance.

Aussi devrons-nous peut-être, si nous éprouvons de l'anxiété ou de la tristesse, revoir certains aspects de notre vie qui posent problème. C'est logique, à moins que ce soit un problème d'origine biochimique ou médicale.

L'anxiété apparaît généralement face à des conflits internes, comme nous avons pu le voir dans le cas de Susumo. Il n'est pas rare, en effet, que l'on fasse des choses ou que l'on soit motivé pour obtenir une chose tout en en souhaitant une autre. On peut aussi savoir ce que l'on veut et continuer à faire des choses qui ne nous motivent pas. Cette anxiété et cette tension nous montrent clairement qu'il faut prendre des décisions. Dans le cas de Susumo, cette anxiété indique une motivation contraire à celle qu'il avait choisie à un moment donné et à laquelle il doit apporter une réponse immédiate.

La motivation et les troubles sévères

Certains troubles sévères par exemple, ou certains types de dépression ou d'anxiété, nous mettent dans un état mental qui nous empêche de trouver les motivations dont nous avons besoin. Les symptômes les plus courants sont des altérations cognitives secondaires qui sont dues à ces troubles. Ces altérations passent généralement inaperçues, mais font sombrer ceux qui les vivent dans les abîmes du doute. Cela limite leur répertoire de rêves et d'objectifs et les enferme dans une prison de verre, les empêchant ainsi de tirer le meilleur d'eux-mêmes.

À noter cependant que cette démotivation n'est qu'une conséquence, et non une cause, et que c'est ainsi qu'elle doit être interprétée.

La quête effrénée de réussite

« La vie m'a enseigné que la réussite, c'est être libre. »

Atkinson, dans les années 1970, et McClelland, dans les années 1980, ont élaboré une théorie magnifique pour analyser l'influence de la valeur de la réussite et de nos espoirs de réussite. Selon cette théorie, la joie de réussir quelque chose est un plaisir qui se savoure à l'avance, tout comme la vengeance ou la peur d'échouer sont des émotions dont on souffre de façon anticipée.

Ces émotions sont de grandes forces de motivation qui nous incitent à agir et dirigent notre conduite. Jusque-là, tout va bien ! Mais alors, quel est le problème avec la réussite ? Le problème est que nous n'avons bien souvent aucune idée de ce qu'est la réussite, tout en la cherchant désespérément. Nous avons tendance à associer la réussite à la reconnaissance sociale, ce qui nous expose au risque d'être manipulés ou soumis à un chantage ou à la contrainte en échange de reconnaissance.

Nous associons la réussite à l'idée de faire quelque chose de parfait. Dans mon cas, si j'avais voulu écrire un livre parfait, je serais toujours en train d'écrire mon premier livre.

Mon objectif est de faire de bons livres, aussi bons que possible, rigoureux, didactiques et agréables à lire et je m'y emploie de toutes mes forces… Mais je ne pourrai jamais faire un livre parfait, parce que personne ne peut dire ce qu'est un livre parfait. Tout comme le bonheur, la perfection est une construction artificielle et mal définie. Même lorsqu'un critique affirme qu'une chose est parfaite, elle ne l'est que pendant un temps déterminé. Par exemple, quand Lewis était le coureur parfait du 100 mètres, Johnson, qui était encore plus parfait, est apparu. Puis ce fut au tour de Bolt, qui était encore plus rapide que les deux autres. Et cela ne va pas s'arrêter… C'est pourquoi, au lieu de rechercher la perfection, je vous encourage à rechercher l'excellence, le développement et l'épanouissement.

Ne laissez pas l'obstination prendre le dessus

Nous poursuivons parfois un objectif de façon obstinée sans tenir compte des signaux qui sont émis dans notre environnement et qui nous indiquent que nous faisons fausse route et ne pourrons pas atteindre l'objectif que nous nous sommes fixé. Lorsque l'obstination prend le dessus, nous perdons la raison et nous exposons à des émotions intenses qui nous feront perdre le contrôle.

Ne confondons pas motivation et obstination. Nous ne pouvons pas tout faire, et devons veiller à ne pas tomber dans l'obstination. Il est préférable de contextualiser les choses, en bref, d'adopter une attitude wabi sabi.

Pour comprendre ce qu'est la réussite, il me semble important de rappeler le principe de Peter : tous les individus atteignent un seuil de compétence dans leur travail, jusqu'au jour où ils atteignent leur seuil d'incompétence. C'est alors qu'ils cessent d'être motivés et que l'entreprise dans laquelle ils travaillent décide de se passer d'eux.

Ne vaudrait-il pas mieux contextualiser la réussite et l'ambition ?

À combien de choses hypothétiques vous raccrochez-vous pour avoir un titre de directeur sur votre carte de visite ? Si ce que vous aimez, c'est vendre, pourquoi voulez-vous devenir directeur des ventes, sachant que vous vous retrouverez à gérer la paperasse et les budgets ? Si vous aimez cuisiner, à quoi bon monter deux ou trois restaurants pour vous retrouver noyé dans les bons de livraison et les factures ?

Nous succombons parfois à ce que nous pensons qu'est la réussite ou ce qu'elle devrait être, et en perdons de vue ce qui, pour nous, constitue déjà une grande réussite.

Qu'est-ce que la réussite pour vous ? Répondez avec sincérité à cette question, sans vous laisser influencer par les croyances sociales qui ne vous représentent pas.

La force de la motivation

> *« Ne cherche pas à être parfait, mais fais en sorte de t'améliorer. »*

En règle générale, on n'a besoin de rien ou de très peu de choses pour être motivé. Le problème est notre tendance à nous démotiver. En abordant cette question cruciale, je vous fournirai des clés pour vous aider à vous motiver.

Gestion du talent et de la médiocrité

La notion de « gestion du talent » comme stratégie pour motiver et fidéliser les esprits brillants et talentueux est de plus en plus répandue dans le monde de l'entreprise. Si vous me le permettez, ce qui ressort de mon humble expérience, après avoir travaillé dans plusieurs entreprises comme consultant en gestion de la motivation et des émotions, c'est qu'il n'y a rien à gérer.

Pour fidéliser les esprits brillants, je ferais en sorte, chers gestionnaires du talent, de ne pas démotiver les personnes qui sont motivées lorsqu'elles arrivent au travail le matin, car ce n'est franchement pas rien.

Souvenez-vous de votre premier emploi. Je parierais que vous êtes arrivé supermotivé et que, peu à peu, des collègues et même votre chef toxique se sont chargés de vous remettre à votre place, de vous faire perdre votre sourire et de vous démotiver, alors même que vous vous distinguiez parmi vos collègues...

Au lieu d'être obsédés par la gestion du talent, nous ferions mieux d'utiliser notre temps et nos forces pour gérer la médiocrité et l'éliminer de l'environnement professionnel en prenant des décisions courageuses.

---

1. **Ayez vos propres motivations,** et non celles que les autres souhaiteraient pour vous. Demandez-vous si vous faites ce que vos parents souhaitent que vous fassiez, ce que votre partenaire attend de vous ou ce que voudrait votre supérieur hiérarchique... Commençons par là. Si vous tenez compte des motivations des autres et non des vôtres, ne perdez plus de temps, cessez de mener votre vie en vous fondant sur les désirs des autres et ayez vos propres objectifs.

2. **Analysez vos motivations. Sont-elles toujours d'actualité ?** N'oubliez pas que tout fonctionne par cycles. Il n'y a pas de motivations externes. Les motivations sont temporelles. Tout est une question d'étape : ce qui vous motivait hier peut ne plus vous motiver aujourd'hui ; ce qui vous enchantait hier n'a peut-être plus de sens

aujourd'hui. Si je me lève tous les matins, je le fais pour moi et pour ma famille, alors qu'il y a quelque temps je le faisais uniquement pour moi. Il est important d'examiner les motivations et ces cycles, de se rendre compte qu'une de nos motivations n'est plus d'actualité, d'explorer et d'intégrer de nouvelles motivations. Examinez constamment la validité de vos motivations, car elles guident votre avenir, votre qualité de vie et votre bien-être émotionnel.

3. **Efforcez-vous de définir clairement vos motivations.** Formulez-les comme des objectifs. Cela vous permettra d'avancer en étant centré sur cet objectif, d'établir des priorités et d'évaluer si vous vous en rapprochez. Dans mon cas, chercher à écrire un livre parfait était quelque chose d'assez flou, alors qu'en décidant de faire un bon livre je me suis fixé un objectif plus concret sur lequel j'ai pu concentrer mes efforts.

4. **Assurez-vous de vous sentir compétent et d'avoir la capacité d'atteindre l'objectif que vous vous êtes fixé.** On ne peut pas tout réussir. Fuyez ceux qui crient sur les toits que tout est possible. Ce qui est néanmoins certain, c'est que l'on peut réussir beaucoup plus de choses qu'on ne le pense. Vous n'en êtes peut-être pas conscient, mais vous

avez déjà écarté plusieurs possibilités, persuadé que vous n'êtes pas capable de les mener à bien. Peut-être avez-vous écarté l'idée de retravailler dans une multinationale, de vous installer à votre compte, de revivre en couple ou d'avoir encore des enfants… Je vous invite toutefois à réexaminer les possibilités que vous avez écartées, car elles ne sont peut-être pas toutes hors de votre portée. Sachez aussi que vous êtes beaucoup plus compétent que vous ne le pensez ou qu'on vous l'a fait croire.

5. **N'oubliez jamais de contextualiser.** Wabi sabi, c'est l'art de replacer les choses dans leur contexte. J'adore la neige, cela me motive à fond, mais je ne passe pas pour autant l'été à pleurer et à attendre le retour de la neige. Si vous ne pouvez pas mettre en pratique certaines motivations, trouvez d'autres motivations qui vous permettront de continuer d'avancer dans la même direction. En été, au lieu de pleurer de ne pas pouvoir faire de ski, je passe mon temps à parcourir les montagnes et à pédaler sur les routes et les chemins.

6. **Mettez en place un réseau de soutien.** Une structure solide d'éléments qui vous permettront de vous recentrer si les forces viennent à vous manquer. Le temps qui s'écoule entre le moment où vous envoyez une offre et celui où vous obtenez

une réponse ne dépend pas de vous, exactement comme le temps qui passe entre le moment où j'envoie un manuscrit à un éditeur et celui où j'obtiens une réponse. Mais, au lieu de désespérer, je me dis que le texte que j'ai envoyé est bon, je me recentre et m'apaise en contextualisant les choses et en me disant : « Wabi sabi, tout dans cette vie a besoin d'un processus ! »

PREMIÈRE PARTIE

Les clés d'une attitude wabi sabi

Hitoshi prit le petit bonsaï entre ses mains. Le moment était venu de le transplanter dans son pot, un très joli pot qui s'était brisé et qu'on avait réparé en en recouvrant les fissures de poudre d'or, ce qui faisait ressortir sa fragilité et sa force : on voyait qu'il s'était fissuré, mais on voyait aussi qu'il avait été réparé à l'aide de la technique ancestrale du *kintsukuroi*.

« Grand-père, dit Susumo, mon père a prévu une vie parfaite pour moi, mais je ne suis pas certain de vouloir la vivre. Si je vis cette vie, ce sera une réussite pour lui, mais une erreur pour moi.

— Je te comprends. J'ai fait pareil avec ton père en pensant qu'il devait être médecin, comme je l'avais moi-même été, mais je me suis trompé. Je l'ai fait par amour, en pensant que c'était ce qu'il y avait de mieux pour lui, mais ce n'était pas une bonne idée.

« Cher Susumo, on ne vit pas seulement de raison, mais en trouvant un juste équilibre entre la raison, la motivation et les émotions. À quoi sert un bon médecin s'il n'est pas motivé ? Le problème est que nous suivons des avis et des conseils en oubliant que ceux qui nous les donnent n'ont pas forcément les mêmes motivations que nous. De même, nous donnons des conseils et proposons des solutions en nous fondant sur un contexte qui n'a peut-être rien à voir avec celui de la personne qui se trouve devant nous. De fait, certains conseils qui peuvent être judicieux pour nous ne le seront pas nécessairement pour les autres.

« Mais ce n'est pas tout. Dans ton cas, une vie apparemment parfaite ne te motive pas. Où est le dépassement de soi ? Où sont les défis ? Où sont les possibilités de surmonter l'adversité ? Où est la fierté de savoir que tu as vécu intensément une vie belle, bien qu'imparfaite ? Il n'y a rien de mal à errer, à explorer ou à se tromper, c'est humain, et mieux vaut souffrir de ses propres erreurs que des erreurs des autres. »

Susumo apporta de la terre humide à Hitoshi. Il adorait cette odeur et aimait sentir la texture granuleuse et froide de cette terre toute simple qui regorgeait de nutriments et de ressources naturelles et allait permettre au bonsaï de Hitoshi de fixer ses racines et de bien pousser. Les choses simples peuvent masquer une grande richesse, comme la capacité de donner la vie.

« Cher Susumo, il me semble que tu devrais t'asseoir pour réfléchir, sans oublier d'inviter la motivation et l'émotion… Fais en sorte que ta vie ne soit pas plus imparfaite. N'abandonne pas une vie imparfaite, mais stimulante, pour une vie parfaite en apparence, mais qui sera synonyme d'ennui pour toi. Sans défis à relever, on ne vit pas, on ne fait que survivre.

« Certaines imperfections ne dépendent pas de nous et nous pourrons même apprécier un jour toutes celles que nous ne manquerons pas de rencontrer sur le chemin. Ce qui est étrange est beau, ce qui est non planifié peut être amusant et ce qui est inattendu peut être une occasion à saisir, et l'imprévu, un défi à relever.

« Les imperfections de la vie nous procurent une nouvelle harmonie, une harmonie dans laquelle notre façon de réagir est la clé, une harmonie dynamique et stimulante qui nous maintient en vie et en activité, comme dans un jeu qui nous permettrait de tirer le meilleur de nous-mêmes.

« Chaque imperfection est un défi en attente d'une solution, dont nous devons nous occuper et que nous devons surmonter. Cher Susumo, si ce vieil homme a appris quelque chose dans sa vie, c'est que, pour vivre dans la plénitude, nous avons besoin de défis comme de périodes de calme.

« Comme pour toute chose, c'est dans l'alternance équilibrée que réside la clé. Mais cette alternance équilibrée ne coïncide pas toujours avec nos intérêts et nos besoins, et nous devrons alors faire preuve de patience et de créativité pour trouver des solutions qui nous permettront de retrouver notre équilibre. »

Hitoshi déposa avec soin la terre et le bonsaï sur une commode près de la fenêtre. Il prit la main de Susumo, l'invitant ainsi à sortir dans le jardin, où ils furent accueillis par l'agréable parfum d'une multitude de plantes aromatiques.

Le vieil homme poursuivit :

« Cher Susumo, sache qu'il vaut toujours mieux comprendre que jouer. Fais en sorte d'avoir un regard bienveillant, un regard qui te permettra de comprendre que le contexte est essentiel. Que ce soit face à des personnes ou face à des situations, on peut choisir où poser son regard, mais si l'on ne prête attention qu'aux imperfections, on passe à côté de tout ce que la vie nous apporte de bien. Cela tient à une perception déformée qui nous pousse à repérer ce qui ne va pas, ce qui est négatif ou impur, le point noir sur une feuille blanche… Le meilleur conseil que je puisse te donner, c'est d'adopter un regard bienveillant, curieux et alerte, qui, au lieu de juger ce qu'il voit ou de chercher à confirmer ce qu'il veut voir, te permet de découvrir les détails et de mieux appréhender le monde et d'étendre tes connaissances.

« Nous avons trop tendance à juger au lieu d'observer. Cher Susumo, pour comprendre quelqu'un, une vie, un désir, une peur ou toute autre chose, nous avons besoin de connaître le contexte. Le contexte est tout, car il nous explique la réalité de cette personne.

« Ce n'est pas la même chose de manger quand on a faim que de manger pour le plaisir ou parce qu'on se sent angoissé. De même, se perdre dans la forêt et devoir y passer la nuit en été, ce n'est pas la même chose que s'y perdre et devoir y passer la nuit en hiver. Vivre ta vie, ce n'est pas vivre la vie de quelqu'un d'autre.

— Le destin de cet arbre aurait été complètement différent s'il était né ailleurs, au milieu de la forêt, par exemple, fit observer Susumo.

— L'environnement dans lequel cet arbre est né a déterminé sa forme, sa taille, son alimentation, son mode d'irrigation… précisa Hitoshi. Le contexte a absolument tout déterminé et cet arbre n'avait pas d'autre choix. Imagine comme sa vie aurait été différente s'il avait grandi dans une forêt de montagne. Il serait aujourd'hui gigantesque et vigoureux, à moins qu'il ait été détruit par la foudre ou un animal sauvage.

« Nous sommes aussi influencés par le contexte, mais, à la différence de cet arbre, nous n'avons pas de racines, ce qui nous permet d'en changer et parfois même d'en créer un nouveau.

— Parfois ? demanda Susumo.

— Oui, parfois on ne peut ni changer ni créer notre contexte, on ne sait pas comment y parvenir ou on ne souhaite pas le faire. Quelle que soit notre motivation pour ne pas changer de contexte, deux options s'offrent à nous : nous en plaindre ou nous adapter.

« Ce n'est pas parce que nous n'avons pas toujours choisi notre contexte que nous ne pouvons pas vivre dans ce contexte. Le passage du temps, par exemple, est un changement majeur dans notre contexte auquel on ne peut pas échapper. On vieillit, notre corps vieillit et on ne peut pas l'empêcher. Ce qui autrefois nous demandait peu d'efforts nous est devenu plus difficile aujourd'hui. On perd certaines capacités et on en gagne d'autres, de même qu'on perd certaines beautés et on en gagne d'autres.

On peut aussi masquer le passage du temps en faisant des retouches esthétiques, mais, cher Susumo, ce n'est qu'en acceptant notre nouveau contexte avec sérénité et amour que nous pourrons le vivre de façon positive.

« C'est pourquoi, comme tu l'auras compris, le contexte de ton père était très différent du tien, ce qui explique pourquoi les conseils qu'il t'a donnés et même ceux que je te donne risquent de ne pas te convenir dans ton cas.

« Pour savoir vraiment ce que vit quelqu'un d'autre, il faut avoir vécu avec. On peut s'imaginer certaines choses, mais il faut s'être levé avec vous pour savoir à quel point vous avez du mal à vous lever, il faut l'avoir vu dans vos yeux pour savoir combien vous souffrez, et il faut avoir travaillé à vos côtés pour savoir le sacrifice que représente votre travail.

« Tout est relatif, et ce qui vaut pour quelqu'un ne vaut pas nécessairement pour un autre. De même, ce qui te convenait quand tu étais plus jeune peut très bien ne plus te convenir maintenant que tu es plus âgé. Ce qui est valable pour toi quand tu seras célibataire ne le sera plus nécessairement quand tu seras marié. Ce qui pouvait t'être utile hier peut avoir perdu toute utilité aujourd'hui.

« Notre attitude est la seule ressource dont nous disposons pour nous adapter à notre environnement. Elle détermine nos intérêts et nous fournit un cadre de référence. Elle est une lampe qui nous permet de distinguer ce qui revêt pour nous un intérêt et ce qui en est dépourvu. Notre attitude est une feuille de route qui nous permet d'établir des priorités afin de mieux organiser notre vie et de mieux nous adapter à notre environnement.

« Si ton objectif est de voyager pour découvrir le monde et que ton paramètre de base, ton cadre de référence, ton attitude consistent à rechercher le confort, tes choix se porteront logiquement sur des hôtels confortables, des moyens de transport qui permettent de voyager tranquillement et de bons repas.

« Mais, si ton paramètre de base pour voyager est l'aspect économique, ce critère sera primordial pour décider comment organiser tes hébergements, tes repas et tes déplacements.

« Si ton objectif est de découvrir le paysage, tu ne vivras pas du tout le même voyage que si ton but est d'aller à la découverte des personnes rencontrées en cours de route. Selon que l'on voyage par obligation ou pour le plaisir, cela change tout. Par exemple, on trouve dans la salle des petits déjeuners d'un hôtel des personnes qui font toutes la même chose : prendre leur petit déjeuner. Mais certaines voyagent pour le plaisir tandis que d'autres le font par obligation, de sorte qu'elles n'auront pas la même attitude.

« Le contexte relève de l'extérieur, mais il fait aussi partie de toi. Quelqu'un qui n'a pas la beauté dans ses yeux ne la trouvera nulle part, et il en est de même pour la paix ou la sérénité. On projette à l'extérieur de soi ce que l'on ressent à l'intérieur, ce que l'on a et ce qui nous manque. Notre attitude est une sorte de monnaie d'échange pour interagir avec le monde et les personnes qui nous entourent. Elle filtre et détermine ce que l'on ressent, pense, fait, comprend et aime. Elle fonctionne comme des lunettes filtrant la réalité avant que celle-ci ne parvienne à notre cerveau, de sorte qu'elle est essentielle et conditionne notre vie.

— J'ai enfin compris, s'exclama Susumo, savourant cette sensation de lucidité. Ce qu'on ignore provoque des tensions, de l'anxiété et de la peur, autant d'émotions qui ne se tairont pas tant que ce qui est ignoré ne se sera pas transformé en connu.

« Nous sommes venus au monde pour vivre, sourire, pleurer, sauter et courir, nous reposer, ressentir et agir. Nous ne sommes pas là pour être parfaits, mais pour être vivants, comme ce beau pot.

— C'est cela, Susumo, répondit Hitoshi. Ce pot s'est brisé, mais, de même que sa fragilité n'a pas supporté le choc, sa reconstruction, en laissant apparaître ses cicatrices, met en valeur sa beauté et sa force.

« C'est pareil dans la vie. La vie comporte des erreurs, des écueils et des accidents, et ce sont précisément ces erreurs et ces accidents qui nous donnent l'occasion d'apprendre, d'explorer, de trouver des solutions, en fait, de grandir et d'évoluer. De toute évidence, la vie est belle malgré ses imperfections, ses erreurs et ses problèmes, et il en est de même pour nous : nous sommes des humains imparfaits et nous avons la chance de profiter de toute cette beauté.

« L'orgueil peut nous faire croire que nous sommes presque parfaits, que nous dominons le monde et que nous sommes capables de tout. Ce qui est certain, c'est que nous devons accepter avec humilité que nous ne sommes que des humains et que c'est dans notre imperfection que réside notre valeur véritable.

« Ne regarde pas comment la vie ou les personnes devraient être, mais comment elles sont réellement. Ne te perds pas dans des considérations au sujet de ce qui devrait être et de ce qui est, car cela pourrait t'empêcher de prendre de la hauteur et affecter ton attitude. Ce que nous espérons ne se concrétise pas toujours, ce qui tient parfois à ce que nous espérons ou à nous-mêmes.

« Cesse de projeter des désirs et des peurs et commence à regarder les choses et à les analyser en faisant preuve d'humilité. Cherche à comprendre, et non à confirmer, à apprendre et non à ratifier, à explorer et non à valider, en fin de compte, fais en sorte d'assimiler ce que tu vis et d'évoluer.

– Grand-père, sommes-nous une erreur ?

– Non, Susumo. Nous ne sommes pas une erreur. Nous sommes comme nous sommes, ni bons ni méchants, ni beaux ni laids, ni adorables ni odieux. Nous sommes des êtres humains capables de nous améliorer, mais nous pouvons aussi rester figés dans la souffrance. Nous sommes capables des pires mesquineries et des plus grands accomplissements, de rire et de pleurer, d'aimer et de haïr, de crier et de faire silence, de pardonner et d'attaquer, de ressentir et de faire.

« Nous avons la capacité de modifier notre comportement, mais pas toujours de le maîtriser. En effet, nous perdons parfois le contrôle, mais pouvons faire en sorte d'avoir des coupe-feu pour nous prévenir que nous sommes sur le point d'atteindre le point de non-retour. Cher Susumo, n'oublie pas que, lorsqu'un cheval s'est emballé, on ne peut que fermer les yeux et attendre qu'il s'arrête.

« La vie est une succession d'étapes. Certaines étapes sont douloureuses et nous n'avons pas d'autre choix que de les vivre. Pense à un épisode de tristesse. Cette tristesse revêt un sens, cette tristesse te détourne du monde extérieur pour te permettre de porter ton attention sur ton monde intérieur et analyser ce qui t'arrive ou ne t'arrive pas. Cette tristesse aura des effets sur ton attitude, ta manière d'interagir et ta volonté, et tous ces signaux alerteront les personnes qui t'entourent que tu as un problème et que leur secours ou leur point de vue pourraient t'aider à voir les choses à travers un nouveau prisme.

« Si tu te sens triste, malade et angoissé, et que tu ajoutes à ces moments déjà difficiles la tension que provoque en toi l'idée de vivre un moment imparfait, tu souffriras encore plus de culpabiliser et d'avoir honte de ce dont tu ne devrais pas avoir honte.

« Nous consacrons trop d'énergie, de temps et d'efforts à dissimuler nos erreurs, réelles ou supposées. Nous tentons de corriger la vie, de nous corriger et parfois même de corriger les autres.

« Nous oublions d'écouter ce que la vie nous dit ; nous évitons d'interpréter le message que la vie, notre corps, notre esprit et les autres nous envoient. En voulant que nos attentes soient satisfaites, que nos rêves deviennent réalité, que les conditions qui sont les nôtres soient modifiées par la réalité, nous ne vivons plus cette vie imparfaite, et pourtant belle, dont nous pourrions profiter pleinement si nous nous le proposons.

« Nous oublions d'apprécier pleinement la vie qui s'écoule. Plutôt que de nous accommoder de la vie, nous nous évertuons à la contrôler. Nous dépensons trop d'énergie à vouloir maîtriser ce qui ne dépend pas de nous, une énergie dont nous aurons besoin pour faire face aux situations qui se présenteront. »

L'herbe haute qui les entourait était parsemée de milliers de fleurs des champs, comme un hommage émouvant aux pâturages d'altitude que Hitoshi aimait tant, qu'il avait si souvent arpentés, et où il venait chaque printemps cueillir des semences qu'il plantait ensuite dans son jardin.

Hitoshi s'agenouilla sous un cerisier et Susumo prit place à ses côtés. Le jeune homme venait tout juste de comprendre que son attitude allait déterminer son avenir, qu'il devait se poser plusieurs questions et s'armer de courage pour y répondre sincèrement.

Le soleil entamait sa descente à l'ouest et le ciel rougeoyant annonçait des averses et l'arrivée du vent. Le bourdonnement des abeilles venait apporter une mélodie au paysage et la brise du soir un peu de fraîcheur à cette journée étouffante. Susumo savait qu'il allait forcément déplaire à quelqu'un...

Il devait décider s'il voulait vivre une vie parfaite « en apparence » ou une vie imparfaite à explorer, à ressentir et à savourer pleinement.

CHAPITRE 1
Yügen, j'ai enfin compris

> *« Nous sommes en quête de réussite, de bonheur et de perfection. Nous stressons pour y parvenir et déprimons quand nous n'y parvenons pas, et passons ainsi à côté de tout le reste. »*

Situé en Lituanie, le parc national de Zemaitija est une oasis de forêts et de lacs où l'on peut se reconnecter avec une nature exubérante et sauvage. J'adore ce lieu magique !

Dans ce petit joyau de la Baltique, alors que nous campions à proximité d'un lac, nous avons aperçu au détour d'une promenade une structure étrange qui ressemblait à une pyramide suspendue. Nous sommes allés voir de plus près et avons découvert un miniparc sur le thème des labyrinthes. Il y avait aussi un petit restaurant et, comme c'était l'heure de déjeuner, nous

nous sommes dit que c'était un endroit parfait pour nous reposer et manger un morceau.

C'est dans ce miniparc que nous avons rencontré Jurga, une personne magique, lui aussi, qui nous a parfaitement décrit notre expérience *yügen*. Dans la culture japonaise, le mot « *yügen* » désigne une connaissance de l'univers évoquant des sentiments d'une profondeur inexplicable, si mystérieux qu'ils en sont indicibles.

Cette belle sensation *yügen* peut être ressentie à de nombreuses occasions au cours d'une vie, que ce soit en étant allongés sur une colline une nuit d'été parsemée d'étoiles, lors d'une promenade en forêt ou en se laissant flotter sur une mère étale. Notre expérience *yügen* peut nous surprendre en tout lieu, même dans le parc d'une grande ville.

Nous saurons que c'est une expérience *yügen*, parce qu'il se passe soudain quelque chose de particulier. Bien qu'étant entourés de gens, de voitures ou de bruit, nous ressentons le silence et notre esprit se rend compte qu'il vit une expérience trop intense et singulière pour être ignorée. Cette expérience *yügen* nous fait prendre conscience que nous sommes une infime partie de cet univers infini. Nous nous sentons petits et grands à la fois, reliés à quelque chose de merveilleux et d'immense qui provoque en nous un mélange d'émotions intenses et particulières, difficiles à décrire, oscillant entre sérénité et paix, excitation et contemplation face à une telle beauté.

Les émotions, même antagoniques, peuvent surgir successivement ou simultanément ; elles peuvent changer en quelques fractions de seconde, se superposer et se confondre. Cette effervescence d'émotions changeantes de types divers en un court laps de temps crée en nous un état d'alerte, de sorte qu'il est impossible de se détourner de ce qui se passe. Notre expérience *yügen* est un moment difficile à décrire, où l'on se sent pleinement relié au monde qui nous entoure et à soi-même.

« Je connais ce type de situation », nous expliqua Jurga. Un jour, alors qu'il déambulait dans un labyrinthe, il a ressenti cette expérience *yügen* de connexion avec l'univers, avec son passé et son avenir, et a eu la vision de ce qu'il devait faire : construire des labyrinthes pour permettre à d'autres de réaliser ce voyage intérieur qui lui avait permis de se relier à son essence et à l'univers. « C'est ce que j'ai fait, précisa-t-il. Je me suis mis en quête d'un terrain à Zemaitija où j'ai commencé à construire des labyrinthes et des pyramides énergétiques. »

Pour Jurga, parcourir un labyrinthe est une sorte de voyage d'introspection qui favorise et stimule un état de conscience permettant de comprendre l'incompréhensible, de se reconnecter avec soi-même et de ressentir notre expérience *yügen*.

On trouve dans ce parc toutes sortes de labyrinthes, petits et grands, en pierres, avec des plantes ou avec des arbustes dans lesquels on peut déambuler ou s'asseoir sur des bancs. Chaque labyrinthe construit par Jurga a une fonction, mais l'idée sous-jacente à tous les labyrinthes est que celui qui y entre avec un doute puisse en ressortir avec une réponse ou une réflexion.

Alors que je déambulais dans les labyrinthes de Jurga, en ce mois de juillet 2018, j'ai effectivement compris quelque chose de très important… Je me suis rendu compte que la vie est quelque chose de trop complexe pour qu'on s'emploie à la comprendre, et que, au lieu de lutter pour contrôler ce qui ne dépend pas de nous, mieux vaut apprendre à vivre et à accorder nos pas au rythme de notre vie.

J'ai réalisé que nous avions souvent une vision erronée de notre vie et qu'il nous fallait établir une nouvelle liste de priorités, que nous aurons nous-mêmes choisies et qui seront libres de pressions internes et externes, bien plus réalistes, naturelles et simples, en lien avec le monde et avec notre être profond et dans le respect des deux.

Je me suis alors rendu compte que la clé pour mener une vie épanouie est dans la gestion de nos principales intentions. Et j'ai compris que la vie est imparfaite, mais belle, malgré les erreurs et les problèmes, et qu'en dépit de tous les drames et contretemps, elle mérite d'être vécue intensément…

Et c'est aussi ce que Susumo a compris en prenant soin du bonsaï de son grand-père.

Ce sont les maximes d'une attitude wabi sabi que je me propose de partager avec vous, en vous offrant tout ce que j'ai appris à Zemaitija afin que vous en fassiez bon usage.

La vie est belle, même avec des erreurs…

> *« Il n'y a rien de mal à errer, explorer et se tromper, c'est humain. »*

La première maxime wabi sabi est que la vie est belle, même avec des erreurs, et cela ne fait aucun doute. Le fait est que nous sommes assez bien conçus en tant qu'espèce, de même que la nature et les autres espèces sont un exemple de conception réussie, alliant fonctionnalité et beauté.

Il n'en reste pas moins que, dans la vie, il nous faut supporter, vivre ou gérer plusieurs erreurs. Nous devons faire face à l'infortune, à la malchance et à l'adversité. Dans notre enfance, on tente de nous protéger des erreurs de l'existence, mais cette stratégie est une erreur, car elle ne nous permet pas de nous entraîner à affronter les épreuves et les problèmes que nous ne manquerons de rencontrer tout au long de notre vie.

En dépit des anomalies et des erreurs qui existent sous forme de maladies, de catastrophes, d'injustices et d'épreuves diverses, la vie est belle. Il y a seulement des conséquences difficiles à vivre. Certaines n'ont aucune explication, aucune justice, aucun sens, mais elles sont là, et nos pleurs, nos cris et notre colère n'y changeront rien. Le hasard joue parfois avec notre destin d'une manière cruelle et inexplicable, sans qu'on puisse y trouver un sens.

Que la vie soit parfois dépourvue de sens ne signifie pas qu'on ne peut pas la vivre. Et ce n'est pas parce que ce qui se passe dans notre environnement n'a pas de sens qu'on ne peut pas s'en accommoder. Efforcez-vous de trouver un sens à tout ce qui vous arrive ou a cessé de vous arriver, sachant que parfois il n'y en aura aucun et que le mieux sera d'attendre, de continuer à vivre et de rechercher de nouvelles possibilités ou de nouveaux scénarios ayant pour vous plus de sens.

En ne voyant que ces erreurs, ces accidents ou ces infortunes, nous perdons aussi de multiples occasions de savourer une vie intense et belle. Certes, on ne peut nier et ignorer la réalité la plus laide, mais on ne doit pas y accorder plus d'attention qu'à la réalité la plus belle.

Tout au long de notre vie, nous trouverons toujours un « mais », un « quelque chose » susceptible de nous distraire voire de nous empêcher de savourer une expérience intense bien qu'imparfaite… Mais qu'est-ce que la perfection ?

Ne confondons pas quelque chose d'inconnu avec quelque chose de dangereux. Certaines personnes craignent ce qui est étrange et incertain, car elles ont le sentiment de ne plus contrôler ce qui les entoure. Explorer de nouveaux chemins est certes un risque, mais c'est aussi une occasion de découvrir de nouvelles possibilités. En découvrant de nouveaux chemins, on s'expose au risque de se perdre, et c'est un risque que seul un explorateur armé de courage est prêt à assumer. Et sur un nouveau terrain d'aventure, on perd sa sécurité et on s'expose à des émotions fortes et, inéluctablement, au risque de commettre des erreurs.

Ce qui nous semble étrange peut dissimuler une occasion ou un indice à prendre en considération. L'imprévu peut être délicieux et activer notre imagination ou réveiller des capacités qu'on ne pensait pas posséder.

Ce qui nous semble étrange nous transmet un message de courage. Même la souffrance peut nous dire quelque chose, par exemple que nous devons prendre conscience que notre corps ou notre esprit ne fonctionnent pas bien ou que notre situation actuelle ne va pas du tout. Nous considérons parfois comme une erreur quelque chose qui ne l'est pas, par exemple la souffrance. À l'exception de syndromes terribles et impitoyables comme la fibromyalgie, la souffrance nous indique généralement que l'on a un problème dont on devrait s'occuper avant qu'il ne s'aggrave ou n'atteigne un point de non-retour.

On traite souvent cette souffrance comme une erreur, alors qu'elle ne fait qu'indiquer clairement que nous avons besoin de changer et de trouver des solutions. La plupart du temps, la souffrance n'est pas une erreur, mais un cri désespéré pour nous faire changer d'habitudes et de routines et sortir de l'inertie. Elle est par conséquent une alerte claire qui nous invite à passer à l'action.

La sensibilité face à l'erreur

En voulant réussir tout ce que l'on entreprend du premier coup, en voulant que tout soit parfait, on en oublie que tout dans cette vie nécessite un processus d'apprentissage qui passe par des essais et des erreurs.

Cette stratégie permet d'assimiler toutes sortes de choses et c'est celle à laquelle on a le plus recours quand on n'est pas spécialiste d'un domaine. On peut analyser nos erreurs ou celles des autres, mais c'est bel et bien en essayant et en faisant des erreurs qu'on apprend, et ce ne sera pas parfait à la première tentative.

J'ai également recouru à cette stratégie pour m'initier à un sport fascinant, le curling. Un dimanche d'hiver, je me suis inscrit à un cours de curling dans ma ville, pensant que ce serait une occasion formidable d'apprendre quelque chose de nouveau.

Pendant les deux ou trois premières heures de cours, le processus d'apprentissage a principalement consisté à essayer et à se tromper. D'une chute à l'autre, j'intégrais peu à peu les conseils de nos professeurs. Le résultat après ces deux premières heures, c'est que nous avons pu faire toute une partie de curling dignement, mais évidemment sans aucune prétention.

Imaginons que pendant ce cours de curling je n'aie pas supporté qu'on me corrige, que je n'aie pas pris conscience de mes erreurs, voire que je les aie niées ou camouflées. Il est clair que je n'aurais jamais pu faire une seule partie. La stratégie ou le modèle par essais et erreurs permet de développer de nouvelles aptitudes et d'acquérir de nouvelles connaissances, ce qui n'est pas le cas si on l'ignore. Dans mon cas, le processus d'apprentissage a été assez intense. Il n'avait rien de surnaturel, mais n'était pas très rassurant, car, entre les chutes et les dérapages, notre progression était très lente. Mais avec un peu de patience et d'humilité, j'ai acquis une nouvelle habileté et, dès que j'en ai l'occasion, j'ai grand plaisir à aller « lancer quelques pierres », comme on dit entre nous.

Je vous invite à assimiler cette maxime wabi sabi : la vie est belle, même si elle est imparfaite. Ne recherchez plus l'expérience parfaite, le coucher de soleil parfait, le partenaire parfait, le travail parfait et la perfection en général, et vous pourrez commencer à apprécier pleinement des expériences presque parfaites, à la fois belles et intenses et parfois même merveilleuses et bouleversantes.

Vous ne trouverez jamais le partenaire parfait, mais quelqu'un avec qui vous pourrez construire une relation saine et équilibrée. Vous ne trouverez jamais le travail parfait, mais un travail qui vous permettra, pendant un temps, de vous épanouir, d'apprendre et de rentrer chez vous en éprouvant un sentiment de satisfaction. Vous ne vivrez jamais de vacances parfaites, mais des vacances stimulantes, intenses et réconfortantes. À partir du moment où vous aurez accepté le fait que la vie est imparfaite, vous pourrez commencer à apprécier toutes ces imperfections.

Nous ne sommes que des humains

> *« Les choses simples peuvent masquer une grande richesse. »*

Voici une autre maxime wabi sabi : nous ne sommes que des humains. C'est la raison pour laquelle, personnellement, il y a certaines choses qui ne me conviennent pas, mais ce n'est pas grave pour autant. Si c'est aussi votre cas, sachez que vous n'êtes pas seul. Il nous arrive parfois de ne pas supporter certaines choses, ce qui semble se justifier par telle ou telle situation, alors que d'autres fois tout nous convient sans que cela puisse se justifier. On ne peut pas tout rationaliser… On ne peut pas toujours mettre des mots sur ce que l'on ressent.

La motivation, l'énergie, la force ou la patience nous font souvent défaut, car nous ne sommes que des humains. Ce n'est pas une excuse, mais une réalité. Nous pouvons avoir tendance à nous surcharger d'occupations, à accélérer, à exiger trop de nous-mêmes alors que nous n'en avons ni le besoin ni la capacité. Les superhéros dotés de pouvoirs extraordinaires n'existent que dans le monde de la fiction et de l'imagination.

Et c'est bien là le problème : nous devons normaliser ce qui est normal. Je ne suis qu'humain. Je ne suis pas parfait. Et c'est la base pour grandir, le point de départ de toute amélioration. Ne confondez pas l'acceptation et la tolérance avec la soumission et le conformisme.

Chacun et chacune d'entre nous a ses défauts, et cela ne devrait pas être un problème. Or, nous cherchons à définir un idéal de normalité qui laisse de nombreuses personnes sur le bord du chemin. Nous confondons idéal et réalité, et établissons des normes en matière d'aspirations qui génèrent plus de tensions que de motivation.

Vous n'êtes pas une erreur

Même si nous avons pu le croire à un moment donné dans notre vie, nous ne sommes pas une erreur. Nous avons tendance à penser que nous ne pouvons pas nous accepter tels que nous sommes, à nous réprimer, à contrôler nos pensées et à nier notre ressenti dans l'espoir que la vie nous soit plus favorable... Mais nous avons tort, nous n'avons pas à nous contrôler ni à contrôler les autres pour que la vie fonctionne. Nous sommes comme nous sommes, avec nos erreurs et nos réussites, et c'est merveilleux. Qui veut être normal, alors qu'être authentique et vrai est bien plus intéressant ? Qui veut avoir une vie où l'erreur n'a pas sa place, sachant que l'erreur fait partie de la découverte et de l'apprentissage ?

La vie est une accumulation de petites incohérences, de grands pardons, de quelques réussites et d'autant d'erreurs… Si nous savons en tirer les enseignements et accepter le fait que la vie est pleine d'erreurs et d'anomalies, notre vie sera plus équilibrée et plus sereine.

Nous achetons des idéaux, nous nourrissons des aspirations, nous désirons et nous nous illusionnons devant des images et des histoires de perfection qui dissimulent notre désir de vaincre l'imperfection. Mais il est bien plus réaliste, sain et équilibré d'accepter ses propres défauts, son imperfection et son idiosyncrasie et de ne plus chercher à ressembler à un idéal qui n'existe pas, à quelque chose d'irréel et d'incompatible avec la vie.

Nous vivons entourés de la perfection des personnes de notre entourage. Une perfection qui, dès lors qu'on la regarde de plus près, n'est qu'une apparence, une façade décontextualisée. Que ce soit sur les réseaux sociaux ou dans les anecdotes dont nous font part nos proches, il n'est question que de vacances parfaites, de repas parfaits, de travail parfait, d'enfants parfaits… Et, à force d'entendre et de voir tout cela, nous avons l'impression d'être complètement nuls, parce qu'incapables de vivre une perfection qui nous semble normale alors qu'elle n'est qu'apparente.

La réalité est imparfaite, et c'est quelque chose qu'il faut commencer à accepter. Cette personne qui semble avoir passé des vacances merveilleuses vient peut-être de passer seule ses journées sur la plage, pendant que son compagnon ne pensait qu'à partir pêcher en mer et l'ignorait totalement. Ce merveilleux téléphone de la dernière génération nous engage en fait sur deux ans de mensualités auprès de notre fournisseur de téléphonie mobile. Et cette parfaite photo de famille à Disneyland vient masquer un repas où tous les membres de la famille étaient ailleurs, les yeux rivés sur leur téléphone portable.

D'où l'importance, avant de décider quel genre de vie vous voulez mener, de veiller à ce que les modèles auxquels vous aspirez soient réellement conformes à vos attentes, à votre portée et réalistes, surtout réalistes.

Quels types de publications postons-nous sur les réseaux sociaux ?

Nous publions généralement sur nos réseaux tout ce qui nous comble de fierté, que nous trouvons original ou à même d'attirer l'attention. Je me souviens d'une émission, *Late Motiv* d'Andreu Buenafuente, où l'humoriste David Broncano a montré à l'antenne des photos de son compte Instagram, des photos de très mauvais goût qu'il avait prises à cet effet. Il a expliqué que c'est en voyant les gens poster sur Instagram des choses belles, mais très éloignées de la réalité, qu'il a eu l'idée de poster des photos de sa réalité, par exemple le passage étroit d'un échafaudage dans le quartier à la mode de Madrid, des chaussures de plage, ses chaussettes blanches ou des toilettes, autant d'images du réel qui demeurent ignorées.

Je vous invite à consulter sa page Instagram où, selon ses propres mots, vous y trouverez un hommage à la laideur pour montrer que la réalité n'est pas aussi parfaite que les réseaux sociaux veulent vous le faire croire.

Nous sommes parfois désorientés ou incapables de nous concentrer, sans envie, sans énergie et sans vitalité, et ce n'est absolument pas grave. Cette vie est faite de cycles et nous ne pouvons pas vivre à cent pour cent en permanence. Cela m'arrive parfois aussi et je sais que c'est juste normal, voire bénéfique, en ce sens que j'y vois une occasion de m'arrêter, d'analyser la situation et de retrouver le cap, le plus souvent en rectifiant la direction que je m'étais fixée initialement.

Nous pouvons tous traverser des moments où nous n'avons plus de perspective et ne savons plus où diriger notre attention. Pendant un temps, nous n'avons plus de buts précis, et la motivation et l'énergie nous font défaut. Lorsque cela m'arrive, je sais parfois pourquoi, mais pas toujours, et n'ai pas forcément le recul nécessaire pour analyser ce qui s'est passé et retrouver la bonne direction.

Il y a des moments où je suis dans une grande confusion, je ne sais pas où je suis, où je vais et je me pose des questions sur ce que je fais et sur mes objectifs. Mais ce n'est ni bien ni mal, et ces moments ne doivent pas être évités ni recherchés, contrairement à ce que notre ardeur à atteindre la perfection voudrait nous faire croire. Il n'en reste pas moins judicieux de profiter de ces moments pour analyser s'il ne faudrait pas nous réadapter à votre nouveau contexte et à notre vie… N'ayons pas peur de vous sentir perdus, car on a parfois besoin de se perdre pour se retrouver.

Face à un égarement passager, n'en tirez pas des conclusions hâtives en pleurant dans votre coin. Arrêtez-vous pour réfléchir au sens de ce que vous vivez et demandez-vous s'il ne faudrait pas changer quelque chose ou juste faire quelques pas pour trouver en marchant un indice ou un signe qui pourrait vous aider à vous réorienter.

Souvenez-vous de cette nouvelle maxime wabi sabi : nous ne sommes que des humains. Cela vaut quand on commet des erreurs, quand on s'épuise, quand on se sent perdu, quand on a peur, quand on rêve, quand on désire et même quand on échoue. N'oubliez pas non plus que toute expérience sera vaine si vous êtes incapable d'analyser ce qui s'est passé et de le transformer en apprentissage.

Je vous propose un changement de paradigme. Commencez par accepter le fait que les choses ou la vie n'ont pas besoin d'être parfaites, que la vie est comme elle est, et que cela peut vous suffire.

Acceptez ce qui ne peut être contrôlé

> *« Certaines imperfections ne dépendent pas de nous et nous pourrons même un jour apprécier toutes celles que nous ne manquerons pas de rencontrer sur le chemin. »*

Comme les situations que vous êtes amené à vivre ne dépendent pas toujours de vous ou échappent à votre contrôle et à votre capacité d'action, mieux vaut accepter sereinement les choses telles qu'elles se présentent et ne pas s'évertuer à changer ce qui ne peut l'être. Vous connaissez certainement quelqu'un qui veut tout contrôler, peut-être vous-même.

On vous a peut-être fait croire que le contrôle est synonyme de pouvoir, de sécurité ou même de bien-être. Je regrette d'avoir à vous dire que tel n'est pas le cas.

Tous les jours, on vous fait croire à tort qu'il est possible de maîtriser sa vie à cent pour cent. Si vous pensez pouvoir tout contrôler, sachez que vous vous trompez. Si vous vous croyez tout-puissant, sachez que vous avez un sérieux problème concernant vos attentes, votre connaissance de vous-même et votre crédulité. Je sais bien que certains « spécialistes » affirment que l'esprit peut tout, mais, pour être sincère, cette idée n'est qu'un désir irréalisable.

Le fait est que nous ne pouvons pas faire grand-chose, qu'il y a des choses qui nous réussissent mieux que d'autres et que nous ne pouvons pas contrôler tout ce qui se passe autour de nous. Mais ce n'est pas tout. Cela fait peut-être des années que vous vous évertuez à tout contrôler, mais y êtes-vous parvenu ? Alors pourquoi persistez-vous ? De quoi avez-vous besoin pour comprendre que vous ne pouvez pas tout contrôler et que la frustration que ces déceptions continuelles génèrent en vous ne fait que vous stresser et vous déprimer ? Sachez qu'il est impossible de tout contrôler. Les choses qui arrivent et qui échappent à notre contrôle font partie des aléas de la vie. De surcroît, rechercher le contrôle absolu est aussi contreproductif que négatif.

Nous pensons également à tort que les personnes qui nous entourent exercent un contrôle absolu sur leur vie, sans prendre en compte le fait que leurs compétences diffèrent des nôtres et que ce qu'elles semblent contrôler leur échappe totalement. Nous n'avons pas tous les mêmes aptitudes ou compétences et n'avons pas à gérer notre existence en fonction de la manière dont les autres gèrent la leur. En nous fondant sur les compétences des autres, nous risquons de tomber à côté et de nous imposer des exigences insensées et inadaptées à nos besoins.

Je vous invite à changer de paradigme, de regard et de perspective, en fait d'attitude. Acceptez le fait que la nature et les personnes qui en font partie sont par essence incontrôlables et mettez en place de nouvelles stratégies, capacités et compétences pour vous accommoder d'une existence qui demeure incontrôlable.

Apprenez à profiter de l'instabilité de la vie, sans craindre d'improviser, de changer vos plans ou de vous tromper. Une attitude wabi sabi consiste à accepter le fait que tout change et que la réalité est si complexe qu'elle ne peut être contrôlée. Adopter une attitude wabi sabi, c'est cesser de vouloir contrôler les choses et élaborer une nouvelle stratégie qui vous permettra de vous adapter aux changements, d'intégrer de nouvelles ressources dans votre base de données, de renforcer votre capacité d'analyse et de gagner en sécurité pour vivre dans cette instabilité dynamique qu'on appelle la vie.

Si vous prenez le temps d'y réfléchir, vous verrez très vite que vous maîtrisez très peu de choses dans votre quotidien, que ce soit le gâteau que vous préparez, les personnes avec lesquelles vous travaillez, et même votre animal de compagnie – sans parler de votre partenaire, de vos enfants ou de vos amis.

Abandonnez sans plus attendre la notion inadéquate de « contrôle » et intégrez dans votre dictionnaire personnel la notion de « contrôle dynamique et relatif ». De quoi s'agit-il ? En fait, même la technologie la plus avant-gardiste doit s'actualiser et se réajuster. Il n'y a pas de contrôle statique et définitif ; vivre, c'est se renouveler en fonction des circonstances changeantes et s'occuper des éléments et des situations du quotidien qui ne sont pas le fruit du hasard. Pour toutes ces raisons, je vous propose de commencer à pratiquer dans votre vie un contrôle dynamique et relatif, à la fois souple, évolutif et adapté à chaque instant qu'il vous est donné de vivre. Je vous propose de prévoir une marge d'erreur, de façon à pouvoir vous tromper, à trouver des solutions et à gagner en sensibilité pour continuer à réajuster votre perception de la maîtrise des choses tout au long de votre vie.

Admettez que votre capacité de contrôle est limitée et préparez-vous à faire face à une absence totale de contrôle ou à un contrôle apparent des choses.

Avant de vouloir contrôler les choses, je vous invite à vous demander si elles doivent être contrôlées et si vous êtes en mesure de le faire.

Doit-on contrôler la vie de ses enfants ? Une mère m'a appelée un jour pour me demander un rendez-vous, parce qu'elle n'appréciait pas la vie que menait son fils. Quand je lui ai demandé quel âge avait son fils, elle m'a répondu qu'il avait une trentaine d'années… Chères mères et chers pères, sachez que nos enfants prendront leur propre chemin, comme nous l'avons fait un jour, et qu'il leur arrivera de faire de mauvais choix. Cela n'en reste pas moins compliqué pour nous autres, parents, mais nous n'aurons pas d'autre choix que d'assister malgré nous à tous les échecs et à toutes les désillusions de nos enfants sans rien pouvoir faire d'autre que de les consoler au moment où ces événements se produiront. Nous verrons des choses qui auraient pu être évitées – tout comme nous avons souffert pour des choses dénuées de sens à leur âge –, mais ce n'est pas une raison de chercher à contrôler la vie de nos enfants.

Nos enfants sont des âmes libres et inquiètes. L'attitude la plus judicieuse consistera par conséquent à faire en sorte de créer une relation de qualité avec nos enfants, ce qui leur permettra de s'adresser à nous quand ils en ressentiront le besoin, et à les encourager à nous demander des conseils et notre avis. Il ne faut toutefois pas perdre de vue le fait que la situation dans laquelle se trouvent nos enfants n'a rien à voir avec celle que nous avons connue, et que nous n'avons pas à contrôler leur existence. Dans la vie, chacun a son propre chemin et on ne peut en aucun cas imposer le nôtre à nos enfants ou à autrui.

Nous cherchons souvent à contrôler des choses qui sont libres par nature. Qui voudrait contrôler le vol d'un oiseau en l'enfermant dans une cage, alors qu'on peut passer des heures à l'observer voler en liberté ?

Il est important également de savoir si l'on a une bonne appréciation des choses. Lorsqu'on a faim, tout ce qu'on mange nous paraît bon. En revanche, quand on est rassasié, même les plats les plus délicieux ne nous font pas envie. Cette distorsion, générée par un motif primaire comme la faim, se produit dans d'innombrables situations. Notre estime, notre conscience de nous-même, nos désirs et nos peurs provoquent des distorsions quant à notre façon d'apprécier les choses.

Si cela peut vous rassurer, sachez qu'il y a une vie hors du contrôle et de tout ce qui est parfaitement programmé. Je suis conscient que cela peut paraître incroyable, mais je vous assure qu'on peut vivre sans tout contrôler. Cette attitude, en plus d'être beaucoup plus réaliste, peut même vous aider à bien vivre. Je vous encourage à vivre des vacances sans chercher à tout contrôler et sans rien planifier : des vacances spontanées et improvisées.

Au cours de l'été 2017, nous sommes partis faire un voyage de deux mois et demi en direction du cap Nord, en Norvège. Pendant plus de deux mois, nous avons cohabité à trois et avec deux chiens dans un espace de huit mètres carrés où nous avions tout le nécessaire pour vivre : une table, des chaises, des vêtements, des sacs de couchage, un réchaud, de l'eau…

Nous avons appris deux choses au cours de ce périple : la première est que nous n'avons pas besoin de grand-chose pour vivre, et la seconde, que plus nous voyageons légers, plus notre vie sera wabi sabi, que plus nous serons libres, plus nous irons loin. Pendant ces deux mois, nous avons pu parcourir des terres tchèques et polonaises, nous baigner dans les eaux thermales de Karlovy Vary, visiter plus de dix capitales européennes, nager dans la mer Baltique, chercher de l'ambre en Lituanie, pénétrer dans des bâtiments soviétiques abandonnés en Lettonie, nous laisser éblouir par l'Estonie, dormir au bord de lacs de rêve en Finlande ou entourés de rennes en Laponie, admirer le lever de soleil sur l'île de Senja, nous émerveiller face à la beauté des côtes suédoises, dormir bercés par le son des vagues au Danemark… et bien d'autres expériences aussi belles qu'inoubliables.

Notre seule certitude pendant cette aventure était que nous avions les capacités et les outils nécessaires pour définir et adapter le voyage en fonction de nos besoins. Nous n'avions rien préparé, absolument rien. Nous avons improvisé, rencontré une multitude de personnes et profité intensément de nos vacances.

Rappelez-vous : la vie échappe totalement à notre contrôle. Plus important encore, demandez-vous si ce que vous vous évertuez à contrôler en vaut la peine, ou si ce n'est qu'un gaspillage d'énergie. Lorsque vous êtes persuadé que vous contrôlez quelque chose que vous ne contrôlez pas, vous finissez généralement par rencontrer des problèmes ou vous retrouver déçu. C'est pourquoi je vous invite, avant que cela ne se produise, à consacrer tous vos efforts à d'autres activités plus productives. Le problème n'est pas dans l'absence de contrôle, mais dans le fait de continuer à penser que l'on peut contrôler ce qui échappe totalement à notre contrôle.

Le besoin de contrôle naît de l'insécurité. Vous avez pourtant tout ce dont vous avez besoin pour bien vivre dans l'incertitude. La nature vous a doté des meilleurs outils pour vous adapter à un environnement en mouvement perpétuel. Vous avez des capacités de perception phénoménales qui traitent des millions de stimuli sans que vous en ayez conscience.

Vos émotions font partie de la palette d'outils dont vous disposez. Elles forment un système complexe de transmission d'informations pour vous permettre de distinguer en quelques dixièmes de seconde ce qui peut être dangereux de ce qui peut vous être bénéfique.

Vous avez la capacité de penser ; en quelques fractions de seconde, vous pouvez évaluer si quelque chose est une menace, si vous avez des ressources pour y faire face, et rechercher dans votre base de données ce que vous êtes censé faire.

De surcroît, lorsque tous ces mécanismes et ces outils ne suffisent pas, l'intuition entre en jeu. L'intuition est un processus cognitif chargé d'assurer la survie et le bien-être si rapide qu'il demeure en dehors de la conscience.

Si on vous a fait croire qu'il faut vivre dans un monde contrôlé et sûr, sachez que ce n'est pas vrai. Ne vous laissez pas duper. À quoi bon décorer votre prison si, malgré tous les travaux que vous y faites, elle reste une prison ? Soyez prêt à sortir de votre prison et à vivre intensément.

L’attitude wabi sabi vous invite à être libre, parce qu’elle sait que vous pouvez l’être. Vous pensez peut-être que ce n’est pas pour vous, comme l’oiseau qui n’a jamais volé ignore qu’il peut voler. Mais, de même que, lorsque vous ouvrez la porte de la cage, l’oiseau se déplie et commence instinctivement à battre des ailes, vous serez libéré quand vous cesserez de vouloir tout contrôler et que vous aurez assimilé la notion de contrôle dynamique et accepté le caractère totalement incontrôlable de la vie.

Je vous propose une nouvelle maxime wabi sabi : acceptez le caractère incontrôlable de la vie ainsi que votre capacité de vivre une vie incontrôlable. Apprenez à cerner ce que vous pouvez contrôler et ce que vous ne pouvez pas contrôler en recourant à de nouvelles stratégies, techniques et aptitudes plus efficaces.

Le fait que la vie soit incontrôlable ne veut pas dire que nous ne pouvons rien faire face à ce qui nous arrive. Il s’agit plutôt de changer de perspective afin de mieux diriger notre attitude et nos ressources, de ne plus gaspiller autant d’énergie, de nous éviter les contrariétés et d’utiliser notre énergie pour construire dans un monde dynamique, changeant, instable et incontrôlable. Faites en sorte de vivre de manière spontanée, désinhibée et dynamique.

Ukemi, apprenez à tomber

> *« Nous sommes venus au monde pour vivre, sourire, pleurer, sauter et courir, nous reposer, ressentir et agir. »*

Tout au long de ma vie, je suis tombé et me suis cogné un nombre incalculable de fois, que ce soit en faisant du ski, du vélo, de la course, du saut ou même en marchant. J'ai aussi fait de nombreuses chutes sur le plan émotionnel : j'ai connu des déceptions, des désillusions et j'ai même été victime de tentatives de manipulation.

En tant qu'être humain, je suis tombé bien des fois et j'ai assimilé depuis tout petit la maxime wabi sabi selon laquelle il faut apprendre à tomber et à se relever. J'ai cessé de me priver de faire quelque chose de peur de tomber. Les accidents existent et sont souvent inévitables, sans quoi ce ne serait pas des accidents, mais des actes téméraires. Je sais que chaque fois que je tomberai je devrai me relever, sans exception. Cela me prendra peut-être un moment et il se peut même que cela me fasse mal ou que j'aie besoin de me reposer pendant un temps, mais je me relèverai, car je n'ai pas d'autre choix.

Au Japon, le mot « *ukemi* » désigne l'art de savoir tomber en atténuant les effets de la chute. Il est plus particulièrement employé dans les arts martiaux pour apprendre à « bien » tomber sans se faire mal et à se ressaisir rapidement. Je vous propose d'intégrer cette notion dans votre vocabulaire et de commencer à la mettre en pratique. Comme il est certain que vous allez tomber, il est essentiel d'apprendre à bien tomber et à mieux vous relever.

Chaque fois que quelqu'un me dit qu'il a très peur de tomber, je lui réponds la même chose : vous allez tomber, c'est certain. Je me rappelle qu'à l'époque où je travaillais comme guide de rafting une des premières choses que je faisais était de renverser notre canot dans une nappe d'eau dormante de la rivière afin que cette chute contrôlée renforce la confiance des passagers. Cette stratégie leur permettait de mettre en pratique ce qu'ils devaient faire en cas de chute et je pouvais voir comment ils réagissaient face à l'imprévu. Il est préférable d'apprendre à tomber pour ne pas se faire mal quand cela arrivera, plutôt que de chercher à contrôler ce qui est inévitable.

Une attitude wabi sabi consiste à accepter le fait que nous tomberons des centaines de fois dans notre vie et que nous devrons souvent assumer ce risque de chute, en y voyant une sorte d'investissement qui nous permettra d'accéder à une plus grande récompense. Il est possible d'apprendre à tomber et à se relever aussi souvent que l'on tombera.

Pour apprendre à tomber, il suffit d'analyser ce qui s'est passé en prenant de la distance et d'en tirer un enseignement. Rappelez-vous que la vie ne s'arrête pas à votre peur de souffrir, de tomber ou de vous plaindre. Cessez d'avoir peur et rappelez-vous que les chutes sont nécessaires pour apprendre. Même si elles sont douloureuses, les blessures finiront par cicatriser et ces cicatrices vous rappelleront votre force émotionnelle.

Adoptez un regard bienveillant

> *« Nous sommes des êtres humains capables de nous améliorer, mais nous pouvons aussi rester figés dans la souffrance. »*

Une autre maxime wabi sabi est d'adopter un regard bienveillant. Comme nous venons de le voir, la vie est pleine d'erreurs, de contradictions et d'ambiguïtés. La seule chose à faire est par conséquent de tenter de les comprendre et de leur apporter la réponse la plus adéquate.

Un regard bienveillant nous permettra de comprendre les choses au lieu de chercher à les maîtriser, et cette compréhension sera une force. Un regard bienveillant renferme les plus grandes qualités : le respect, l'amour et la compassion.

Un regard bienveillant nous permet d'observer sans juger. Nous passons nos journées à émettre des jugements de valeur. Je vous propose un petit exercice d'observation : demain, observez en y prêtant une attention particulière les jugements de valeur que portent ceux qui vous entourent dans des situations du quotidien. Le soir, vous serez alors entraîné pour faire un autre exercice encore plus important : vous observer vous-même et analyser vos jugements de valeur. Vous risquez d'être surpris par les conclusions de vos observations.

Ne confondez pas décrire et juger. Le jugement de valeur s'inscrit dans une échelle de valeurs. C'est la différence entre observer et porter un jugement. Observer est un processus qui consiste à tenter de comprendre ou de décrire ce que l'on observe, alors que juger consiste à formuler une appréciation qui est subjective, mais remplit aussi les fonctions d'une opinion.

Une attitude wabi sabi fuit les jugements de valeur qui sont cause de souffrance, de frustration et de colère. Au lieu d'émettre des jugements, faites en sorte de comprendre ce que vous percevez. Regardez les choses avec bienveillance, dans un état d'esprit constructif.

Regardez la réalité sans conclure qu'elle est bonne ou mauvaise. La réalité n'est ni bonne ni mauvaise, elle est ce qu'elle est. Elle n'est ni belle ni laide, elle est naturelle. Si je peux me permettre un conseil, cessez de juger, car vos jugements laissent transparaître la peur qui vous habite, vos expériences mal intégrées et vos fantasmes les plus intimes. À chaque jugement que vous portez, vous projetez une partie de vous-même.

Regardez-vous avec bienveillance

Nous avons tendance à trop nous comparer. Ce n'est pas notre faute, sachant qu'on n'a cessé de nous comparer depuis notre plus tendre enfance. On nous compare avec nos frères, nos cousins, nos collègues de travail et même avec nos amis ou petits amis. Dans ces circonstances, nous risquons de nous comparer en permanence à des personnes qui nous semblent parfaites, mais qui, en réalité, ne font que montrer certains côtés positifs et dissimuler leurs côtés négatifs. Nous comparer à ces personnes ne nous fait pas du bien. La vie des autres n'est d'ailleurs pas si merveilleuse, et la nôtre pas si mal. Il n'empêche, nous avons tendance à nous juger et sommes le plus souvent notre pire juge.

Un regard bienveillant nous permettra de voir les choses de plus près et de scruter les détails qui nous échappent, mais sont utiles pour mieux comprendre la réalité. Un regard bienveillant est un regard ouvert, sans préjugés, qui explore ce qu'il a devant lui avec la curiosité d'un enfant.

Tout est imparfait, mais en regardant la vie avec bienveillance et en tenant compte des détails nous parviendrons à mieux comprendre cette imperfection et à mieux nous en accommoder.

Le principe de dissonance

Nous évitons parfois de regarder les choses de près afin de ne pas avoir à constater la dissonance entre ce que nous souhaitons, ce que nous pensons avoir et la réalité. Un regard bienveillant nous permettra toutefois de repérer ces décalages et d'activer le principe de dissonance.

Le principe de dissonance est un puissant moteur d'action. Son fonctionnement est simple : quand nous voyons que les choses ne se passent pas comme elles le devraient, cela suscite en nous le besoin de faire quelque chose pour les rediriger ou de réajuster nos attentes ou nos plans.

Mais nous avons tendance à ne pas vouloir nous en soucier, ce qui nous empêche de passer à l'action. Nous préférons alors ignorer ce que nous voyons, voire le nier, afin que le principe de dissonance ne soit pas activé, ce qui nous permet de continuer à ne pas nous en préoccuper.

Le principe de dissonance protège notre équilibre mental en se chargeant de nous envoyer des signaux clairs pour nous indiquer qu'il y a quelque chose qui ne fonctionne pas et que nous devons changer quelque chose dans notre vie.

Un regard bienveillant nous permettra de comprendre ce qui se cache derrière des paroles ou une situation. Un regard bienveillant fera en sorte qu'une contrariété dure plus ou moins longtemps. Nous acceptons l'imperfection avec un regard bienveillant, comme un passage obligé pour grandir.

Je vous invite à garder à l'esprit cette maxime wabi sabi : en adoptant un regard plus bienveillant, vous pourrez apprécier des détails qui seront très utiles pour comprendre la réalité au plus près, ses ambiguïtés et ses contradictions. Un regard bienveillant est la meilleure ressource dont nous disposons pour appréhender et mieux comprendre la réalité qui nous entoure, par exemple ce que vivent nos proches. C'est une base indispensable pour développer des attitudes telles que l'empathie et la compassion.

Pratiquez l'art du pardon

« Non, Susumo. Nous ne sommes pas une erreur. Nous sommes comme nous sommes. »

Rien ne reflète mieux l'attitude wabi sabi que le pardon. Pardonner vos erreurs et vos imperfections, rompre avec le passé et vous établir sereinement dans le moment présent est tout un art. C'est un art, au sens où vous avez parfois besoin d'un processus créatif pour satisfaire un besoin particulier dont vous n'avez pas le mode d'emploi.

Si personne ne peut vous aider à vous pardonner ou à pardonner à vos proches, je pense toutefois que les clés que je vous donne pourront vous aider à prendre conscience de la nécessité de vous pardonner et des bienfaits que vous pourrez en tirer et à savoir par où commencer.

Commencez par accepter l'état d'imperfection qui vous entoure et rappelez-vous que nous sommes façonnés par nos expériences imparfaites. Développer la capacité de pardonner un accident ou une anomalie est par conséquent une ressource qui vous rendra extrêmement courageux.

Vous avez besoin de vous pardonner si vous avez échoué dans une tentative, ce qui vous permettra parfois d'effectuer un processus d'analyse rationnel. Sachez toutefois que les raisons de votre accident échappent parfois à tout processus rationnel.

Nous pouvons tenter d'examiner la situation, si nous avions la possibilité d'influer sur ce qui s'est passé, si c'était notre faute ou non, si nous l'avons générée nous-mêmes ou non. Ce temps consacré à l'analyse n'a parfois aucun sens, notre examen des faits étant contaminé par la peur, le désir ou la souffrance.

La plupart du temps, la seule chose dont nous ayons besoin est de nous pardonner, de le faire avec le cœur, pour que notre âme trouve le repos nécessaire qui nous permettra d'effectuer ensuite cette analyse indispensable avec le recul suffisant.

Tout est processus. Nous avons besoin de faire preuve d'indulgence envers nous-mêmes, en prenant le temps de nous reposer pour retrouver la force, le courage, la perspective et les critères nécessaires pour analyser clairement ce qui s'est passé.

Ne confondez pas cet acte de pardon avec un acte d'indulgence. Le pardon que vous devez vous accorder est plus qu'une ressource : il vous permet de gagner du temps et de traverser une période pendant laquelle votre souffrance vous empêche d'avancer. Il agit comme une sorte de béquille qui vous aide à faire les premiers pas dont vous avez besoin pour vous remettre en mouvement et voir les choses plus clairement.

Au milieu des années 1980, Martin V. Covington, professeur de psychologie à l'université de Californie, a analysé l'effet sur notre motivation de la façon dont nous nous voyons, et plus particulièrement le rôle de la culpabilité, de l'humiliation ou de la honte face à un échec. Ces sentiments négatifs influent sur notre motivation en nous faisant perdre l'envie de nous mettre en marche pour atteindre un but.

Pour protéger l'image que nous avons de nous-mêmes et de notre valeur personnelle, nous rejetons la faute sur les autres ou éludons notre part de responsabilité en cas d'échec. Cela peut nous amener à penser que, si quelque chose se passe mal, ce n'est pas parce que nous avons mal agi ou pris de mauvaises décisions, que nous n'y sommes pour rien et que c'est la faute des autres si tout a dérapé. Mais ce mensonge que nous nous racontons ne va pas tarder à s'effondrer et, en fin de compte, nous aurons finalement encore plus perdu notre estime de nous-même que si nous avions assumé d'emblée nos responsabilités.

Il est important de bien gérer l'échec en apprenant de nos erreurs pour ne pas les reproduire. Il nous faut pour cela être bien préparés et déployer toutes nos ressources, car, si nous ne supportons pas les revers, nous commencerons à recourir à des stratégies toxiques en tenant les autres pour responsables de nos erreurs, en nous racontant des histoires ou en niant un échec, et persévérerons ainsi dans quelque chose de mortifère.

À l'inverse, un échec mal géré peut nous conduire à un manque de défense et à un sentiment de désespoir. Face à de nouvelles difficultés ou situations, nous nous sentirons bloqués et nous en attribuerons à tort la responsabilité. Comme nous l'avons vu à de nombreuses reprises, la clé est dans l'équilibre. Une attitude wabi sabi, associée à un processus d'analyse correct et tenant compte de notre expérience, nous permettra de trouver ce point d'équilibre et d'appréhender l'échec en ne lui donnant pas moins ni plus d'importance qu'il n'en a, sans nous laisser accabler par la déception et sans perdre notre estime de nous-même.

Je vous propose d'ajouter à votre dictionnaire une nouvelle maxime wabi sabi : pratiquez l'art du pardon. Pardonner est un acte libérateur. Pardonnez votre propre imperfection et celle des autres et vous pourrez apprendre de vos expériences, grandir et vous améliorer. C'est ainsi que vous vous sentirez un peu plus libre, plus en sécurité et plus capable.

Le contexte est tout

> *« Quelqu'un qui n'a pas la beauté dans ses yeux ne la trouvera nulle part, et il en est de même pour la paix ou la sérénité. »*

Wabi sabi, c'est l'art de replacer les choses dans leur contexte, de tout voir à travers un nouveau prisme fidèle à la réalité, en sachant que la vie prend un sens nouveau si on apprend à la contextualiser.

C'est votre contexte qui donnera de la valeur à vos buts. Ce n'est pas la même chose de faire un marathon quand on est un athlète professionnel ou un humble mortel qui court de temps en temps. Il est important que vous analysiez votre contexte, car il conditionnera l'adéquation et la qualité de vos buts, leur validité, les efforts que vous devrez mettre en œuvre pour les atteindre et la satisfaction de les avoir atteints.

Comme vous êtes conditionné par votre contexte, vous devez être très attentif aux variations susceptibles de se produire. Si nous faisons l'erreur de penser que le contexte est statique – tout comme nous avons pu le penser pour le contrôle –, nous ne pourrons pas nous y adapter au fil du temps, et nos buts n'auront plus la même valeur et cesseront de nous motiver. De même que pour le contrôle, le contexte dans lequel s'inscrit notre vie est dynamique, d'où l'absolue nécessité de nous y adapter si nous voulons grandir et atteindre nos buts, conserver notre attitude et ne pas nous démotiver.

Pour revenir à Susumo, on se rappellera que sa démotivation était liée au contexte de son père et qu'il avait du mal à s'en détacher. Susumo sait que son père veut ce qu'il y a de mieux pour lui. Comme il lui porte tout son amour et le considère comme un exemple, il pense qu'il est judicieux de suivre ses conseils. Le problème est que le contexte de Susumo sera un jour différent et que tout ce qui lui semblait avoir du sens cessera alors d'en avoir. La satisfaction que son père pourrait éprouver de le voir soutenir sa thèse et exercer la médecine motive Susumo à aller dans une direction qui, a priori, ne le motive pas. Mais il y aura un problème quand son père ne sera plus là et que cette motivation n'aura plus le même sens, ou quand Susumo s'apercevra que son père n'est pas aussi satisfait qu'il l'avait espéré, ou quand il n'aura plus les mêmes priorités et ne souhaitera peut-être plus être médecin.

Les véritables crises apparaissent quand on fait quelque chose pour plaire à quelqu'un, quand on renonce à certaines choses et quand on fait des efforts dans l'espoir d'une récompense plus ou moins évidente. Mais, contrairement à toute attente, il arrive un moment où vous vous rendez compte que le contexte a changé, que votre père est décédé, que votre conjoint n'a plus les mêmes priorités ou que vos enfants ont grandi. La frustration, la crise et la colère se manifestent quand vous réalisez que vous avez perdu votre temps et que vous vous êtes trahi en vous basant sur le contexte des autres et non sur le vôtre pour mener votre vie.

Si vous gérez mal la situation, vous pourriez reprocher ce qui s'est passé à la personne pour laquelle vous vous êtes sacrifié, récriminer contre elle ou la punir, mais vous ne feriez que vous punir d'avoir pris de mauvaises décisions.

Mais, si nous apprenons à bien gérer notre contexte personnel et celui des autres, nous pouvons continuer dans la même direction en procédant à quelques changements pour être en adéquation avec les nouveaux besoins contextuels. Il n'y a aucune raison de jeter par-dessus bord tous ces sacrifices et un réajustement suffit parfois. Nous pouvons aussi amorcer un tournant radical dans notre vie et nous consacrer à ce que nous avons toujours aimé ou explorer de nouvelles activités, en nous félicitant de prendre ce virage qui va nous faire le plus grand bien.

Les années de recherche

Certains recommandent de prendre une année sabbatique. Je vous invite pour ma part à prendre une année de recherche. La principale différence entre une année sabbatique et une année de recherche réside dans le fait qu'elle n'est pas un moment de vacances, de repos ou de déconnexion. Son objectif est clair : découvrir de nouvelles possibilités de mener notre existence d'une manière plus riche et plus en accord avec notre contexte personnel et nos intérêts.

Avant de vous laisser emporter par le stress et la démotivation et de vous demander si vous avez besoin d'une année sabbatique, commencez par vous demander si vous n'avez pas plutôt besoin d'une année de recherche.

Parmi les possibilités d'action que je vous ai proposées, choisissez celle qui vous convient le mieux, peu importe le degré de risque. La seule chose à ne pas faire est de continuer à faire comme si de rien n'était par inertie, car cela ne fait que repousser ce qui ne peut être évité. Ne pas prendre de décisions a aussi des conséquences négatives : celles que nous aurions subies si nous avions pris une décision quelques années plus tôt auxquelles viennent s'ajouter les conséquences négatives générées pendant ce temps d'indécision.

Je ne peux que vous rappeler que, si votre contexte a changé, vos buts doivent aussi changer. Mais nous ne savons pas toujours très bien comment procéder, ou nous savons comment procéder, mais n'agissons pas en conséquence. Si vous ne savez pas très bien comment faire, je vous invite à m'écrire à mon adresse personnelle : tomas@tomasnavarro.es et je vous ferai une ordonnance pour une année de recherche.

Si vous faites partie de ces personnes courageuses qui savent ce qu'il faut faire, mais que vous n'y parvenez pas pour des raisons qui ne dépendent pas de vous, j'ai une proposition à vous faire. Quand le contexte ne nous permet pas de passer à l'action, nous sommes dans un état d'orientation. Nous sommes prêts à agir, nous savons quoi faire et nous avons les outils et les capacités nécessaires pour réussir, mais un facteur externe ou le contexte nous empêchent de passer à l'action. Cette attente peut nous faire sombrer dans le désespoir et parfois nous plonger dans un doux rêve où nous perdons de vue nos buts. Si c'est ce que vous vivez, posez-vous toujours la question de savoir si vous souffrez réellement d'un contexte limité. Évaluez toutes les options possibles et ne laissez pas tomber vos efforts dans l'oubli si vous n'arrivez pas à prendre les choses en main. Restez alerte et passez à l'action dès qu'une possibilité se présente.

J'illustrerai ce qu'est l'état d'orientation à l'aide de deux exemples. Dans le premier cas, imaginez que vous avez décidé de divorcer, mais que ce n'est pas le bon moment pour vous, quelle qu'en soit la raison (pour vos enfants, pour ne pas peser sur les résultats d'un concours que votre conjoint va présenter prochainement, parce que vous avez besoin de vous organiser ou de chercher un nouvel emploi…). Peu importe la raison et peu importe ce qu'en pense le reste du monde. Souvent, les gens portent des jugements sans savoir ce qu'il en est. Faites ce en quoi vous croyez, mais faites-le quand vous sentez que le contexte et votre situation vous sont favorables. S'il le faut, armez-vous de patience et, si vous devez agir sans plus attendre, rassemblez vos forces et lancez-vous. Ce qui compte, c'est d'analyser votre contexte pour déterminer la meilleure façon d'agir.

Dans le deuxième cas, imaginez que vous êtes certain de vouloir changer de travail. Mais ce n'est pas le meilleur moment, parce que vos enfants vont entrer à l'université et que vous allez les aider à financer leurs études, ou parce que vous avez contracté un prêt et remboursez tous les mois des mensualités importantes. Vous pouvez aussi vouloir déménager, mais le bail que vous avez signé vous oblige à patienter quelque temps. Si votre contexte ne vous permet pas de faire maintenant ce que vous voulez, ne restez pas les bras croisés et profitez de ce temps ou de cet état d'orientation. Consacrez-vous à la poursuite d'autres buts (faire une nouvelle rencontre...) et ne perdez pas votre temps à réfléchir aux moyens de changer ce qui ne peut l'être dans un avenir proche, sachant que la situation dans laquelle vous vous trouvez actuellement est bloquée.

Pendant tout ce temps, restez fixé sur votre objectif et veillez à ne pas le perdre de vue, sans pour autant en faire une obsession, en sachant que vous ne pouvez rien faire pour l'instant.

Surtout, évitez de rêver qu'un jour une bonne fée vous apporte un nouveau travail, une nouvelle maison ou un prince vêtu de bleu ou une belle et douce princesse.

Enfin, sachant que des changements ne manqueront pas de survenir dans notre vie, nous pouvons être amenés à mal évaluer les efforts nécessaires pour atteindre le but que nous nous sommes fixé, que ce soit en les surestimant ou en les sous-estimant. Si on me demandait de courir un triathlon en portant les couleurs du même sponsor qu'il y a vingt-cinq ans, je devrais fournir plus d'efforts en raison des changements qui se sont produits dans ma vie en ce qui concerne ma famille, ma motivation et mon corps.

Quand nous sommes détendus et rassasiés, faire un régime nous semble beaucoup plus facile. Et quand nous sommes fatigués, passer un examen nous paraît encore plus épuisant. Je vous invite par conséquent à tenir compte de votre contexte quand vous effectuez des pronostics et des évaluations, car celui-ci a toute son importance.

Par ailleurs, certains buts sont imposés par notre environnement et ne créent pas la même motivation que si nous les avions choisis nous-mêmes. Mettez-vous bien cela dans la tête : si ce n'est pas vous qui avez fixé le but, vous devrez fournir plus d'efforts pour l'atteindre et peut-être n'aurez-vous pas l'énergie suffisante. Imaginez que vous n'avez aucun problème avec votre physique, mais que votre compagne a décidé que vous deviez commencer à faire de l'exercice pour avoir un corps d'athlète ou de nageur. Ce but vous étant imposé, il y a de fortes chances pour que vous manifestiez votre mécontentement dans la vie de tous les jours, ce qui aura des effets délétères sur la relation.

Ce que l'on s'impose de manière subtile

Nous nous imposons parfois des choses si subtiles que nous en sommes à peine conscients. Nous nous les imposons nous-mêmes, en intériorisant des buts qui nous ont en fait été imposés. J'ai lu récemment dans un magazine qu'aujourd'hui on croit se réaliser alors qu'on se réduit en esclavage. C'est peut-être vrai. Nous intériorisons toutes les tendances que nous voyons ou qui cherchent à nous influencer, vivant ainsi dans une sorte de tyrannie de ce qui devrait être au lieu de porter notre attention sur ce qui est.

Je ne voudrais pas conclure sans mentionner le fait que, dans certains cas, la situation dans laquelle nous nous trouvons ne nous stimule pas ou n'offre pas de solutions de rechange qui nous conviennent. Rappelons-nous alors, comme le dit si bien Hitoshi, que nous n'avons pas de racines, mais des pieds. Si votre contexte vous limite ou ne vous offre pas d'autres possibilités, le moment est venu de commencer votre année de recherche, de fermer des portes et d'ouvrir de nouvelles fenêtres.

En bref, gardez toujours à l'esprit qu'une attitude wabi sabi consiste à contextualiser vos pensées, vos ressentis, vos perceptions et vos actes en leur donnant un sens et en étant sensible aux variations de contexte et aux répercussions que cela pourrait avoir sur votre motivation et sur votre comportement.

Ignorez de manière sélective

« Nous tentons de corriger la vie, de nous corriger et parfois même de corriger les autres. »

Il est sage d'ignorer. Plus exactement, la sagesse consiste à distinguer ce dont on doit s'occuper de ce que l'on doit ignorer. Le contexte qui nous entoure est très chargé du point de vue de la stimulation perceptive. Nous sommes sollicités par des millions de stimuli et notre cerveau ne peut pas traiter toutes ces informations. Seuls ceux qui sont capables d'ignorer les stimuli inutiles pourront tirer le meilleur parti de leur quotidien.

Vous vous demandez certainement ce qu'il est préférable d'ignorer. Sachez que la plupart du temps notre cerveau prend la décision pour nous, sans que nous en soyons conscients et sans que cela exige de nous des efforts. Lorsque nous sommes au volant de notre voiture, nous ignorons la texture de la garniture de la voiture, la couleur du tableau de bord ou les nuages qui couvrent le firmament. Le fait que notre cerveau ignore tous ces stimuli et les rend presque imperceptibles nous aide à nous concentrer sur la route et à ne pas nous distraire ni commettre d'imprudences.

Il nous arrive parfois d'ignorer quelque chose jusqu'à ce que son intensité soit trop élevée ou influe sur notre équilibre physique ou mental. Nous ignorons la température de la voiture jusqu'à ce qu'elle soit trop élevée, nous ignorons la musique d'ambiance jusqu'au moment où c'est notre chanson préférée qui passe et nous ignorons la vitesse à laquelle nous roulons jusqu'à ce qu'elle soit trop élevée ou trop lente.

Mais il nous arrive aussi de mal ignorer. Nous ignorons ce que nous ne devrions pas ignorer, ce qui est parfois notre faute, mais c'est d'autres fois une tentative délibérée de notre interlocuteur visant à nous distraire.

Ignorons les mensonges

Nous devons réexaminer les instructions que nous nous donnons pour ignorer ce que nous ignorons. Si nous ne voulons pas voir la réalité telle qu'elle est, c'est bien souvent parce que cela nous obligerait à tenir compte de choses que nous préférons ignorer et à prendre des décisions que nous n'avons pas envie de prendre. C'est ce qui se passe quand on se voile la face. La plupart des gens reconnaissent dans le comportement de leur interlocuteur s'il leur ment, mais ils préfèrent ignorer ces signaux. C'est certes plus confortable sur le moment, mais cela ne fait que repousser le problème.

À force d'ignorer ce que votre cadre mental vous indique, n'avez-vous pas l'impression qu'il est temps d'analyser ce que vous ignorez ?

Ignorer de manière sélective est une bonne chose. C'est une ressource qui favorise notre santé mentale, mais qui doit être bien employée. Ignorer certaines choses nous permet de diriger notre attention sur ce qui compte vraiment.

- **Ignorez les paroles blessantes.** J'ai bien dit « ignorez-les », elles ne méritent pas votre attention. Ce que disent les gens n'est pas nécessairement vrai, alors ne perdez pas une seconde de votre temps à écouter des paroles blessantes.

- **Ignorez les provocations.** Mettez-les en perspective et vous verrez que ce ne sont que des tentatives désespérées pour vous pousser à l'action. Regardez les pauvres taureaux. On les leurre avec la cape pour qu'ils s'élancent avant d'être toréés. Si ces pauvres bêtes ne se laissaient pas leurrer, ce triste spectacle – et cette souffrance – aurait pris fin avant même de commencer.

- **Ignorez les distractions.** Elles vous détournent de ce qui compte vraiment et finissent par provoquer en vous une agitation mentale.

- **Ignorez les routines que vous suivez alors qu'elles sont dépourvues de sens.** Si le soir vous êtes fatigué, vous pouvez ignorer la pile d'assiettes à laver et aller directement vous reposer. Personne n'a jamais été condamné pour avoir laissé de la vaisselle dans l'évier.

- **Ignorez les personnes toxiques.** Certaines personnes valent la peine d'être connues, d'autres non. Ignorer les personnes toxiques ou des attitudes toxiques peut vous sauver la vie et la santé !

- **Ignorez certaines exigences et demandes.** Ce n'est pas parce qu'on vous demande quelque chose que vous êtes obligé d'y donner suite. Demandez-vous si vous devez répondre à cette demande ou s'il vaut mieux l'ignorer.

- **Ignorez certaines conclusions que vous tirez de vos expériences,** surtout si elles sont délirantes et surviennent quand vous manquez d'estime de vous-même quand vous ressentez un mal-être, quand l'insécurité s'empare de vous ou quand vous vous sentez seul ou perdu.

Rappelez-vous que nous avons besoin d'ignorer pour pouvoir contempler. Nous avons besoin de centrer notre attention, y compris sur des choses que nous avions ignorées jusque-là. Le meilleur conseil que je puisse vous donner à ce sujet est de réexaminer votre cadre mental en ce qui concerne ce que vous ignorez, et de ne plus ignorer ce qui mérite vraiment votre attention pour être en accord avec la réalité.

Je vous encourage à pratiquer la vacuité de l'esprit ou l'art de la pleine ignorance pour profiter d'une bonne attitude wabi sabi. Tout ce qui se passe autour de nous ne mérite pas toute notre attention si ce n'est pas pertinent, si cela ne nous intéresse pas, n'apporte rien à nos objectifs, nous distrait ou est source de confusion. Je suis conscient d'inventer là une notion. De même que la pleine conscience consiste à porter toute notre attention sur ce qui se passe, la pleine ignorance consiste à ignorer pleinement ce qui se passe. Je suis persuadé que vous n'aurez aucun mal à maîtriser cet art.

Pour résumer, apprenez à faire la distinction entre ce qui mérite toute votre attention et ce qui mérite toute votre ignorance.

CHAPITRE 2
Shoganai, ce n'est pas du conformisme

> *« On ne vit pas seulement de raison, mais en trouvant un juste équilibre entre la raison, la motivation et les émotions. »*

Une analyse superficielle de la notion de wabi sabi pourrait nous laisser penser à tort qu'il s'agit d'une apologie du conformisme. Si je suis toutefois certain d'une chose, c'est qu'on ne peut absolument pas confondre une attitude wabi sabi avec une attitude conformiste.

Avoir une attitude conformiste consiste à s'adapter facilement aux circonstances, besoins, situations ou pratiques face à une perte de circonstances favorables pour nous-mêmes, voire à des conséquences négatives. C'est plus ou moins la définition du conformisme.

Mais chacun sait que les mots sont connotés et qu'une charge affective vient nuancer cette définition.

Dans le cas du « conformisme », les connotations sont plutôt négatives et proches de notions telles que le confort, le renoncement ou la soumission, autant d'attitudes très éloignées d'une attitude wabi sabi.

Le conformisme est lié à un manque de combativité. Face à des faits négatifs ou injustes, nous décidons de détourner le regard, de nous raconter des histoires, de nous justifier ou de nier la réalité pour nous en accommoder. Nous avons effectivement tendance à nous conformer à des choses qui ne nous plaisent pas ou ne nous correspondent pas, car, si nous ne nous en accommodions pas, nous serions dans l'acceptation, l'accord ou la dissidence, autant d'attitudes diamétralement opposées à une attitude conformiste.

Le conformiste reconnaît qu'il y a quelque chose qui ne lui plaît pas, ne lui convient pas ou ne lui fait pas du bien, mais, au lieu de chercher des solutions pour changer les choses, il se conforme à la situation.

Deux types de conformisme

> *« À la différence de cet arbre, nous n'avons pas de racines, ce qui nous permet de changer de contexte, et parfois même d'en créer un nouveau. »*

Voulez-vous savoir si vous êtes conformiste ? Ce qui définit le mieux un conformiste, c'est son sentiment d'impuissance à changer les choses. Un conformiste pense qu'il ne peut exercer aucune forme de contrôle et n'a aucune influence sur ce qui lui arrive, son environnement ou son quotidien.

Voyant qu'il ne peut contrôler les choses, il pense ne pas avoir d'autre choix que d'accepter les desseins que le destin a préparé pour lui et demeure persuadé qu'il n'y est pour rien dans ce qui lui arrive. Il est convaincu que c'est la faute de la société, de la famille ou de la vie et que, quoi qu'il fasse, il ne pourra rien y changer.

Face à cette perspective de la vie, la seule chose qu'une personne conformiste puisse faire est de se résigner et d'accepter ce qui lui arrive en dérivant au gré des vents du destin.

Il faut savoir également qu'il existe deux types de conformiste.

Le premier type correspond à ceux qui ne veulent pas améliorer les choses ni grandir. Le conformisme est dans ce cas une attitude choisie, plus ou moins consciemment, et entretenue, en ce sens qu'elle attache plus d'importance au confort ou à l'absence de choix qu'à la réalité.

Ce profil de conformiste évite tout conflit avec d'autres personnes ou d'autres groupes ainsi qu'avec lui-même et ses croyances. Les personnes ayant une attitude conformiste choisissent volontairement de mener une vie tranquille, voire routinière, une vie dans laquelle elles n'ont pas un rôle actif et sont de simples spectateurs résignés à accepter leur destin.

Si vous venez de découvrir que vous êtes un conformiste du premier type, il sera intéressant de chercher à savoir ce qui vous a fait adopter une attitude conformiste, sachant que cela masque généralement des motivations aussi variées que la peur, le confort, le manque de courage, le désir d'éviter les conflits ou la résignation. Voyez ce qu'il en est pour vous, mais sachez qu'il est possible de vivre les choses autrement en adoptant une nouvelle perspective, en faisant un travail sur cette attitude et en faisant preuve de détermination.

Le coût élevé de la dissidence

Toute personne qui ne se conforme pas entre en dissidence, ce qui a toujours un coût. Dans une organisation hiérarchique, les dirigeants et les responsables hiérarchiques tolèrent mal le manque de conformisme et ils le font payer.

La dissidence, notamment sur le plan social, familial et professionnel, a généralement des conséquences et des coûts personnels que nous ne sommes pas toujours prêts à assumer.

Mais croyez-moi, si vous pensez que le coût de la dissidence est élevé, attendez de voir ce qu'il en est du prix à payer pour les conformistes.

Le second type de conformiste se réfère aux personnes qui ignorent qu'elles peuvent ne pas être d'accord et qu'il existe d'autres possibilités, et qui ne sont pas conscientes qu'elles ont la capacité de prendre leur vie en main. L'origine de ce conformisme se trouve dans les modèles éducatifs de référence ou dans les règles qui nous ont été transmises.

Ce type de conformisme n'est pas le pire. En effet, dès qu'un individu se rend compte qu'il peut influer sur beaucoup plus de choses qu'il ne le pensait, il fait un pas énorme. Très vite, il abandonne le paradigme conformiste pour un paradigme plus équilibré et apprend à faire la distinction entre ce qu'il peut changer et ce qu'il ne peut pas changer.

Les risques d'une attitude conformiste

« Notre seule ressource pour nous adapter à notre environnement est notre attitude. »

On pourrait croire qu'une attitude conformiste est plus confortable et plus agréable, mais ce n'est pas le cas, même sur le court terme. Une personne conformiste ne prend presque aucune initiative. Sans initiative, c'est vite la routine, l'ennui et la résignation. En se croyant incapable de grandir et de se développer, on se contente de survivre, tout en espérant un miracle, gagner à la loterie ou que quelqu'un s'apitoie sur notre sort.

Sur le plan social, les personnes conformistes oscillent entre la soumission et l'explosion sous forme de rage après avoir accumulé frustrations et abus. Elles n'ont plus de pensée critique, car cela génère trop de tensions. Qui plus est, accepter qu'il existe d'autres réalités et d'autres possibilités reviendrait implicitement à accepter qu'elles passent à côté d'une occasion de faire évoluer les choses.

Nous ne pouvons pas non plus fermer les yeux constamment, et parfois, justement, ce que nous voyons ne cadre pas avec notre attitude conformiste. Nous n'avons alors pas d'autre choix que de nous raconter des histoires ou nous justifier pour nous racheter *in extremis*. Et comme l'essentiel est que notre estime de soi et notre conscience de soi ne soient pas affectées, nous préférons nous aveugler encore plus.

Le conformisme provoque une accommodation mentale et physique qui se traduit par un manque de « proactivité » manifeste. Nous cessons alors d'enrichir notre vie dans l'espoir que le hasard nous apporte un stimulus intéressant.

Une attitude conformiste a des effets dans tous les domaines de notre vie, sachant que nous prenons toutes nos décisions en fonction de ces facteurs déterminants et non en fonction de nos désirs. Elle nous conduit à la stagnation et nous fait perdre l'espoir de mener une vie meilleure, tout en nous maintenant dans l'obligation de vivre une vie dont nous ne voulons pas. Elle nous empêchera de mener la vie que nous souhaiterions avoir et, pis, nous fera ignorer les possibilités de la transformer en quelque chose de stimulant et d'enrichissant.

La résistance au but

La « résistance au but » est une notion associée au conformisme de performance. Vous pourrez l'observer chez un enfant qui n'a pas envie de faire ses devoirs et s'accommode d'un résultat médiocre, chez le collègue de travail qui ne relit pas un rapport par vengeance ou encore chez le commercial qui renonce à une vente complexe.

Dans toutes ces situations, le protagoniste pouvait choisir entre une attitude inconfortable fondée sur l'effort, malgré la fatigue, les difficultés ou d'autres facteurs, et une attitude fondée sur le conformisme confortable, qui se trouve toutes sortes d'excuses.

Derrière la médiocrité, vous trouverez toujours ce qu'on appelle le « conformisme de performance », une façon de dire : « C'est déjà bien comme ça... » Chaque fois que vous renoncez à un effort ou pensez que c'est déjà bien comme ça, vous faites preuve de conformisme de performance.

Si vous venez de découvrir que vous êtes conformiste, ne vous inquiétez pas, ce n'est pas grave. Si vous tenez ce livre entre vos mains, c'est peut-être un signe que vous n'êtes pas aussi conformiste que vous le pensez ou qu'une personne qui vous aime pense qu'une attitude wabi sabi vous aidera peut-être à rompre avec ce conformisme.

La clé pour dépasser le conformisme consiste simplement à envisager la possibilité ou l'idée qu'il est possible de se comporter différemment. Il y a très souvent une autre option. Ce n'est pas parce qu'on ne la connaît pas, qu'on ne la voit pas ou même qu'on ne veut pas la voir qu'elle n'existe pas. Ce n'est pas toujours évident ni facile ni simple, mais cela ne veut pas dire qu'elle n'existe pas. Cela peut nous faire peur, nous angoisser ou secouer notre paresse, mais, croyez-moi, il ne faut jamais renoncer à rechercher cette autre option.

Si l'on parvient à se rendre compte qu'il existe d'autres options, on peut passer à l'étape suivante qui consiste à examiner si ces options sont viables. Il se peut aussi qu'il n'y ait pas d'autre option, que le coût de ces options soit très élevé ou qu'elles ne puissent pas être appliquées tout de suite. Ce n'est pas parce que les résultats de cet examen ne nous plaisent pas qu'il faut passer outre ce processus d'analyse, car il nous permet de conclure qu'il est possible de faire les choses autrement, ou que nous n'avons pas d'autre choix que d'accepter la réalité telle qu'elle est pour l'instant.

Vous n'aurez jamais un prix trop élevé à payer pour avoir le privilège d'être vous-même. Mais vous devrez pour cela renoncer au conformisme et commencer par accepter sereinement les choses telles qu'elles sont. Pour grandir, il faut commencer par accepter.

N'oubliez pas que la clé est dans l'acceptation.

Pour grandir, commencez par accepter

> *« Nous avons besoin d'accepter avec humilité que nous ne sommes que des humains. »*

Vous inviter à adopter une attitude wabi sabi est une façon de vous encourager à accepter les choses de manière apaisée et constructive. Une attitude wabi sabi est une attitude sereine qui nous permet de faire la distinction entre ce que nous devons accepter sans rien pouvoir changer et ce qui doit nous motiver à passer à l'action.

Mais comment différencier ce que l'on doit accepter et ce que l'on ne doit pas accepter ? Comment puis-je être certain de ne pas donner des coups de poing dans un mur ? Je vais vous livrer trois clés pour apprendre à faire cette distinction.

Nous commencerons par analyser si ce qui nous affecte peut être changé ou non. Le moment est venu d'être pragmatique et d'abandonner notre confort. Certaines réussites exigent de notre part un effort soutenu et une persévérance intelligente, et qu'on y consacre du temps.

Nous sommes si habitués à notre rythme effréné que nous voulons que les choses se passent vite et en oublions que tout est régi par un processus naturel qui prend du temps. Quand on poursuit des objectifs ambitieux, de grands buts ou des résultats extraordinaires, on oublie souvent qu'il faudra fournir un effort à la mesure de nos ambitions, c'est-à-dire un effort extraordinaire. Rien de grand ne s'est fait sans effort, sans ténacité et sans sacrifice, mais rien de grand ne s'est fait non plus sans plaisir ou sans *flow*.

Les situations que nous pouvons modifier sont beaucoup plus nombreuses que nous le croyons. Nous pouvons penser, par exemple, que nous ne pouvons pas changer de travail, que la dynamique de notre couple est immuable, que nos enfants grandiront et prendront leurs décisions sans subir notre influence ou que le destin guidera notre existence sans qu'il nous soit possible de couper les fils qui nous lient à lui.

Le fait est que nous avons tort de penser ainsi. Nous exerçons une influence sur beaucoup plus de choses que nous l'imaginons. Il y a très longtemps, au Japon, quelqu'un qu'on traitait de fou a entrepris de modeler des arbres pour en faire des œuvres d'art vivantes. On disait à l'époque que cela n'avait aucun sens, mais cela n'avait rien d'une folie, l'art des bonsaïs étant devenu une belle réalité qui compte de nombreux adeptes de par le monde.

Les grandes réussites comportent souvent une touche de folie. Jules Verne était un fou qui avait prédit que l'homme marcherait sur la Lune, Léonard de Vinci un autre fou qui avait dit que l'homme pourrait voler et les frères Lumière d'autres fous qui prétendaient créer une réalité qui n'existait pas. De nos jours, des personnes comme Steve Jobs ou Elon Musk, dont les idées et les projets étaient considérés comme totalement fous, s'en sont très bien sortis et ont fini par convaincre tous ceux qui n'avaient pas cru en eux.

Un génie a une vision avant-gardiste de ce qui pourrait être perfectionné même s'il manque de preuves ou de données sur la question, ce qui lui vaut la plupart du temps des critiques et des moqueries.

Le revers de la médaille, ce sont les millions de personnes dans le monde qui s'évertuent à ce que des chimères qui n'existent pas et sont inaccessibles deviennent réalité.

La première clé pour avoir une attitude wabi sabi est d'apprendre à distinguer ce qui peut être changé de ce qui ne peut l'être, en procédant à une analyse de la nature de nos désirs, de la situation dans laquelle nous nous trouvons, de notre processus motivationnel et de notre perception de la résistance au but. Ne cessez pas, par confort, peur ou laisser-aller, de persévérer. N'oubliez jamais que les grandes réussites demandent beaucoup d'efforts.

La seconde clé est d'analyser ce qui est à l'origine de ce que nous voulons changer. Nous pensons parfois n'y être pour rien dans des actes ou des situations que nous avons en réalité nous-mêmes provoqués. Il y a quelques jours, ma fille s'est retrouvée face à deux défis inédits. En l'espace de quelques jours, elle allait avoir une compétition de figures de natation synchronisée et une audition de danse classique.

C'était une première pour elle et elle n'avait aucune idée de la façon dont cela allait se passer. Un jour que je l'accompagnais à son entraînement de natation synchronisée, ou de « synchro », comme elle dit, elle m'a confié qu'elle avait peur et m'a demandé comment elle pouvait surmonter cette peur.

Dans les deux cas, comme la note finale était attribuée par un jury de trois personnes, elle pensait qu'elle ne pouvait rien faire. « Ma chérie, lui ai-je dit, bien sûr que tu peux faire quelque chose, plein de choses même… Tu ne peux peut-être pas influer sur les membres du jury, mais tu peux influer sur leur évaluation, et c'est ça qui compte. La note qu'ils te donneront dépend en partie de toi et il y a quelque chose que tu es seule à pouvoir faire : te préparer et t'entraîner ».

Ce jour-là, ma fille a demandé à son prof si elle pouvait venir à d'autres entraînements, ce qu'il accepta volontiers, pour le plus grand bonheur de ma fille. Elle s'est également renseignée auprès de lui et d'autres filles sur le déroulement de la compétition. De mon côté, j'ai demandé à des parents qui avaient déjà accompagné leur enfant dans ce genre de compétition de m'expliquer les différentes épreuves. Nous avons aussi regardé des vidéos sur Internet, et le résultat, c'est qu'elle a pu se détendre, parce qu'elle savait comment cela allait se passer et commençait à faire la distinction entre ce qui était en son pouvoir et ce qui ne dépendait pas d'elle.

Quelques jours plus tard, quand je l'ai trouvée en train de danser dans le salon, elle m'a dit : « Papa, je répète l'épreuve de chorégraphie libre et la pirouette imposée de la chorégraphie que j'ai le plus de mal à faire. » Le week-end, nous avons pu fêter tous les trois sa mention spéciale dans l'exercice libre, et le fait qu'elle ait appris pour toujours qu'il ne faut pas craindre d'affronter de nouveaux défis. « Papa, m'a-t-elle confié par la suite, je me suis rendu compte que, des fois, on est préoccupé par certaines choses, alors qu'en réalité la seule chose qu'on ait à faire est de s'en occuper. Au lieu de me préoccuper de savoir si le jury allait me donner une bonne note, je devais m'occuper de m'entraîner et de pratiquer ce qu'ils allaient noter. »

Je vais vous livrer maintenant une autre clé pour avoir une attitude wabi sabi : la capacité de transformer quelque chose qu'on ne contrôle pas en quelque chose que l'on contrôle. Combien de fois avons-nous essayé d'escalader un mur alors qu'il y avait à quelques mètres des escaliers que nous aurions pu emprunter pour atteindre notre objectif ?

Une nouvelle perspective, un autre moment

Ce qui ne peut être changé à un moment donné peut l'être avec une nouvelle perspective ou à un autre moment. Nous ne serons jamais des oiseaux, mais cela ne signifie pas que nous ne pourrons pas voler comme eux. Les choses mûrissent et exigent un processus. Ce que nous n'avons pas d'autre choix que d'accepter aujourd'hui est susceptible de changer à la faveur de nouvelles circonstances, et c'est pourquoi il faut parfois savoir attendre patiemment le moment opportun.

Enfin, la dernière clé pour parvenir à changer les choses est d'analyser si nous avons la capacité de les influencer. Si nous ne pouvons pas agir sur tout ou avec la profondeur souhaitée, nous pouvons influer sur beaucoup plus de choses que nous ne l'imaginons.

Nous pouvons faire en sorte que nos enfants aient une bonne éducation, mais nous ne pouvons pas contrôler leurs fréquentations, leurs cercles d'amis, ce qu'ils apprennent à l'école, ce qu'ils voient à la télévision, leurs recherches sur Internet… D'où l'importance d'être conscients de notre capacité d'influence limitée.

Il en est de même pour les processus. Nous pouvons influer sur la plupart des processus jusqu'à un moment donné, et c'est tout un art de savoir où se situe ce moment en trouvant un équilibre entre prudence et ambition. Pour reconnaître ce moment, il est essentiel de ne pas émettre de jugements hâtifs et de cerner et d'analyser de manière approfondie ce qui nous occupe ou nous préoccupe.

Je vous propose un bref rappel des trois clés que je viens de vous donner pour adopter une attitude wabi sabi et changer les choses sur lesquelles nous avons une influence.

1. **Distinguez les choses sur lesquelles vous avez une capacité d'influence de celles sur lesquelles vous n'en avez pas.**

2. **Distinguez ce que vous provoquez vous-même de ce qui ne dépend pas de vous.**

3. **Apprenez à distinguer ce qui peut être changé de ce qui ne peut l'être.**

Gardez votre énergie pour ce qui peut être transformé

> *« Ne regarde pas comment la vie ou les personnes devraient être, mais comment elles sont réellement. »*

Vous savez maintenant différencier ce qui peut être transformé de ce qui ne peut l'être. Ce que je sais de nombreuses personnes et de ce qu'elles vivent dans des pays et des cultures différentes me permet d'affirmer qu'en dehors de la mort et de certaines maladies, d'une manière ou d'une autre, avec plus ou moins d'efforts et au bon moment, nous pouvons faire en sorte de changer les choses.

Procédons par étapes. Dans *Kintsukuroi*, mon deuxième livre, j'ai évoqué plusieurs cas réels, notamment celui d'Elsa, une femme qui souffre de fatigue chronique et de fibromyalgie, une maladie terrible, proche de la torture.

Dans le chapitre consacré à Elsa, je lui propose une série de ressources à mettre en pratique au quotidien pour compenser les conséquences de sa maladie. Lorsque nous ne pouvons pas agir directement sur quelque chose, nous n'avons parfois pas d'autre choix que de l'accepter, mais nous pouvons aussi être surpris par ce que nous pouvons faire avec un peu de créativité et une nouvelle perspective.

Un nouveau regard

Le fait qu'on ne puisse pas agir sur une situation ne signifie pas qu'on ne peut pas agir sur les autres. Ainsi, si nous ne pouvons pas agir sur l'origine d'un problème, comme dans le cas d'une maladie, nous pouvons aborder cette réalité de deux manières : en nous résignant ou en analysant s'il existe une possibilité d'agir sur les conséquences ou certains facteurs collatéraux de cette maladie, voire sur notre incapacité à agir directement.

La clé est d'explorer les options qui s'offrent à nous, de porter un nouveau regard sur les choses, de prendre de la distance et de faire ce qui est en notre pouvoir.

Si j'évoque le cas d'Elsa, c'est parce que, comme dans l'exemple des auditions de ma fille, la seule chose dont on ait besoin pour commencer à grandir est d'accepter le fait que notre réalité a changé. Accepter tous les facteurs déterminants, repérer ceux qui sont susceptibles de changement, ceux qui trouvent leur origine en nous, ceux qui sont dus à des facteurs externes ou à des tiers et ceux sur lesquels nous pouvons exercer une influence. C'est en ayant cette attitude d'acceptation wabi sabi que nous pourrons utiliser notre énergie de façon productive.

Si nous pouvions comptabiliser le temps que nous passons à nous plaindre de ce qui nous déplaît, à parler en mal de notre travail ou à nous plaindre de nous-mêmes et de notre vie, si nous pouvions prendre conscience du temps que nous perdons dans des choses qui ne contribuent en rien à notre bien-être, nous serions scandalisés !

Rien qu'en consacrant la moitié de ce temps perdu en lamentations, culpabilisations ou accusations à mettre au point des objectifs qui auront un effet positif sur notre bien-être émotionnel et en consacrant l'autre moitié à faire du sport, je peux vous assurer que notre vie serait beaucoup plus agréable.

Vous avez plus d'énergie et de ressources que vous ne le pensez, mais vous ne les utilisez pas efficacement. Cela ne veut pas dire que vous devez vous démener comme un fou, mais que vous devez concentrer votre énergie et vos efforts, être sélectif, réfléchir avant d'agir, être guidé par des objectifs et trouver votre bien-être émotionnel en adoptant une attitude wabi sabi.

Vous aurez besoin pour cela d'assimiler une notion fondamentale de la psychologie relative aux processus attentionnels, ce qu'on appelle les « cadres de référence ».

Les cadres de référence sont en quelque sorte les lignes directrices et les grandes vérités qui gouvernent notre vie, nos actes, nos pensées et nos émotions. Nous avons tous des cadres de référence que nous nous sommes appropriés tout au long de notre existence.

Je vous propose un exercice d'imagination. Installez-vous dans un endroit calme et efforcez-vous de rentrer dans l'histoire que je m'apprête à vous raconter.

Imaginez Pierrot et son père. Chaque fois que Pierrot voit son père rentrer du travail, épuisé et de mauvaise humeur, critiquant ses collègues et ses chefs et se lamentant de ne pas pouvoir changer de travail, il se représente ce qu'est le travail dans la vie adulte. Pour Pierrot, la seule image du travail que lui donne la personne la plus importante de sa vie, à ce moment-là, est une référence absolue qui conditionnera longtemps l'idée qu'il se fait du travail.

Je vais maintenant vous parler du petit Ben, qui a une tout autre vision du travail. Son père était toujours rentré du travail plein d'enthousiasme, mais, comme ce n'est plus le cas, il décide de chercher un nouveau travail et en trouve un dans la semaine. Il explique à Ben qu'il n'y a aucune raison de faire un travail qui ne nous plaît plus, que la vie est faite d'étapes et que la meilleure chose à faire lorsqu'on arrive au bout d'une étape est d'en entamer une nouvelle. Il ne lui cache pas non plus que ce n'est pas toujours facile de trouver un travail qui nous corresponde et que nous pouvons aussi nous tromper dans nos décisions professionnelles, mais que ce n'est pas une raison pour ne pas chercher un travail qui nous apporte une plus grande satisfaction.

Ben et Pierrot ont eu de toute évidence des cadres de référence très différents quant au sens à donner au travail, ce qui a eu sur eux des effets sur l'idée qu'ils se font de leur capacité à trouver un nouveau travail.

Ben et Pierrot se sont naturellement transformés en Benjamin et Pierre. Par le hasard de la vie, ils se sont retrouvés dans le même service d'une importante multinationale, la différence étant que Benjamin arrivait toujours au travail avec le sourire et Pierre de mauvaise humeur.

Un matin, tandis que Pierre profitait de la pause-café pour maugréer sur son travail, ses collègues, son chef, les clients et même les fournisseurs, Benjamin lui a conseillé, au lieu de se plaindre, de proposer une liste de choses à faire ou d'améliorations à apporter à son poste de travail. Il lui a expliqué que son chef s'était montré réceptif quand il lui avait soumis des propositions, qu'il les avait mises en œuvre et que cela avait été bénéfique pour tout le monde. Benjamin n'a fait qu'inviter Pierre à changer de perspective, en passant de la plainte à l'action, et à employer toute cette énergie négative d'une manière plus constructive et positive.

Pierre, qui n'avait pas apprécié le conseil de Benjamin, lui a rétorqué que, si ces changements avaient été acceptés, c'était uniquement parce que Benjamin était le petit chéri du chef, et il est reparti en maugréant qu'il avait la poisse.

Arrêtez-vous un moment pour réfléchir à l'intérêt du conseil de Benjamin : se concentrer de manière constructive sur ce que vous pouvez changer et mettre en œuvre. Et vous ? À qui ressemblez-vous le plus ? À Benjamin ou à Pierre ? Avec quelle attitude préférez-vous vivre ?

Quel est votre cadre de référence ? Quelle est l'attitude la plus efficace pour vous, la plainte ou l'action ?

Ne perdez pas espoir

« Le temps n'est jamais d'aucune aide tant que l'on refuse de voir ce dont on doit s'occuper. »

Tic-tac, tic-tac, le temps file et ne s'arrête jamais, et c'est le moyen le plus fréquemment utilisé pour nous mettre sous pression. Les commerciaux qui vous poussent à acheter le savent très bien, de même que les services de marketing qui lancent des offres limitées dans la durée, les boutiques éphémères, les avocats et les juges, et même l'enfant qui menace de continuer à pleurer tant qu'il n'aura pas obtenu ce qu'il veut.

Le temps et la sensation d'en manquer nous mettent la pression et nous font prendre trop vite de mauvaises décisions. Nous supportons mal l'incertitude et préférons tirer des conclusions de manière précipitée au lieu d'attendre que la situation dans laquelle nous nous trouvons soit un peu plus claire. Nous avons les yeux rivés sur le temps qui passe et sommes victimes de l'impatience.

Nous préférons l'action ou une conclusion au doute et à l'incertitude. Le meilleur conseil que je puisse vous donner est de ne pas désespérer, de faire preuve de patience et d'attendre que les conditions soient réunies.

Nous pouvons aussi gâcher de bonnes décisions ou de bonnes idées en nous précipitant dans leur mise en œuvre. Tailler une plante l'aidera à bien pousser si on la taille au bon moment ; dans le cas contraire, on ne fera que la tuer. Un plat peut être délicieux ou immangeable selon la patience dont vous aurez fait preuve avec les temps de cuisson.

La vie a son propre temps et, mis à part le fait de nous y adapter en faisant preuve de patience et d'impassibilité, il n'y a pas grand-chose à faire. C'est le plus souvent parce que nous allons trop vite que nos petits et grands projets finissent par échouer.

La vie ne cesse d'aller et venir et c'est l'acceptation de cette réalité qui caractérise une attitude wabi sabi. Ce thème de l'acceptation nous accompagnera tout au long de cet ouvrage. Peut-être comprendrons-nous demain ce qui nous semble aujourd'hui dépourvu de sens ? Ce qui n'a pas de solution aujourd'hui en aura une peut-être demain. Ce que nous ne comprenons pas aujourd'hui, peut-être le maîtriserons-nous à la perfection demain ?

On ne peut pas ignorer que le temps s'écoule et qu'on doit lui donner de l'espace pour s'en accommoder et vivre en harmonie avec. Soyez à l'écoute du temps, observez les messages qu'il vous adresse, soyez attentif à vos besoins, tenez compte du temps dont vous disposez et vous prendrez de bonnes décisions au moment le plus opportun. Soyez patient.

Ce n'était pas votre faute

« Nous consacrons trop d'énergie, de temps et d'efforts à dissimuler nos erreurs. »

La culpabilité, toujours la culpabilité ! Comme c'est fatigant de devoir se coltiner encore la culpabilité ! L'ombre de la culpabilité plane sur nous en permanence, ce qui, en plus de nous épuiser, génère en nous une grande souffrance.

Une fois de plus, les connotations nous jouent un mauvais tour : la culpabilité est quelque chose de trop noir, de trop obscur, qu'il faudrait fuir, quelque chose d'horrible qui ne saurait être accepté.

La culpabilité est si laide que personne n'en veut. Le simple fait d'en parler ou d'y penser active une réponse émotionnelle qui nous bloque et nous empêche de penser sereinement et librement.

Si nous n'acceptons pas la réalité, c'est bien souvent parce que nous pensons que cela nous obligerait à assumer une faute. Et, comme nous ne voulons pas de cette culpabilité, nous préférons nous raconter des histoires, atténuer le plus possible ce sentiment de culpabilité et projeter alors toutes nos responsabilités sur les autres en la leur faisant porter.

Je vous propose d'abandonner la notion de culpabilité et de commencer à penser en termes de responsabilité.

La responsabilité est beaucoup plus légère que la culpabilité. Nos actes ont des conséquences et c'est en les acceptant de manière responsable que nous pourrons apprendre et grandir. La responsabilité est le meilleur mécanisme de contrôle de soi dans la mesure où il nous permet de réguler notre comportement. Réfléchir aux conséquences qu'aura notre comportement avant de passer à l'action nous permettra de déterminer si nous devons agir ou non. Réfléchir en termes de responsabilité nous aidera à ne pas faire d'erreurs.

Notre acceptation doit être sereine et dépourvue de toute culpabilité. Face à une situation, on ne peut parfois rien faire ou pas grand-chose. Vous est-il déjà arrivé de ne plus pouvoir acheter de fruits chez votre primeur parce que vous êtes arrivé juste après la fermeture ? Sur le moment, vous n'avez pas d'autre choix que de l'accepter sereinement, ce qui vous permet d'analyser ce qui s'est passé, de prendre une nouvelle décision – comme d'en chercher ailleurs –, ou de tirer la leçon de ne plus attendre le dernier moment pour faire vos courses.

Mais si, au lieu d'accepter sereinement qu'il n'est plus possible d'acheter des fruits, vous commencez à ressentir un sentiment de culpabilité, vous trouverez comment rendre les autres responsables de ce qui vous est arrivé. Par exemple, vous rejetterez la faute sur vos enfants, parce qu'ils ont accaparé votre attention et que vous n'avez pas vu l'heure passer, sur la personne qui roulait comme un escargot devant vous et vous a mis en retard ou sur le commerçant qui aurait pu laisser son magasin ouvert cinq minutes de plus.

Vous voyez la différence ? L'acceptation sereine vous permet de grandir, tandis que la culpabilité vous empêche d'avancer. Je suis plutôt pour accepter les choses sereinement, et vous ? Cela n'a pas été un processus facile, mais on ne peut pas dire non plus que cela a été si difficile. Il est vrai que la première réaction, la plus viscérale et la plus humaine, consiste souvent à accuser les autres. Mais, en un dixième de seconde, notre cognition prend le contrôle et nous répète avec fermeté, « wabi sabi ». La réalité, c'est que le magasin est fermé. Vous pourrez analyser plus tard les raisons pour lesquelles vous avez trouvé porte close si vous estimez que cela en vaut la peine, mais, pour l'instant, ce que vous devez faire est de décider si vous allez chercher une autre épicerie ouverte où vous trouverez des fruits ou si vous y renoncez.

Allez de l'avant sans remords

« Nous tentons de corriger la vie, de nous corriger nous-mêmes, et parfois même les autres. »

Quand on n'a rien pu faire, soit parce que c'était impossible, soit parce qu'on n'était pas en mesure de le faire à ce moment-là, on doit continuer à aller de l'avant sans remords et se dire « *shoganai* ». De même, si on n'a rien pu faire, on doit l'accepter sans remords et sans culpabilité, en faisant preuve d'humilité, cette humilité indispensable pour apprendre de ce qui s'est passé et progresser.

Le mot « *shoganai* » se réfère à certaines situations qui sont inévitables, mais n'encourage en rien une attitude conformiste ou d'échec. Plutôt que de perdre courage et espoir, *shoganai* nous invite à accepter le fait que nous sommes face à quelque chose qui échappe à notre contrôle.

Nous préférons généralement ignorer ce qui nous fait honte, génère des émotions négatives et nous fait souffrir. Nous sommes des êtres humains et préférons échapper à cette souffrance et, sans en être conscients, nous en tenons les autres responsables en nous racontant des histoires et en nous trouvant des excuses.

Si vous pouviez remonter le temps, vous ne prendriez peut-être pas toutes les décisions que vous avez prises. J'aurais cherché Nuria comme un fou pour la rencontrer plus tôt et profiter de quelques années de plus avec elle, de jeunesse et de vie. J'aurais fait plus de voyages, je me serais démené pour faire des études à l'étranger, j'aurais vécu plus intensément, je me serais libéré des pressions externes, des attentes, des idéaux et des croyances, des chantages et des tentatives de manipulation… J'ai pris beaucoup de mauvaises décisions dans ma vie, et parfois même des décisions impulsives. Je sais que ma vie a été, est et sera imparfaite.

Shoganai ! C'est la vie, je n'ai pas pu faire autrement et ne vais pas culpabiliser de ce qui aurait pu être et n'a pas été parce qu'un jour j'ai pris telle ou telle décision. Avec le temps et en prenant de la distance, de nouvelles possibilités apparaissent. Quand nous traversons ces jours tristes accompagnés de pluie et de mélancolie, des émotions négatives peuvent venir noircir notre vision des choses. Ce n'est ni bien ni mal, c'est normal… et ne vous inquiétez pas si cela vous arrive.

Shoganai ! Le passé est passé. Ne lui donnez pas le premier rôle dans votre vie. Vous avez fait ce que vous pouviez à chaque instant, en fonction des circonstances, de vos connaissances et de vos possibilités… Vous ne pouviez alors pas faire plus, même si vous avez aujourd'hui le sentiment que cela aurait pu être le cas. Ne vous punissez pas, ne vous torturez pas. Apprenez de vos expériences, tournez la page et faites-en profiter à ceux que vous aimez pour enrichir leur base de données avec de nouvelles stratégies, ressources vitales et possibilités d'action.

Transformez toute cette mélancolie en pédagogie, faites quelque chose de tout ce que vous avez appris, canalisez cette énergie en la partageant avec d'autres. Par exemple, que diriez-vous de commencer aujourd'hui même à écrire un blog qui aurait pour nom *Shoganai* ? Un blog dans lequel, avec vos proches, vous partageriez vos expériences pour éclairer la vie des autres. Vous pouvez aussi créer un groupe sur les réseaux sociaux où chacun posterait ce qu'il a fait et aurait pu faire et où les membres du groupe proposeraient des idées et feraient part de leurs expériences et de leurs savoir-faire pour faciliter la vie des autres. Imaginez un peu : *Shoganai*, le réseau social des turpitudes transformées en connaissances. Pensez à moi si vous décidez de créer un tel groupe et, surtout, prévenez-moi, j'adorerais faire partie d'un projet que j'aurais inspiré !

Shoganai est une façon de vous encourager à prendre conscience du fait que ce qui s'est passé n'était pas votre faute. C'est une invitation à continuer à aller de l'avant sans éprouver de remords ou de culpabilité, qui ne feraient que ralentir vos pas.

Il y aura de nombreux moments dans votre vie où vous aurez besoin de vous dire « *shoganai* » – on ne pouvait pas faire plus, on n'a pas pu l'éviter –, car, de toute évidence, on ne peut pas tout éviter.

DEUXIÈME PARTIE

Wabi sabi
pour tous les jours

Susumo aperçut au loin la silhouette de son grand-père ramassant des légumes dans son jardin, un petit jardin tout simple incliné sur le flanc de la montagne et protégé par endroits par un muret en pierres. Hitoshi cultivait toujours un peu plus de légumes qu'il n'en avait besoin pour sa consommation personnelle de façon à pouvoir en offrir à une personne dans le besoin.

« Grand-père ! »

Hitoshi, qui avait senti la présence de Susumo, se retourna pour l'accueillir en lui souriant et en s'inclinant devant lui. Ce jour-là, la chaleur et l'humidité étaient palpables à Hokkaido.

« Ça te dirait de faire une petite promenade ? » lui proposa Hitoshi, alors qu'il se dirigeait vers la rivière.

Susumo marchait à ses côtés en silence, le cœur empli de joie de retrouver son grand-père bien-aimé. À peine arrivé de Sapporo, il avait posé sa valise chez ses parents et s'était mis en quête du vieil homme. Susumo savait que Hitoshi passait ses soirées dans le jardin.

« Penses-tu pouvoir prédire l'avenir ? demanda Hitoshi.

— Je ne sais pas... Peut-être certaines choses.

— Susumo, entends-tu le murmure de l'eau de la rivière ?

— Oui.

— Crois-tu toujours que tu peux prédire l'avenir ?

— Oui, allons à la rivière.

— En es-tu sûr ?

— Je ne sais pas. J'ai simplement le sentiment, parfois, que je peux prédire certaines choses.

— Crois-tu vraiment pouvoir prédire ce qui va se passer ? Penses-tu vraiment pouvoir prédire certaines choses ? Nos désirs donnent un sens aux stimuli que nous percevons et à partir desquels nous bâtissons un avenir en adéquation avec nos attentes.

« D'ici à quelques instants, nous pourrons peut-être nous rafraîchir dans l'eau de la rivière. Cher Susumo, il est très important que tu te rappelles que prédire l'avenir, c'est mettre en avant des probabilités en laissant une importante marge d'erreur à l'imprévisible.

« Nous cherchons à contrôler ce qui ne peut être contrôlé en faisant toutes sortes de prédictions, sans réaliser que l'avenir échappe à notre contrôle. Nous pensons maîtriser les choses, contrôler l'avenir comme quelqu'un qui voudrait maîtriser un animal sauvage, mais ce sentiment est erroné.

« On pourrait dire que nos attentes sont la monture avec laquelle nous tentons de maîtriser l'avenir. Or, les attentes ne sont que des tentatives désespérées pour mettre de l'ordre dans ce qui nous échappe.

« Les attentes que nous avons envers la réalité et l'avenir façonneront tous les domaines de notre existence et seront à la base de nos projets. Nous construisons des châteaux, persuadés que nos attentes et nos intentions sont des fondations solides, sans voir que ce ne sont que des châteaux de sable.

« Lors du moment de vérité, il arrive parfois que notre projet le plus important, le plus ambitieux, ne se concrétise pas. Mais, au lieu de chercher à comprendre pourquoi et à en tirer des enseignements, nous adoptons généralement deux stratégies qui sont aussi vaines que toxiques. Alors que certaines personnes optent pour la culpabilité et ruminent toute leur vie cette grave erreur, sans jamais surmonter ce qu'elles considèrent comme l'échec de leur vie, d'autres ignorent qu'elles se sont trompées et persistent dans l'erreur, sans jamais réfléchir à ce qui s'est passé, sans chercher à savoir s'il existe d'autres possibilités, sans prendre le temps de s'arrêter pour analyser les choses et sans oser opérer les changements qui s'imposent dans leur projet ou dans leur vie.

« C'est difficile de voir que nos attentes ne se réalisent pas. C'est difficile de voir que nos projets ne se concrétisent pas comme nous l'avions imaginé. Si, parfois, nos projets ne se réalisent pas, c'est parce que ce ne sont pas les nôtres, même si nous sommes convaincus du contraire.

« Susumo, ne confonds pas *pouvoir* et *vouloir*. Je suis certain que tu ferais un bon médecin, un bon pompier, un bon guide ou un bon professeur, mais ce n'est pas la question. La question est de savoir ce que tu veux. J'ai aujourd'hui un autre niveau de conscience, j'ai mûri et j'ai grandi. Cela n'a pas été un processus facile de regarder derrière moi et de voir que j'ai eu une vie imparfaite. Mais j'ai appris bien des choses, notamment que chacun doit avoir ses propres projets.

« Ces projets peuvent être limités dans le temps. La vie est faite d'étapes et ce qui te plaît aujourd'hui pourrait ne plus te plaire demain. Cela ne veut pas dire que c'est un échec, loin de là, et tu ne dois surtout pas l'interpréter ainsi. Cela signifie simplement que ta situation a évolué et que tu as besoin d'actualiser tes priorités et tes objectifs.

« Il ne faut surtout pas que tu te sentes mal d'abandonner un projet. Ce n'est pas une perte ni un renoncement ; c'est un choix, un choix libre et intelligent, ou un choix inconscient et imprévu. Crois-moi, continuer quelque chose dénué de sens n'a aucun sens.

« Je vais te confier quelque chose de très intime. Dans ma jeunesse, j'avais beaucoup de fausses croyances qui régissaient mon comportement sous forme de règles ou de modèles de comportement ou de vie. J'étais jeune et inexpérimenté et j'avais besoin d'aide, d'un guide pour continuer à avancer, comprendre le monde et vivre en paix.

« Une de ces règles était de ne jamais rien laisser d'inachevé. J'avais justement beaucoup de mal à terminer tout ce que j'entreprenais. Et à force de rechercher le perfectionnisme, j'étais plein de tensions et me sentais mal.

« Chaque fois que je lisais un livre, je pensais que je devais le terminer, comme si abandonner un livre en plein milieu était une trahison à l'honneur. Je me surprenais à lire jusqu'au bout des livres qui ne m'apportaient rien, en m'efforçant de les lire aussi vite que possible pour en finir avec eux.

« La tension était devenue si grande que j'en étais arrivé à ne plus lire de livres de peur d'avoir à terminer un livre qui ne me plairait pas. Vois-tu l'effet pervers que cela a eu ? J'ai fini par ne plus lire du tout. Puis un jour, heureusement, je me suis rendu compte qu'il n'y avait rien de grave à commencer à lire un livre sans le terminer.

« Je me suis rendu compte que j'étais humain et pouvais me tromper dans mes pronostics et mes attentes au sujet d'un livre, et que cela n'avait aucun sens de persévérer dans l'erreur. Je m'obligeais à terminer un livre en le vivant comme une sorte de punition avant de passer sereinement au prochain livre, mais cette non-acceptation de mon imperfection m'a détourné de la lecture. Qui plus est, pendant que je lisais un livre qui ne me plaisait pas, je ne pouvais pas en lire un autre qui aurait pu m'inspirer.

« J'ai réalisé ce jour-là que je pouvais apprendre à vivre avec les choses incomplètes. Je suis moi-même un exemple de personne parfaitement incomplète qui cherche à se développer, non pas en nourrissant le rêve d'être complet un jour, mais en étant animé par le désir d'acquérir de nouvelles ressources.

« Tout au long de ma vie, j'ai abandonné de nombreux livres, mais j'ai aussi abandonné des projets et même des personnes. Je me souviens d'une relation que j'ai eue avec une belle jeune femme. A priori, elle avait tout ce que je pouvais souhaiter de façon rationnelle, mais je ne ressentais rien quand nous étions ensemble.

« Je voulais voir l'amour naître entre nous, je voulais le voir grandir, je voulais même aimer cette femme... Mais il ne suffit pas de le vouloir pour aimer. Ce qui devait être une relation parfaite n'était qu'une relation forcée. Comment aurait-il pu en être autrement, sachant que c'était ma toute première relation ? Nous voulons aimer dès la première fois, sans savoir qu'apprendre à aimer est un long processus, de même que tout apprentissage.

« C'est ainsi qu'un jour nous avons décidé que nos chemins devaient se séparer et que nous avons mis fin à cette relation parfaite en apparence. J'ai vécu pendant longtemps cette séparation comme un échec, même si je n'avais jamais eu le sentiment que cette femme venait compléter ce qui était incomplet. J'ai abandonné ce projet d'amour qui m'empêchait justement de rencontrer quelqu'un d'autre avec qui j'allais pouvoir ressentir ce que je ne ressentais pas avec elle.

« J'ai aussi abandonné d'autres projets. Un jour, j'ai quitté Tokyo pour venir m'installer à Furano. Mon projet le plus important jusque-là, qui avait été d'avoir un centre médical à Tokyo, avait fini par devenir un autre projet incomplet. J'ai vendu le centre et je suis parti vivre dans les montagnes. Ce projet, qui avait eu du sens pendant des années, avait cessé d'en avoir. Quel aurait été le sens de le poursuivre ?

— Grand-père, ce que je comprends, c'est que la clé se trouve dans les attentes que nous avons envers nous-mêmes et envers la vie. Ces attentes sont illusoires et doivent être redéfinies et adaptées à la réalité.

— C'est cela, Susumo. Nous nous sentons frustrés quand nos attentes ne se réalisent pas, mais nous devons nous demander si ces attentes sont réalistes ou trop nombreuses.

— Ce qu'il faut comprendre, c'est qu'on peut échouer, affirma le jeune homme.

— Susumo, ne confonds pas une décision intelligente avec un abandon ou un échec. Le regard des autres a malheureusement trop d'influence sur nous. Ce qui est pour nous une décision intelligente peut être vu comme un échec, un abandon ou une erreur dans le regard des autres.

« Nous accordons parfois plus d'importance au regard des autres qu'à notre propre regard. Les attentes que mon père avait placées en moi avaient plus de poids que mes propres attentes. Qui dois-je trahir ? Quelles attentes dois-je suivre ?

« Personne d'autre que toi ne peut vivre ta vie. C'est bien de persévérer, mais persévérer dans l'erreur relève de l'obstination. Ne crains plus l'échec, sinon tu risques de ne plus rien commencer. Ne pas terminer quelque chose n'est pas un échec, pas plus qu'abandonner un projet non abouti. Ne pas réaliser les attentes des autres n'est pas non plus un échec. Si tu tires les enseignements de ce qui s'est passé, ce ne sera jamais un échec. Vis ta vie, que tu fasses des erreurs ou rencontres le succès, poursuis ton chemin et ce ne sera jamais un échec. »

Hitoshi et Susumo se dévêtirent et entrèrent dans la rivière. Ils avaient marché longtemps sous la chaleur torride de l'été japonais et savouraient cette occasion de se baigner dans l'eau fraîche.

Ils contemplaient en silence les tourbillons créés par le courant qui venaient se heurter contre les pierres et les bords de la rivière.

Ces tourbillons produisaient une mélodie rythmée et apaisante. Alors qu'ils avaient de l'eau jusqu'aux mollets, Hitoshi ramassa une pierre dans le lit de la rivière.

« Cher Susumo, cette pierre est chargée d'histoire, mais nous en ignorons tout. Observons-la en détail, et voyons si nous pouvons en tirer des informations. Regarde, on dirait du granit, comme on en trouve dans les montagnes du nord. Cette pierre a peut-être voyagé des centaines de kilomètres pour arriver jusqu'ici.

« Observe sa rondeur, ses chants polis, peut-être à cause du courant qui agite le lit de la rivière. Mais, au fond, qu'en savons-nous ? Tu vois bien que cela n'a pas de sens de créer une histoire irréelle de son passé.

« Cette pierre a peut-être vécu des milliers de vies différentes, probablement incompatibles entre elles. Qui sait si elle a été lancée par un enfant qui joue, ou si elle a fait partie d'une tour de pierres éphémère ? À moins qu'elle ne provienne des fondations d'une maison ou qu'elle ait été utilisée comme arme il y a fort longtemps ?

« Ce genre de questionnement est source d'agitation : nous nous perdons dans une histoire-fiction, dans ce qui aurait pu être, mais n'a pas été.

« Je t'invite à observer cette pierre et à voir sur elle la marque du temps, avec la mélancolie de ceux qui savent qu'ils ont entre leurs mains quelque chose d'unique qui ne sera jamais plus pareil.

« Cette pierre n'est déjà plus la même que celle que tu as ramassée. Le vent l'a séchée, le soleil l'a réchauffée. Tu ne retrouveras jamais la même sensation que celle que tu as eue en la ramassant. C'est pourquoi il est si important de savourer le moment présent sans nous perdre dans le passé ni anticiper l'avenir.

« Cette pierre a toute une vie devant elle, mais personne ne peut prédire de quoi elle sera faite. Nous anticipons des choses qui ne se produiront jamais ; nous nous préparons à affronter des problèmes qui ne se présenteront jamais ; nous vivons tellement dans l'avenir que nous en ignorons la beauté du présent, de l'ici et maintenant, ce qui crée en nous une tension qui finit par nous enfermer. »

Hitoshi se dirigea vers un rocher qui s'élevait au-dessus de l'eau, la pierre dans la main. Après l'avoir posée en équilibre sur le rocher, il ramassa une autre pierre qu'il posa sur la première. Puis il prit de l'eau dans ses mains, qu'il fit doucement retomber en cascade sur la tour de pierres et poursuivit son œuvre, invitant Susumo à se joindre à lui.

« Nous ignorons le destin de cette pierre. Peut-être finira-t-elle dans la mer, décomposée en sable, ou dans le champ où je l'aurai lancée. À moins qu'elle ne soit ramassée par quelqu'un qui la ramènera chez lui pour la peindre avec de jolies couleurs. Comme on ne peut prédire l'avenir, ne cherche pas non plus à le faire, n'essaie même pas, car ce serait en pure perte.

« Ne te préoccupe pas de savoir ce que cette pierre va devenir, car cela te détournerait de ton expérience du moment et t'empêcherait de la vivre pleinement. L'avenir le plus proche de cette pierre est fait de son présent : former une belle tour en équilibre avec d'autres pierres. Le reste n'a aucune importance. Nous n'avons pas à nous soucier de savoir d'où elle vient et où elle va.

« Nous savons seulement que cette pierre vient et repart, et que nous avons croisé son chemin pour construire cette tour. Tout est processus ; rien ne perdure et tout change. Nous avons tous un chemin, avec un point de départ et de destination, et nous évoluons en fonction des situations que nous rencontrons et de notre façon de les vivre.

« Ta vie, mon petit-fils, ne peut être conditionnée par ce que tu souhaites pour l'avenir. De même que ta vie ne peut être conditionnée par ce que tu as vécu dans le passé. Ta vie, Susumo, c'est ici et maintenant. Ta vie est le résultat des décisions que tu prends et cesses de prendre.

« L'équilibre entre anticiper le présent le plus lointain et comprendre le présent le plus proche est la clé pour vivre dans la paix et la sérénité. Tiens, tu as remarqué ? Je viens de parler du présent le plus lointain pour me référer à l'avenir, et du présent le plus proche pour me référer au passé.

« Nous venons et repartons. Le présent proche est passé et le présent lointain est à venir. Parfois, le chemin est bloqué et on ne voit rien devant soi, tandis que d'autres fois le paysage s'ouvre et on peut voir plus loin. Rappelle-toi, cher Susumo, que le plus important est de parvenir à un équilibre et de s'adapter aux changements de la vie.

« La seule chose à faire est d'examiner la trace que le passage du temps laisse sur nous, les objets et les personnes qui nous entourent. Nous devons apprendre de nos expériences, mais toujours en veillant à ce que cela ne nous limite pas. »

La tour qu'ils venaient d'ériger s'effondra dans la rivière, la dernière pierre que Susumo venait de poser ayant déséquilibré l'ensemble.

« Susumo, ne cherche pas à refaire la même tour. Cela n'a pas de sens pour deux raisons. La première est qu'elle s'est effondrée, que ce soit à cause du vent, d'un mouvement brusque que tu aurais fait ou parce que son équilibre était précaire. Quelle qu'en soit la raison, ne reproduis pas la même erreur, car il se passerait exactement la même chose.

« En s'évertuant à reproduire les choses, on ne peut qu'obtenir le même résultat. La vie est changement : si la tour s'est effondrée, c'est parce qu'elle devait s'effondrer. Peut-être aurait-elle dû être construite différemment, avec une autre forme ou d'autres pierres. Mais, vois-tu, elle t'a donné l'occasion de recommencer, en évitant de reproduire la même stratégie, et t'a indiqué que quelque chose doit changer.

« La seconde raison peut se résumer à une question : pourquoi s'efforcer de faire quelque chose de semblable si tu peux faire quelque chose de différent qui sera aussi beau, voire plus beau ? Pourquoi vouloir reproduire ? Fais de nouvelles expériences, observe, apprends, mais ne répète jamais la même erreur. Si tu dois encore te tromper, fais en sorte qu'il s'agisse d'une nouvelle erreur.

« On ne peut pas tout garder auprès de soi. Tout ne fait que passer ; tout est chemin. On pense qu'en enfermant un rossignol dans une cage, on pourra en profiter ; on pose un grillage autour du jardin pour que notre chien ne puisse pas s'échapper ; on attend de notre compagne qu'elle reste avec nous en lui faisant des cadeaux ou des menaces... Le fait est qu'on ne peut rien retenir, que tout vient et repart et que c'est en nous accommodant de ces allées et venues que nous pouvons profiter de la vie ensemble pendant un temps.

« Tout change, cher Susumo. On peut résister à ce changement, mais on peut aussi s'adapter et continuer à avancer sur notre chemin, un chemin qui est avant tout une occasion si on sait comment le parcourir. La seule chose à faire est de nous centrer ici et maintenant, sans nous laisser envahir par des pensées au sujet de ce qui aurait pu se passer, mais n'a pas eu lieu, ou de ce qui devrait se passer, mais se passe autrement. »

Le soleil peignit un ciel rougeoyant avant de disparaître derrière les montagnes. Le grand-père et son petit-fils entreprirent alors de remonter la rivière, en se laissant masser les pieds par l'eau fraîche et des textures inconnues.

Garder l'équilibre était un défi stimulant. La brise venait caresser leur visage. C'était le moment de rentrer à la maison.

« Regarde, Susumo, une carpe !

— Où ça ?

— À ta droite, au milieu du courant, nageant à contresens. Elle nage à contre-courant pour atteindre sa destination, de même que la carpe koï atteint sa destination en dépit de l'adversité et de la cascade qu'elle doit affronter.

« La vie est imparfaite et exige beaucoup d'efforts, mais on ne peut pas faire plus d'efforts qu'il n'en faut. Tu dois te concentrer sur ce qui est important et t'assurer que c'est réellement important pour toi, en évitant de confondre ce qui est important et ce qui est secondaire. On confond souvent ce qui appelle notre attention ou ce qui est urgent avec ce qui compte véritablement. Toutes sortes de distractions nous empêchent d'atteindre nos objectifs. Je te propose, mon cher Susumo, d'examiner tes priorités et d'adopter une nouvelle liste de priorités, que tu auras toi-même choisies sans subir de pressions internes et externes, et qui seront plus réalistes, plus naturelles et plus simples, en lien avec le monde et avec ton être profond, et dans le respect des deux.

« Regarde cette carpe ! Elle est concentrée sur ce qu'elle a à faire : remonter la rivière. Elle l'accepte avec abnégation, persévère et insiste, en silence.

« Mais elle n'y parviendrait pas si elle était continuellement en colère, à se plaindre de la disposition des pierres, de la force du courant, de la densité de la végétation, du manque d'oxygène de l'eau ou de son aspect trouble dans les rivières qu'elle parcourt.

« Il en est de même pour nous : nous regardons ce qui relève de l'accessoire et nous plaignons de choses sur lesquelles nous n'avons aucun pouvoir. Au lieu de nous plaindre, nous ferions mieux d'apprendre que la vie est imparfaite et de la vivre aussi bien que possible malgré cette imperfection.

— Grand-père, tu me demandes de relativiser ou de me résigner ?

— Ni l'un ni l'autre, Susumo. Je t'encourage seulement à mettre les choses en perspective. Cette carpe pourrait se plaindre de la rivière qu'elle doit remonter, mais, vois-tu, elle ne s'en soucie pas. C'est la rivière dans laquelle elle se trouve et elle fait de son mieux pour la remonter, avec patience, persévérance et dignité.

« Face à une difficulté, deux possibilités s'offrent à nous : la première est de penser qu'on ne parviendra pas à la surmonter et de nous installer dans la plainte, la deuxième, d'analyser cette difficulté et d'y réfléchir, en recherchant comment on pourrait la surmonter. Et, si on ne peut pas la surmonter ni faire quoi que ce soit, on doit l'accepter avec sérénité. Cette attitude est beaucoup plus juste et n'a rien à voir avec le conformisme ; elle consiste à accepter ce qui ne peut qu'être accepté.

« Rappelons-nous que la vie est imparfaite. Nous avons besoin d'avoir des objectifs et même des objectifs ambitieux comme celui de cette petite carpe qui veut remonter la rivière, la force de la rivière avec ces millions de mètres cubes d'une eau en furie. Cette humble carpe continue d'agiter ses nageoires à contre-courant, met à profit toutes ses ressources, se repose dans l'eau dormante, saute pour attraper une mouche et profite d'un contre-courant pour remonter un tronçon de la rivière...

« Et toi, Susumo ? Te plains-tu de la rivière dans laquelle tu te trouves, ou mets-tu à profit les ressources dont tu disposes pour la remonter sans te perdre dans ce qui est secondaire ? Certes, on peut aussi changer de rivière, mais ce n'est pas toujours possible.

« Un vieux proverbe dit qu'une parole bienveillante permet de supporter trois mois d'hiver. Ce qui nous semble insupportable cesse de l'être quand nous nous en sentons capables, enthousiastes et tournés vers un objectif. Mais, en ne voyant que les difficultés, on finit par détourner les yeux de notre objectif.

« Regarde encore cette carpe. Elle ne détourne pas son regard de son objectif qui est de remonter la rivière. Elle ne voit pas les pierres, les chutes d'eau et les prédateurs. Elle n'anticipe pas plus que nécessaire. Elle veille à être bien préparée et bien nourrie, sans penser à tout ce qui pourrait mal se passer, car, si elle y pensait, elle s'avouerait vaincue avant même d'entreprendre son long périple.

« Quelque chose de semblable t'attend : te préparer pour la vie. Certes, il y a des épreuves dans la vie, mais ne les anticipe pas et ne les vis pas avant qu'elles se produisent. Surprends-toi à crier "wabi sabi" chaque fois que tu as envie d'abandonner. Persévère, car on ne réussit rien de bien du premier coup. Persévère et bas-toi en adoptant la meilleure des attitudes.

« Et, quand tu devras faire face à l'adversité, résiste avec dignité. Ce qui aujourd'hui nous semble être une épreuve cessera de l'être demain. Ce qui pour nous est une difficulté ne l'est pas nécessairement pour quelqu'un d'autre. Tu peux aussi apprendre des "carpes humaines", et surtout relativiser et examiner la situation.

« Des épreuves et des accidents, il y en aura toujours. La vie n'est pas parfaite, elle n'est ni juste ni injuste, mais simplement comme elle est, naturelle et capricieuse. D'où l'importance de relativiser, de mettre en perspective les choses et de ne pas prendre personnellement ce qui ne dépend pas de toi, ce qui te libérera l'esprit et te permettra de remonter la rivière en étant beaucoup plus léger.

« Ce qui semble insupportable est plus supportable si on y trouve du sens. Si tu le découvres rapidement, c'est merveilleux, mais, si tu n'y parviens pas, tu devras le supporter avec patience et dignité, en espérant que ce sens te sera révélé. D'ici là, fais en sorte d'en atténuer les effets, car il n'est pas toujours possible, dans cette vie imparfaite, de s'attaquer à la racine des problèmes. Plutôt que de renoncer et de sombrer dans le désespoir ou l'impuissance, je t'invite à faire face aux conséquences de ce qui est insupportable en guise de compensation et de distraction.

« La maladie peut être plus facile à supporter si on lui donne un sens. Les douleurs que ressent un vieil homme sont bel et bien là, et cela ne dépend pas de la réflexion ou de la compréhension qu'il peut en avoir. Mais, en acceptant le fait qu'il doit vivre avec cette souffrance, il verra que des exercices simples, comme mettre ses pieds dans de l'eau fraîche, peuvent soulager ses jambes qui le font souffrir après une promenade.

« On ne peut pas arrêter le temps et l'âge ne pardonne pas. Je sais que, si je commence à me lamenter de cet état de fait, je serai plein d'amertume. À l'inverse, si je le comprends, je pourrai apprécier les différentes étapes de la vie, la sagesse de mon expérience, mes petits-enfants, la sérénité de la sagesse et la quiétude d'un cœur fatigué.

« Nous ne savons plus tolérer l'attente, l'incertitude et l'imperfection. Aucune réponse ne vient calmer un cœur qui souffre de la perte d'un être cher ou de douleurs chroniques ressenties de jour comme de nuit. La patience nous aide toutefois à savoir ce qu'il convient de faire et à redéfinir notre vie pour accepter cette nouvelle réalité.

« La clé du wabi sabi réside bien souvent dans le contrôle de soi, et non dans le refoulement. Le refoulement est le déni de nos pulsions et de nos besoins, tandis que le contrôle de soi consiste à gérer ces pulsions et ces besoins en sachant qu'il y aura un moment et un espace pour s'exprimer, avec les bonnes personnes pour nous entendre.

« Notre vie influe aussi sur ceux avec lesquels nous interagissons. Comme nous exerçons chaque jour une influence sur nos proches, nous devons faire en sorte d'avoir une bonne influence. Nos enfants, les enfants qui nous regardent, nos voisins, nos collègues de travail, tous peuvent avoir affaire à notre sourire ou à notre souffrance.

« Une attitude *gaman* ne se limite pas à souffrir stoïquement, loin de là ! Associé à une attitude wabi sabi, *gaman* consiste à supporter des choses qui nous semblent insupportables, en les acceptant avec patience et dignité et en sachant qu'on aura la force de se relever.

« Une attitude *gaman* permet de transformer les difficultés en défis. On peut relever des défis, mais pas des difficultés. Apprends à surmonter les obstacles, en sachant qu'un obstacle qui semble insurmontable peut être franchi si l'on prend la peine de l'analyser et attend le moment opportun pour le faire.

« La clé est dans la dignité, la patience, la discipline, la sagesse et une attitude wabi sabi, autant de qualités que tu auras besoin d'assimiler. Il faudra pour cela que ta motivation d'opérer un changement d'attitude soit plus forte que ta motivation de continuer à vivre comme tu le fais. »

Hitoshi et Susumo repassèrent par le jardin, où Susumo prit le panier dans lequel ils avaient mis toute la récolte du jour.

« Nous avons notre repas, Susumo. Rentrons à la maison, l'estomac vide et le cœur comblé.

– C'est un tourbillon de pensées dans ma tête, une révolution de mots et d'idées.

– Ne t'inquiète pas, Susumo. Tout a besoin d'un processus. Tes idées se mettront en ordre et seront prêtes à t'aider quand tu en auras le plus besoin. La vie se vit au quotidien.

— Grand-père, je te remercie de m'avoir offert tes conseils et ta compagnie.

— Susumo, ce que je t'offre n'est rien comparé à ce que tu mérites. »

CHAPITRE 3

Tsundoku, vivre avec ce qui est incomplet

« Mettre en avant des probabilités, en laissant une importante marge d'erreur à l'imprévisible. »

Parfois, nos projets ne se réalisent pas, et ce n'est pas la fin du monde. Voyons ce qu'il en est. J'ai bien dit « parfois » et nuancerai quelque peu cette affirmation. Nos projets ne se réalisent pas toujours pour des raisons qui ne dépendent pas de nous et sur lesquelles nous ne pouvons pas agir. Je ne me lasserai jamais de rappeler que nous ne pouvons pas tout et que nous ne devons pas croire que nous pouvons tout contrôler.

En revanche, il arrive parfois que nos projets ne se réalisent pas en raison d'éléments sur lesquels nous aurions pu agir, et il ne serait pas juste dans ce cas de ne pas en assumer la responsabilité. Notre expérience ne nous apprend rien, c'est la leçon que nous en tirons qui compte, d'où l'importance d'assumer nos responsabilités, de bien analyser ce qui s'est passé et d'assimiler la principale information à retenir.

Pour distinguer les occasions où l'on peut faire quelque chose de celles où on ne peut rien faire, une attitude wabi sabi nous sera d'une aide précieuse. Que diriez-vous de découvrir les principales raisons pour lesquelles nos projets ne se concrétisent pas ?

Nos projets ne se réalisent pas pour de multiples raisons. Bien souvent, cela tient au fait que nous n'avons pas pris le temps de la réflexion. En théorie, tout nous paraît clair et simple. Certes, nous avons tenu compte de ce qu'en pensent nos amis ou nos proches à l'occasion d'un apéro ou d'un repas, mais nous sommes aveuglés par leur enthousiasme et leurs encouragements et ne devrions peut-être pas y prêter tant d'attention. Sur le papier, encouragé par ceux qui nous aiment, tout semble possible. Le problème vient plus tard, quand nous voulons appliquer cette idée et découvrons que ce n'était pas une si bonne idée, tout juste une possibilité éloignée, ou qu'il aurait fallu s'y prendre autrement pour la mettre en œuvre.

D'autres fois, le projet est clair, mais pas sa mise en œuvre. Certaines personnes sont capables de concevoir d'excellents projets, mais n'ont aucune compétence pour les mettre en œuvre. Ce n'est pas grave et c'est l'intérêt du travail en équipe, à condition de savoir se retirer à temps et de laisser la place à d'autres membres de l'équipe pour qu'ils prennent le relais. En l'occurrence, la solution est assez simple : il s'agit de reconnaître avec humilité vos propres limites et de vous entourer de personnes qui vous aident à les compenser.

Il se peut aussi que la conception et la mise en œuvre soient parfaites, mais que ce ne soit ni le bon moment ni le bon endroit. Quand le marché, l'entreprise, les personnes, le couple, le peuple ou notre entourage ne sont pas prêts à accueillir notre projet, quels que soient nos efforts pour le mener à bien, nous ne pourrons pas le réaliser. Si ce n'est ni le bon moment ni le bon endroit pour notre projet, nous pouvons toujours chercher un autre contexte, attendre le moment opportun ou bien l'adapter à nos conditions actuelles.

La possibilité que nous ne soyons pas motivés pour réaliser nos projets est une autre piste qu'il ne faut pas négliger. Bien souvent, ce manque de motivation est dû au fait que ce projet n'est pas le nôtre – c'est du moins le sentiment que nous en avons –, ou qu'il n'a pas de sens pour nous. Si vous n'êtes pas motivé par ce que vous faites, ne vous obligez pas à le faire. Mieux vaut s'arrêter et analyser ce que vous faites, votre manque de motivation, et abandonner le projet si nécessaire. Ce n'est pas la fin du monde ! Trouvez ce qui vous motive réellement et consacrez-vous-y.

Pas d'obligations

Personnellement, je ne suis pas pour les obligations, mais pour les choix. La vie est beaucoup plus simple quand vous faites des choix au lieu de fonctionner avec des obligations. Et quand vous faites des choses qui vous déplaisent et vous prennent la tête, il y a de fortes chances pour que vous rendiez les autres responsables de tous vos malheurs.

Par exemple, si vous allez travailler parce que vous vous sentez obligé de le faire, vous serez de mauvaise humeur, dans un état de léthargie et de passivité, comme un zombie plein de ressentiments et d'amertume.

Choisissez plutôt un travail qui vous motive, quel qu'il soit. Et, si vous ne pouvez pas, ce n'est pas si grave, vous pouvez aussi améliorer votre poste de travail actuel. Vous ne pouvez pas non plus ? Ce n'est toujours pas grave. Reposez-vous la question de savoir si c'est vraiment impossible, parce qu'il y a toujours d'autres façons de faire. Même dans le pire des cas, vous pouvez choisir de continuer à faire un travail par sécurité, par confort, parce que c'est le meilleur choix, parce que vous n'avez pas le courage d'en changer ou que vous n'en avez pas besoin, mais c'est alors une autre histoire.

Ne partez plus au travail à reculons. N'oubliez pas que c'est vous qui avez décidé de continuer ce travail et que c'est par conséquent votre attitude que vous devez changer. Généralement, quand on se sent résigné et contraint, on cherche à compenser ces émotions négatives en faisant n'importe quoi.

Permettez-moi d'insister : en n'ayant aucune obligation ou le moins d'obligations possible, vous ne pourrez que vous sentir de bien meilleure humeur.

Maintenant que nous avons vu la théorie, je vous propose de vous installer dans un endroit calme avec un carnet et un stylo pour examiner une par une toutes les obligations que vous vous êtes imposées, cela afin de changer d'attitude, mais, surtout de cesser de faire culpabiliser les autres pour les décisions que vous avez prises.

Revenons à l'examen des raisons pour lesquelles nos projets ne se réalisent pas toujours :

- **Ce sont parfois des éléments conjoncturels qui nous empêchent de concrétiser nos intentions,** des éléments ayant changé de manière imprévisible ou que nous n'avions pas prévus, en nous fondant sur un scénario trop optimiste et partiel. Acceptez qu'il en soit ainsi, certains événements étaient parfois prévisibles et d'autres non.

- **Nous commettons parfois des erreurs qui, comme nous l'avons vu pour les imprévus, auraient pu être évitées.** Mais, tout comme pour les imprévus, certaines erreurs ne peuvent être évitées. Une attitude wabi sabi vous aidera à les distinguer.

- **Nous pouvons aussi avoir des accidents.** La différence entre les accidents et les erreurs, c'est que les erreurs ont généralement une origine interne et les accidents une origine externe. Si un accident de la route se produit à la suite d'un dépassement, celui qui a dépassé de façon téméraire et provoqué la collision a commis une erreur, tandis que celui qui a vu un véhicule s'encastrer dans sa voiture a eu un accident.

Que ce soit au volant d'une voiture, dans le cadre de la gestion d'un projet ou de la vie en général, plus on fait preuve de responsabilité, de capacité d'analyse et d'habileté pour être conscient de ce qui se passe, moins on commet d'erreurs. Cultiver cette conscience permettrait d'éviter beaucoup d'accidents.

Nous venons de voir les différents éléments pouvant expliquer pourquoi nos projets ne se réalisent pas ou ne se réalisent qu'en partie, que ce soient des raisons liées au contexte ou à nos fonctionnements internes.

Cette considération est très importante, car pour passer à l'étape suivante, qui consiste à tirer les enseignements de ce qui s'est passé, il faut avoir pu établir la causalité ou la responsabilité de ce qui s'est passé.

Pour conclure, la meilleure chose à faire est d'analyser les raisons pour lesquelles nos intentions et nos projets ne se concrétisent pas et de déterminer si nous y sommes pour quelque chose. Si tel est le cas, nous devons faire preuve d'humilité et tirer les leçons de ce qui s'est passé, les assimiler et les intégrer dans notre base de ressources. Dans le cas contraire, nous devons cesser de nous torturer en culpabilisant les autres et en rejetant la faute sur eux, et nous dire : « Wabi sabi, la vie échappe à notre contrôle ; elle est changeante et imparfaite et nous n'y sommes pour rien. »

La question des attentes

« Nous bâtissons un avenir en adéquation avec nos attentes. »

Nous venons de voir les différentes raisons qui expliquent pourquoi nos projets ne se réalisent pas, ainsi que les leçons que nous pouvons en tirer pour faire mieux la prochaine fois. Mais à quoi bon avoir un plan parfait si la base sur laquelle il repose, nos attentes, est irréaliste ?

Changer d'attentes demande un changement d'attitude radical. Une attitude wabi sabi sera ainsi d'une aide précieuse. Pour changer des aspects plus fonctionnels, il suffit d'apprendre et de se former, mais, pour changer nos attentes, l'apprentissage et la formation ne suffisent plus. Nous devons vraiment nous concentrer sur les attentes, car si elles sont erronées, nos projets ont peu de chances d'aboutir. Ce qui commence mal peut difficilement bien finir.

Commençons par préciser ce que l'on entend par « attentes ». Les attentes sont une tentative de prédire l'avenir. C'est ce que nous pensons qu'il peut se passer, ce que nous souhaitons qu'il se passe, que ce soit réaliste ou non, raisonnable ou non.

Nous avons tous nos propres attentes, et nous avons tous le droit d'avoir les attentes qui nous font envie. Mais ce n'est pas parce que nous croyons fermement à une attente qu'elle se transformera en réalité. En effet, cette attente peut être inadéquate, irréaliste ou disproportionnée ; ou alors nous devons transformer cette attente en intentions et nous mettre au travail pour qu'elle se concrétise. Désirer quelque chose sans passer à l'action ne sert à rien.

Les deux principales notions associées aux attentes sont la « prédiction » et la « prévision ». Nos attentes ne sont bien souvent que des prédictions, des prévisions, des suppositions de ce que sera notre avenir si nous agissons de telle ou telle manière. Cela marche parfois, mais la plupart du temps l'envie que nos désirs s'accomplissent est si forte et nos attentes sont si élevées que nous ne touchons plus terre. Nous fantasmons un avenir meilleur, nous pensons que tout se passera au mieux et faisons l'impasse sur les nombreux facteurs externes et internes qui rendront les choses plus complexes ou moins linéaires que nous l'avions envisagé initialement. La plupart du temps, prédire son avenir comme le ferait une voyante ne peut que se solder par une déception absolue qui surgira quand les choses ne se passeront pas comme nous l'avions prévu.

Lorsqu'on parle de quelque chose d'indéfini, la peur, le désir ou le confort ont le champ libre, sachant que le degré de distorsion de nos attentes peut être incroyablement élevé. Comme les attentes naissent à partir d'un cadre de référence, je vous propose de découvrir avec moi le vôtre. Les attentes naissent souvent de fragments de réalité, de modèles partiels et d'images aperçues dans les médias. Nous laissons grandir nos enfants sous l'influence de personnes qui, bien souvent, ne sont pas formées et tiennent des propos qui ne relèvent pas de la raison absolue, comme les influenceurs sur les réseaux sociaux.

Dans le monde médiatique et numérique au sein duquel nous évoluons, les influenceurs ont parfois sur nos enfants un ascendant supérieur à celui des enseignants et des parents. Nous laissons nos enfants se faire une idée de la vie à partir d'informations communiquées par des personnes qui sont au solde d'une marque ou prêtes à raconter n'importe quoi pour obtenir des *like*. Depuis l'arrivée d'Internet et des nouvelles technologies, l'accès à l'information a opéré un virage à 360 degrés. Or, face à ce tourbillon de publications sur pratiquement tous les sujets, il n'est pas facile de trouver des données authentiques, avérées et présentant un réel intérêt.

Mais regardons aussi le revers de la médaille. Imaginons que nos attentes soient le fruit d'un processus d'analyse rigoureux, fiable et valable… En seraient-elles valides pour autant ? Mauvaise nouvelle ! Même dans ce cas, il nous faudra peut-être les réexaminer et les actualiser en permanence, sachant que le monde est dynamique et changeant et que nous pourrions nous retrouver avec des attentes partielles qui datent d'un autre siècle.

Les attentes ont une date de péremption. Je vous invite à intégrer cette notion dans votre dictionnaire si vous ne voulez pas vivre avec des attentes périmées. De même que vous vérifiez régulièrement qu'il n'y a pas de denrées périmées dans votre frigidaire ou la date de péremption d'un produit avant de l'acheter, il est important de réexaminer votre « réserve d'attentes » pour vous défaire de celles qui ne sont plus d'actualité et faire ainsi de la place pour de nouvelles attentes, plus fiables.

Lorsque vous définissez vos attentes, pensez à évaluer les probabilités de façon beaucoup moins subjective que vous n'en avez l'habitude. Je sais que c'est beaucoup plus facile à dire qu'à faire, car d'autres éléments, tels que la peur (de l'échec) et le désir (de réussite), entrent en jeu et vous empêchent d'apprécier correctement la réalité.

Les quatre grandes attentes

> *« Les attentes ne sont qu'une tentative désespérée pour mettre de l'ordre dans ce qui nous échappe. »*

Je vous propose d'analyser la manière dont nous déformons nos attentes dans quatre domaines essentiels de notre existence : l'amour, le travail, la famille et la vie.

L'amour

Passons en revue les attentes que nous avons envers notre partenaire ou une relation de couple en partant d'un cas réel. Un jour, j'ai été contacté par une femme qui avait le sentiment de ne pas vivre pleinement sa vie. Elle était dans la quarantaine et avait été frappée presque du jour au lendemain par la redoutée « crise de la quarantaine ».

Les attentes qu'elle avait envers son partenaire n'étaient pas comblées et elle se demandait si elle devait le quitter et faire une nouvelle rencontre. Après un examen approfondi, nous avons pu voir que son partenaire remplissait toutes ses attentes, sauf une. Il était un bon père pour leurs trois enfants, faisait preuve de respect et de compassion, participait aux tâches domestiques, gâtait sa femme et ses enfants, était travailleur et savait satisfaire rapidement les besoins de la famille, mais il était plutôt ennuyeux.

Dans un premier temps, elle s'est dit qu'elle voulait rencontrer quelqu'un de plus drôle qui lui apporterait plus de joie dans la vie. Mais, après avoir analysé ses attentes de manière plus approfondie, elle s'est rendu compte que celles-ci étaient irréalistes et qu'elle n'avait pas envie de sacrifier tout ce qu'elle avait uniquement pour cette raison.

Elle a pris conscience qu'elle vivait quelque chose d'incomplet, mais que tout ce qu'elle pourrait rechercher serait tout aussi incomplet, et qu'elle devait choisir ce à quoi elle allait renoncer, sachant que la vie est nécessairement incomplète. Aujourd'hui, cinq ans plus tard, elle vit toujours avec son mari ; ils ont des moments heureux et d'autres plus difficiles, avec des hauts et des bas, des rapprochements et des éloignements, mais avec des attentes beaucoup plus réalistes.

On nous vend l'idée que la vie en couple doit être pleine de passion. On nous fait croire qu'on a besoin de notre autre moitié pour nous sentir complets. On pense que notre partenaire a la responsabilité de nous apporter ce qui nous manque, par exemple plus de moments drôles et joyeux, comme dans le cas que nous venons d'évoquer. Nous pensons que l'admiration est nécessaire dans l'amour, que nous nous marierons, que nous serons heureux et que tout sera merveilleux.

Mais la réalité est tout autre. Une relation de couple, tout comme la vie, est plus facile à vivre en adoptant une attitude wabi sabi, sachant que la vie ne manquera pas d'être incomplète et imparfaite et qu'elle pourra évoluer au fil du temps.

On doit pouvoir vivre avec ce qui est incomplet. Mais qu'est-ce donc que l'incomplet ? La vie est-elle vraiment incomplète ? Suis-je en train d'espérer quelque chose d'inaccessible ? Puis-je exiger de ma compagne qu'elle soit parfaite ? Et moi, suis-je parfait pour elle ?

Nous avons tous, notre partenaire comme nous-mêmes, des défauts qui peuvent être tolérés et d'autres qui ne peuvent pas l'être. Je vous invite à intégrer dans votre dictionnaire personnel la notion de « défauts tolérés » pour apprendre à vous accommoder de ces petites imperfections de la vie. Certes, le manque de ponctualité de votre partenaire ne vous plaît pas, mais vous ne cherchez plus à batailler, parce que ses autres qualités compensent ce défaut. Vous savez aussi que votre partenaire doit s'accommoder, par exemple, de votre tendance à être têtu comme une mule. Ces défauts tolérés sont nécessaires pour s'accommoder de l'imperfection de la vie et des personnes, à condition que cela reste dans une juste mesure. Ils ne doivent en aucun cas être synonymes de conformisme ou de passivité, mais un appel à contextualiser les choses et à se rappeler que nous sommes tous humains, et par conséquent imparfaits par nature.

Il n'existe pas de formule magique grâce à laquelle l'amour pourrait durer toujours, pas plus qu'il n'existe une équation efficace qui nous dirait comment nous comporter en couple. La base pour avoir une bonne relation de couple est de partager les mêmes priorités, de savoir les adapter aux différents changements de scénario que la vie nous proposera et d'avoir une bonne communication, du respect, un esprit de collaboration et de la confiance pour faire face aux contrariétés que nous ne manquerons pas de rencontrer sur le chemin.

Le travail

Lorsqu'on parle d'attentes au sujet du travail, on se retrouve face à deux attitudes diamétralement opposées, à la fois exagérées et extrémistes. D'un côté, il y a ceux qui pensent que le travail doit être merveilleux et parfait, et qu'il doit nous apporter de la reconnaissance, un statut social et une entière satisfaction. Cette attente est aussi illusoire que frustrante, sachant que nous avons tendance à nous identifier à nos réussites au travail et que nous finissons par confondre nos réussites avec notre estime de nous-même. C'est la raison pour laquelle on peut se sentir dévasté et en état de choc après un licenciement ou un échec.

À l'autre extrême, on peut penser que le travail est la pire des tortures, que c'est une source de souffrance et que la seule chose à faire pour éviter de subir cette horreur est de trouver le travail qui nous permettra d'en faire le moins possible, en vaquant à des occupations qui nous plaisent tout en gagnant plus d'argent. C'est aussi une attente erronée qui conditionnera toute notre vie et celle de ceux de nos proches. Comme, selon cette attente, aller travailler est une torture, nous serons de mauvaise humeur chaque matin avant même d'aller travailler. Rentrer du travail sera aussi une torture, parce qu'il nous faudra gérer toute la mauvaise humeur, la frustration et la rage accumulées. En bref, notre vie sera une véritable torture. Nous n'aurons plus qu'à attendre la retraite, et, quand nous l'aurons enfin prise, nous serons si assommants que nous ne serons plus que de vieux grognons, insupportables et pleins d'amertume.

Un licenciement n'est pas un échec

Peut-être connaissez-vous quelqu'un qui s'est senti brisé après un licenciement. Il n'en a peut-être même pas parlé, comme si c'était un terrible péché. Prenez le temps d'y réfléchir : qui vous a fait croire qu'un licenciement était forcément un échec ? Certains licenciements peuvent l'être : par exemple si vous n'avez pas bien fait votre travail, si vous avez volé de l'argent ou des biens à l'entreprise ou si vous avez menti à vos collègues de travail ou dans votre CV. Mais vous pouvez aussi être licencié pour des milliers d'autres raisons qui ne sont en aucun cas une forme d'échec, qu'elles soient d'ordre financier ou conjoncturel ou qu'elles soient dues à des collègues toxiques qui auront tout fait pour vous écarter.

Face à un licenciement, posez-vous la question de savoir si vous devez le considérer comme un échec. Si la réponse est oui, faites en sorte d'apprendre de vos erreurs et de ne pas les reproduire. Si la réponse est non, prenez une respiration, rassemblez toute votre énergie et réfléchissez à ce que vous aimeriez faire. Ce licenciement est peut-être ce dont vous aviez besoin pour changer en mieux votre vie professionnelle.

Que diriez-vous de réexaminer vos attentes envers le travail pour voir celles qui correspondent à une attitude wabi sabi ? Je vous invite à vous approprier les maximes suivantes au sujet du travail :

- **Il n'y a pas de travail parfait.**

- **Dans toute activité professionnelle, il y a des tâches qui sont inconfortables, voire difficiles à effectuer, mais, si vous vous focalisez uniquement sur ces tâches, vous perdrez de vue bien d'autres avantages.**

- **Tout travail implique des renoncements.** Par exemple, un indépendant jouit d'une certaine liberté, mais ne bénéficie pas d'une sécurité économique, alors qu'un fonctionnaire bénéficie d'une sécurité économique, mais doit faire face à la routine. Travailler dans une multinationale permet de faire une belle carrière, mais il faut pour cela suivre des procédures très rigides, alors que, dans une petite entreprise, vous aurez une plus grande marge de manœuvre, mais vous ne pourrez pas forcément grimper dans la hiérarchie.

Comme nous l'avons vu pour le couple, quels défauts tolérés êtes-vous disposé à prendre en compte dans votre travail ? Quelles imperfections pensez-vous pouvoir supporter pour profiter de tous les autres avantages de votre travail ?

La famille

Nous voici arrivés au troisième aspect important dans notre vie : la famille, avec sa cohorte de frustrations et de problèmes causés par les attentes que nous pouvons avoir envers elle. Dans *Kintsukuroi*, mon dernier livre, j'ai consacré tout un chapitre à la famille, notamment les familles toxiques. C'est de toute évidence un sujet qui me préoccupe beaucoup, car il provoque beaucoup de mal-être et de souffrance.

Qu'attendons-nous de notre famille ? Quelles sont les histoires qu'on nous raconte sur ce que doit être une famille ? La famille ! Ce terme comporte une énorme charge affective. Le fait est que je connais plus de familles imparfaites que de familles parfaites. Je connais aussi des familles parfaites en apparence et qui sont en réalité une structure de torture et de contrôle de ses membres. Pour moi, les familles normales en apparence sont les pires.

La famille est simplement le groupe de personnes dans lequel vous êtes né. Votre famille arrive dans votre vie par pur hasard, ou plutôt par pure biologie et génétique. Ces personnes avec lesquelles vous êtes amené à vivre peuvent être merveilleuses, travailleuses, mais elles peuvent aussi être voleuses, délinquantes et s'adonner à des trafics, tout comme elles peuvent être respectueuses ou maltraitantes, pleines de tendresse ou toxiques.

La majorité de mes patients, j'ose le dire, ont des problèmes ou en ont eu à cause de leur famille et de leurs attentes envers elle.

Nous voulons tellement avoir une famille parfaite que nous sommes prêts à trouver toutes sortes d'excuses pour nous en convaincre. De même que nous l'avons vu pour le travail et pour le couple, vous devez vous demander ce que vous êtes prêt à tolérer. Si vous avez fait des efforts en vain pour que règnent dans votre famille le respect et la confiance, il n'y a aucun problème à ne plus avoir de relations avec une famille qui vous maltraite, vous ignore ou vous utilise. Si vous le souhaitez, vous pouvez créer votre propre famille, qui sera peut-être imparfaite, mais plus saine et respectueuse que celle dans laquelle vous êtes né.

L'imperfection étant inhérente à la famille, vous avez le droit de définir une ligne rouge. Faites-le avec une attitude wabi sabi, mais soyez certain, tout comme la meilleure solution consiste parfois à changer de partenaire ou de travail, il est parfois préférable de mettre de la distance avec une famille qui vous maltraite.

Permettez-moi une dernière considération en ce qui concerne la famille que vous avez créée : ne cherchez pas à avoir une famille parfaite. Acceptez vos enfants tels qu'ils sont, faites en sorte qu'ils grandissent et se développent dans une atmosphère de liberté et ne leur faites pas porter le poids de vos frustrations et de vos désirs. N'attendez pas de vos enfants qu'ils vivent votre vie et laissez-les vivre la leur, qu'elle vous plaise ou non, qu'elle soit ou non en accord avec la vôtre.

Je ne me lasserai jamais de le répéter : les enfants ne sont pas un projet essentiel pour deux raisons. Premièrement, nous n'avons pas à contrôler leur vie, mais à les doter d'outils et de ressources pour qu'ils puissent vivre la vie qu'ils souhaitent, et non celle que nous souhaitons pour eux.

Deuxièmement, nous devons comprendre que nos enfants sont indépendants et doivent suivre leur propre chemin. Bien entendu, ils peuvent s'ils le souhaitent se tourner vers nous comme source d'inspiration, mais pas pour qu'on leur dicte leur vie.

Apprenez à vos enfants à voler de leurs propres ailes et laissez-les parcourir leur chemin. Souciez-vous de leur donner des valeurs, des critères et des ressources qui leur seront utiles pour gérer le quotidien. C'est la seule chose que vous ayez à faire. Il ne vous restera plus qu'à les voir grandir et à leur offrir votre aide chaque fois qu'ils la solliciteront.

La vie

Penchez-vous sur la quatrième grande attente, en gardant à l'esprit que la vie est dynamique, instable, imparfaite et incomplète. Face à la vie, adoptez l'attitude d'un explorateur, et non celle d'un expert qui attend que celle-ci réponde à ses besoins et à ses désirs.

Rien de ce qui est rigide ne perdure, la souplesse et la vitesse étant des vertus essentielles pour mener une existence de qualité. Personnellement, je n'attends rien de la vie. Je recherche ce que je désire, je m'accommode de la vie et fais en sorte d'en profiter au maximum.

N'attendez rien de la vie, car la vie n'est pas là pour vous apporter quelque chose, mais pour vous permettre d'être là pendant un temps. C'est pourquoi je vous encourage à vivre avec dignité votre passage dans la vie. Nous perdons parfois trop de temps à vouloir maîtriser une vie sur laquelle nous n'avons qu'un moyen d'influence ou de contrôle limité, voire aucun.

Je me souviens d'une conversation que nous avons eue lors d'un séjour dans un petit hôtel de campagne situé au pied des Alpes françaises qui nous avait laissé une forte impression pendant plusieurs jours. Un soir, alors que nous venions de dîner à la table de la propriétaire de l'hôtel, elle nous proposa de faire le tour des lieux et se confia à nous.

Cet hôtel était le rêve de sa vie et elle s'était démenée pendant des années pour le maintenir à flot, mais venait de le mettre en vente parce qu'elle n'en pouvait plus. Sa famille, composée de quatre enfants naturels et d'un enfant adopté, était tout pour elle, mais, si c'était à refaire, elle n'aurait pas d'enfants. Elle avait tout fait pour eux et les aimait beaucoup, mais il lui arrivait parfois de ne plus les supporter. Son conjoint était tout pour elle, mais il se comportait comme un macho. Elle n'arrêtait pas de dire que sa vie était parfaite, qu'elle ne changerait rien… La réalité parlait pourtant d'elle-même : elle avait mis son hôtel en vente, aurait préféré ne pas avoir d'enfants et souhaitait même vivre seule ou rencontrer d'autres hommes. J'ai compris immédiatement que le prétendu rêve de sa vie et tous ses efforts correspondaient à des attentes qui n'étaient pas les siennes, voire à des conventions sociales comme avoir un bon travail et l'esprit d'entreprise, fonder une famille, avoir un couple parfait… Ce rêve n'avait pourtant pas grand-chose à voir avec les véritables aspirations de cette femme.

Je n'avais jamais entendu autant de contradictions à la minute dans une conversation. Cette bonne dame avait agi sans se demander si cela avait un sens pour elle et payait maintenant le prix des décisions qu'elle avait prises ou s'était abstenue de prendre. Avoir une famille nombreuse, un hôtel à la campagne, un conjoint parfait en apparence, mais dominant, et se battre toute sa vie est peut-être un cliché, mais c'est celui qui avait guidé son existence et était maintenant devenu un poids.

Beaucoup de choses à améliorer

Nous ne sommes généralement pas très doués pour définir nos attentes. Le principal problème est que nous avons tendance à les confondre avec des croyances, des désirs, des peurs et des sentiments d'insécurité. Face à un tel cocktail de sentiments et d'émotions contradictoires, il ne faut pas s'étonner que nos attentes se concrétisent rarement. Nous nous fondons généralement sur un contexte optimiste ;

nous ignorons des problèmes qui ne manqueront pas de survenir ; nous nous appuyons sur des exemples qui ne valent que pour les autres ; nous imaginons que ce sera une partie de plaisir et, quand nos attentes ne se réalisent pas, nous vivons cela forcément comme un échec.

Le fait qu'une attente ne se réalise pas ne signifie pas que notre projet n'est pas bon, que nous nous sommes trompés, que nous avons échoué ou que nous sommes incapables de transformer nos désirs en réalité. Le fait qu'une attente ne se réalise pas peut être dû à des causes multiples qui dépendent rarement de notre pouvoir d'action. Il n'empêche, quand nos attentes ne se réalisent pas, nous nous sentons frustrés et culpabilisons, que nous soyons ou non responsables de la situation.

Rappelez-vous que nous vivons dans un monde dynamique et changeant, et qu'en règle générale nos attentes n'évoluent pas à la même vitesse. Si nous prenons le temps d'y penser, nous nous apercevrons certainement que nous vivons encore dans des attentes qui datent et ne se sont plus adaptées à un monde qui évolue en permanence.

La vie est dynamique, instable, incomplète et imparfaite. Il faut faire avec. Changez vos attentes envers la vie. Efforcez-vous de la comprendre, de vous mettre à son rythme et de bien la gérer, et n'oubliez jamais qu'il est impossible de la contrôler. Habituez-vous à vivre avec ce qui est incomplet et imparfait et cela vous évitera bien des frustrations et des déceptions.

J'insiste, vous ne pouvez pas avoir d'attentes qui ne seraient pas adaptées à votre réalité. Réexaminez vos attentes, redéfinissez-les en tenant compte de votre réalité. Sachez que votre réalité, c'est votre contexte.

Mettez-vous-y tout de suite et cessez de perdre votre temps ! Un carnet à la main, passez en revue vos clichés et vos attentes datées de manière à ce qu'elles cadrent avec une réalité imparfaite, instable et incomplète. Faites-le toujours en ayant une attitude wabi sabi et renoncez aux attentes qui ne vous sont plus utiles ou ne sont pas adaptées à votre contexte actuel.

Je vous propose une stratégie pour réaliser vos attentes : ne plus avoir d'attentes et les transformer en intentions.

Définissez vos intentions

« Si, parfois, nos projets ne se réalisent pas, c'est parce que ce ne sont pas les nôtres. »

Maintenant que vous avez passé en revue vos attentes, le moment est venu de les transformer en intentions. Comment voudriez-vous faire autrement si vous voulez qu'elles se transforment en réalité ? Attendre qu'un miracle se produise ne cadre pas avec une attitude wabi sabi. Je vous invite ainsi à abandonner cette douce attente et à passer à l'action.

Les intentions sont une notion fondamentale pour comprendre les processus motivationnels. Une intention se réfère à la détermination de modifier certains aspects que nous pensons pouvoir changer, à condition de pouvoir agir sur eux, après avoir analysé la dissonance entre ce que l'on vit et ce que l'on veut vivre. Au cas où vous auriez encore des doutes après avoir lu cette définition, je peux aussi vous l'expliquer en utilisant l'exemple archiconnu des résolutions du Nouvel An.

À la fin de l'année, des millions de personnes de par le monde formulent des résolutions pour la nouvelle année. « Faire un régime », « faire plus de sport », « quitter le travail plus tôt », « arrêter certaines mauvaises habitudes », « ranger le débarras, le garage ou la maison » font partie du *top ten* des bonnes intentions.

Comme vous pouvez le voir, on retrouve dans toutes ces bonnes intentions toutes les caractéristiques énumérées dans la longue phrase avec laquelle j'ai introduit ce sujet. Voyons ce qu'il en est point par point.

Tout d'abord, il doit y avoir une distance plus ou moins grande entre la situation actuelle et la situation souhaitée. Prenons le cas d'une personne qui pèse 72 kilos et voudrait en faire 68. Cette distance, cet écart, est en l'occurrence de quatre kilos. En réalité, le poids idéal pour cette personne, en fonction de sa taille, de son âge et de sa constitution, est d'environ 65 kilos. Mais cette personne, persuadée qu'elle est incapable de perdre autant de poids, en a abandonné l'idée. En revanche, elle pense que, si elle réussit à atteindre le poids de 68 kilos, ce sera largement suffisant pour lui permettre de vivre en bonne santé et ne pas faire souffrir ses genoux quand elle fait du sport. C'est son intention, et l'écart pour qu'elle se réalise n'est que de quatre kilos.

Le deuxième critère est que la situation actuelle (72 kilos) et la situation souhaitée (68 kilos) soient modifiables. Dans notre exemple, les deux situations sont modifiables. Certains peuvent penser que cela ne sert à rien de faire un régime et qu'il est impossible de perdre ces quatre kilos, mais le fait est qu'on peut perdre du poids, ou le subir.

Le troisième élément à prendre en compte est que nous devons pouvoir changer la situation nous-mêmes en sachant comment procéder, en nous armant de détermination et de persévérance. Le fait que la situation puisse être changée ne sert à rien en soi, sachant que, comme vous aurez certainement pu le vérifier chaque année, vers le mois de février, les résolutions du Nouvel An restent généralement au stade des intentions.

Savez-vous pourquoi nous parvenons rarement à concrétiser nos résolutions pour la nouvelle année ? Je suis certain que vous avez déjà votre petite idée, je vais néanmoins vous exposer les principales raisons qui font que nos intentions restent bien souvent de simples intentions :

- **Un manque de détermination**
  Si notre détermination pour accomplir notre objectif n'est pas assez forte, nous aurons du mal à nous motiver. Pour reprendre l'exemple du régime, ce sera quand la motivation de manger une tarte au chocolat sera plus forte que celle

de suivre un régime… On se retrouve en train de manger la tarte ! Quand deux motivations incompatibles s'opposent, c'est généralement la plus forte qui l'emporte.

- **Les intentions sont mal définies**

Si vous voulez que vos intentions se réalisent, il est essentiel de bien les définir, sachant qu'un objectif mal défini sera très difficile à mettre en pratique. C'est pourquoi je vous conseille de veiller à bien définir vos intentions. Ce n'est pas la même chose de dire « je dois faire un régime » que « je dois arrêter de manger des gâteaux ». Dans le premier cas, notre objectif est vague et, lorsqu'on se retrouve devant une assiette, on ne sait pas très bien si on doit l'accepter ou non. Les choses sont en revanche beaucoup plus claires avec la deuxième intention : si c'est un gâteau, on ne le mange pas, mais on peut manger tout le reste.

- **Les intentions sont trop rigides**

Laissez une marge à l'improvisation et faites preuve de souplesse. Par exemple, vous pouvez garder l'intention de faire de l'exercice pour rester en forme et laisser l'improvisation vous dicter si vous allez marcher, courir, skier, nager ou pédaler, selon le temps, les conditions météorologiques et vos envies.

Cet espace de liberté de choix vous aidera à réaliser vos intentions. Si vous êtes trop rigide, vous finirez par vous dire qu'il ne sert à rien de persévérer avec une attente irréaliste, qui fonctionne bien dans l'imagination, mais pas dans la vie réelle, qui est plus dynamique et instable que la théorie.

- **Ce que nous faisons n'a pas d'incidence sur nos intentions**

Une autre raison pour laquelle nous concrétisons rarement nos intentions est que nous ne faisons pas ce qui relève de notre pouvoir. Par exemple, nous faisons un régime, mais pas le bon régime. Si je peux me permettre un conseil, oubliez les régimes et commencez à envisager un changement d'habitudes. Un régime a un début et une fin et exige un effort extraordinaire qui devra par la suite être compensé. Un changement d'habitudes portera ses fruits sur le long terme et vous aidera à mener une vie saine au quotidien. Sans même vous en rendre compte, vous finirez par oublier les régimes. La plupart du temps, nous ne faisons pas ce qu'il faut pour concrétiser nos intentions, tout en étant persuadés du contraire.

- **Nous avons mal apprécié le potentiel de changement**

Si nous avons mal apprécié le potentiel de changement, il nous sera très difficile de concrétiser nos intentions. Nous pensons parfois pouvoir changer des choses qui ne peuvent être changées ou les changer plus qu'il n'est possible de le faire. Par exemple, nous pensons naïvement qu'en faisant un régime extrême pendant une semaine nous perdrons ces quatre kilos en trop, mais nous nous sentirons frustrés et accablés de voir que notre projet ne se réalise pas.

- **Les intentions sont périmées**

Nous oublions aussi que les intentions sont dynamiques, qu'elles peuvent changer et être modifiées. Parfois, nous ne détectons pas ce changement et continuons de poursuivre un nouvel objectif avec des méthodes du passé, sans pouvoir en fin de compte apporter une réponse adéquate.

- **Les intentions supposent une souffrance et non un effort**

Si nous ne concrétisons pas nos intentions, c'est parfois parce que cela provoque en nous une souffrance au lieu de demander seulement un effort. La souffrance est insupportable, tout comme l'effort quand il est trop intense. Nous pouvons maintenir nos efforts quand tout va bien, mais quand nous devons diversifier nos forces, ce sont nos intentions qui s'effondrent en premier. C'est pourquoi je vous invite à ne pas oublier que c'est bien de faire des efforts, mais pas de souffrir… C'est une attitude beaucoup plus réaliste, beaucoup plus wabi sabi.

- **Ce ne sont pas nos intentions**

Nos intentions ne sont pas toujours les nôtres. Nous voulons qu'elles soient les nôtres, nous pensons qu'elles sont les nôtres, mais tel n'est pas toujours le cas. Nous faisons ou cessons de faire des choses pour plaire à nos parents, notre partenaire, nos enfants… Mais, quand ce que nous voulons faire ou cesser de faire ne nous appartient pas, nous ne parvenons pas à nous l'approprier. Et, lorsque nos intentions ne nous appartiennent pas, il est très difficile de trouver la force de la volonté et de la motivation pour les mettre en pratique et persévérer. Si nous n'avons pas d'intentions à nous, nous nous mettrons en quête de quelque chose, nous nous emparerons généralement de la première chose qui nous passe sous les yeux ou qu'on nous a vendue, ou nous passerons continuellement d'une intention à une autre.

- **Nous ne nous sommes pas approprié les intentions**

Nous avons des intentions qui pourraient nous convenir, mais ne savons pas les adapter à notre contexte. Nous copions les intentions des autres, de nos voisins et de nos amis. Nous voulons faire la même chose que de parfaits inconnus que nous avons vus sur Internet, alors que notre contexte est différent et nous n'avons ni les mêmes capacités ni la même force motivationnelle.

Si nous voulons faire la même chose que notre voisin, nous devrons peut-être adapter cet objectif à notre situation, à nos besoins et à nos capacités.

- **Les intentions sont précipitées**

C'est bien de chercher pour trouver, mais il y a deux façons de procéder : en s'appuyant sur la réflexion ou en s'appuyant sur l'impulsion. Une attitude wabi sabi nous propose de maintenir un équilibre entre la réflexion et l'impulsion dans notre processus de recherche. Nous avons besoin d'essayer certaines choses pour savoir qu'elles ne nous motivent pas. Elle nous propose aussi d'abandonner cette recherche, étant donné qu'une vie sans intentions est pleine de vide et d'ennui. Une attitude wabi sabi nous encourage à réfléchir avant de définir nos intentions, de façon à éviter que nos buts soient des impulsions incontrôlées qui ne nous apporteront aucune satisfaction.

- **Nous avons jeté l'éponge**

  Il nous arrive parfois de jeter l'éponge trop tôt et de conclure qu'il vaut mieux vivre une vie erratique et sans bonnes intentions que nous efforcer d'obtenir ce que nous souhaitons. Le fait que nous ayons tendance à jeter l'éponge est le résultat d'une décision précipitée prise à chaud. Demandez-vous si, toutes les fois où vous avez jeté l'éponge, il n'y avait vraiment plus rien à faire ou si c'était une impulsion passagère qui vous a amené à le faire. En matière d'intentions, il est difficile d'y arriver du premier coup, et, quand on y arrive, il se peut qu'un changement soit nécessaire passé un certain temps. Rappelez-vous que les intentions sont dynamiques.

Vous connaissez déjà les principales raisons pour lesquelles nous ne réalisons pas toujours nos intentions, mais cela ne doit pas vous empêcher de définir vos intentions et de faire en sorte de les concrétiser. Le meilleur conseil que je puisse vous donner est de définir vos intentions et de les organiser, de les structurer et d'évaluer ce que vous devez faire pour les mener à bien. Vous pourrez ainsi mieux gérer votre temps dans la mesure où vous disposerez d'un cadre de référence pour distinguer ce qui est important pour vous de ce qui ne l'est pas. Les intentions nous aident à établir des priorités, et c'est la meilleure façon de contribuer à la mise en œuvre de nos intentions.

Abandonner un projet n'est pas un échec

> *« Ce projet, qui avait eu du sens pendant des années, avait cessé d'en avoir. Quel sens cela aurait-il eu de le poursuivre ? »*

Nous avons peur de l'échec. Le meilleur conseil que je puisse vous donner est de rationaliser la peur de l'échec. L'échec est quelque chose qu'il faut toujours envisager, mais qui ne doit jamais nous bloquer. L'échec est à considérer comme une source de motivation universelle que nous devons interpréter et traduire, et même mettre en œuvre, faute de quoi cela provoque en nous un blocage émotionnel et motivationnel.

En ne faisant rien, je ne risque pas de me tromper

La réussite et l'échec sont deux facteurs de motivation importants qui peuvent aussi donner lieu à des attitudes perverses. En ne faisant rien, on ne risque pas de se tromper. En ne prenant pas de risques, on pense pouvoir échapper à l'insécurité. Mais, surprise ! Ce n'est pas ainsi que les choses se passent et une attitude conservatrice ne garantit pas une vie apaisée et sereine.

Votre peur de l'échec peut être si grande que vous ne commencez plus rien... C'est un mécanisme de défense compréhensible, mais qui nous limite totalement.

L'histoire est pleine de terribles échecs en apparence, qui sont en fait des problèmes conjoncturels : des tableaux qui n'ont pas été appréciés en leur temps et ne se vendaient pas et se sont vendus plus tard à des millions d'euros, ou des échecs rencontrés par une entreprise dans un pays alors qu'elle a fait un carton ailleurs.

Je vous invite à ne pas accorder une valeur absolue à l'échec. Persévérez intelligemment dans vos intentions et, si cela ne marche pas, demandez-vous si vous avez besoin de plus de temps – rappelez-vous que tout est processus –, de vous concentrer plus particulièrement sur un aspect, d'adopter de nouvelles perspectives ou de faire les choses dans un autre environnement, plus mûr, qui apprécie vos idées et en a besoin. Aucun échec ne dure cent ans et il n'y a pas d'échecs éternels. Qui plus est, ce ne sont pas vos échecs qui vous définissent.

Savoir dire « c'est bon, j'arrête »

Ne confondez pas le fait de prendre une décision intelligente avec celui d'abandonner. Même si certaines personnes disent que vous avez abandonné, ne vous laissez pas guider par leurs opinions. Dire « j'arrête » est une décision intelligente face à des circonstances ou un environnement qui ne vous permettent pas de poursuivre votre objectif.

Dire « j'arrête » ne signifie pas abandonner définitivement vos projets. Cela veut dire qu'il est légitime de penser que ce n'est pas le bon moment maintenant pour les mener à bien. Savoir attendre est une réelle qualité, et il faut parfois, comme je l'ai déjà indiqué, attendre le moment opportun. Savoir à quel moment passer à l'action est essentiel pour atteindre vos buts. C'est pourquoi il ne faut ni se précipiter ni rester passif, la clé étant de trouver un équilibre.

Comme vous le savez déjà, dire « j'arrête » n'est pas synonyme de fuite ou d'échec ; c'est une décision intelligente et adaptée à une situation qui ne cesse d'évoluer. Ne vous laissez pas impressionner par ce que les autres pourraient en dire ni par les jugements de valeur qu'ils pourraient porter. Si vous en ressentez le besoin, dites « c'est bon, j'arrête » ou « plus maintenant ».

Il est important de remettre l'échec en perspective et d'en parler en utilisant des guillemets, mais il faut surtout éviter de le vivre avant qu'il se soit produit ou de l'anticiper… Quand vous voulez faire quelque chose de bien ou d'extraordinaire, vous vous heurtez très vite à la résistance de nombreuses personnes, en l'occurrence celles qui ont essayé et ont échoué, celles qui n'ont pas essayé, persuadées que ce n'était pas possible, et même celles qui vous regardent avec mépris et envie.

La peur de l'échec est de toute évidence une puissante source de motivation qui peut, de surcroît, être aisément manipulée, sachant qu'elle peut générer en l'autre un sentiment d'insécurité. À partir du moment où nous avons créé un sentiment d'insécurité, nous avons la clé pour exercer une influence. On vous dira des choses comme « tu réussiras, à condition de… », ou « tu n'as peut-être pas réussi jusqu'à maintenant, mais, si tu suis mes conseils, tu réussiras… » Vous savez pourtant que toute annonce comportant le terme « réussir » est une attaque directe à votre motivation de réussite.

Croyez-moi, la seule manière de se protéger de la peur de l'échec est de travailler dur et de faire preuve d'intelligence. La question n'est pas de ne plus faire d'efforts, mais de les faire de manière intelligente, en étant guidé par vos priorités et en consacrant du temps à ce qui vous aidera directement ou indirectement à atteindre vos objectifs.

Par ailleurs, n'oublions pas que la plupart du temps la réalité échappe à notre contrôle et que nous n'avons pas à nous le reprocher ni à le vivre en éprouvant de la honte ou de la tristesse. Nous avons fait tout ce que nous avons pu, nous avons fait notre maximum. Regardez-vous avec bienveillance. Voyez les enseignements que vous pouvez tirer de ce qui s'est passé, analysez votre réponse, assimilez les informations importantes et pertinentes et tournez la page.

Je vous propose une nouvelle maxime wabi sabi : si vous êtes capable d'apprendre de ce qui s'est passé, ce ne sera jamais un échec. Soit on réussit, soit on apprend, ne l'oubliez jamais !

Le regard des autres

La plupart des échecs pèsent plus qu'ils ne devraient, et cela tient à l'effet supposé qu'ils auront sur les autres. Apprenez à gérer le regard des autres, sans quoi vous risquez de vous sentir très mal sans raison.

Les gens qui vous entourent sont libres de penser ce qu'ils veulent, mais cela ne veut pas dire qu'ils ont raison ni que vous devez y prêter attention ou que vous devez mettre en pratique tout ce qu'ils vous disent.

Face à un échec, réfléchissez à ce qui s'est mal passé et demandez-vous si les raisons de cet échec vous sont imputables ou si elles relèvent de causes externes ou incontrôlables. Essayez de tirer une leçon de chaque échec pour vous en servir quand vous en aurez besoin. Et, comme on dit familièrement, on s'en fout de ce que pensent les autres.

Pour résumer, je dirais que ce qui est incomplet n'est pas un échec, pas plus qu'abandonner un projet en cours de route. Parfois, on ne peut pas faire plus, tandis que d'autres fois on a besoin de prendre une décision courageuse et de mettre ce projet en attente jusqu'à ce que les circonstances soient plus favorables. D'autres fois encore, nous devons prendre des décisions courageuses, mais difficiles, et accepter le fait que ce projet n'était pas notre projet, que nous n'avons pas su nous l'approprier ou que, simplement, nous nous sommes trompés…

Si nous n'abandonnons pas certains projets, nous risquons de nous retrouver en quelques mois ou en quelques années au même point qu'aujourd'hui, mais en pis, parce que nous y aurons consacré plus de temps et de ressources. Nous nous sentirons usés, déçus, amers et lésés. Rien n'est complet, tout est en transformation ou en croissance. Bien sûr, vous pouvez grandir, mais pas à tout prix et n'importe comment.

Mettez des intentions dans votre vie, définissez-les et faites en sorte de les réaliser, car elles seront la boussole qui vous orientera vers votre but. Elles vous indiqueront la direction et pourront vous aider à établir vos priorités et à faire les meilleurs choix pour vous.

CHAPITRE 4
Aware, la beauté dans vos yeux

> *« Nous cherchons à garder auprès de nous des choses qui ne peuvent demeurer avec nous. »*

En adoptant une attitude wabi sabi, nous apprenons à poser un nouveau regard sur les choses et cela passe par un regard bienveillant. Adopter une attitude wabi sabi n'implique pas un changement dans le monde, mais dans notre façon de le regarder. Le monde sera le même, avec ses qualités et ses misères, mais notre nouveau regard wabi sabi nous permettra d'éclairer ce qui passe inaperçu et de découvrir ainsi de nouvelles formes de beauté, de nouveaux détails et de nouvelles perspectives dans des choses que nous avons tendance à ignorer.

La beauté est partout autour de nous, mais nous ne pourrons pas l'apprécier tant que nous n'aurons pas adopté le regard adéquat. Nous avons perdu la capacité de nous émerveiller et considérons comme normales des choses qui sont en réalité extraordinaires. Nous n'en sommes pas conscients, mais nous limitons notre expérience sensorielle au lieu de l'étendre, ce qui ne fait qu'appauvrir notre quotidien.

Redécouvrir

Autorisez-vous à redécouvrir ce que vous connaissez déjà et vous serez surpris de vos découvertes. Autorisez-vous à redécouvrir le corps de votre partenaire, un parfum, la douceur de chaussons confortables, l'arôme du café, la brise qui caresse vos cheveux...

Chaque jour, vous êtes entouré de beauté, de moments qui ne se reproduiront plus, de confort et de choses qui vous font du bien. Il vous suffit pour le voir de faire une pause et de prêter attention à ces petits détails. Ne passez pas à côté, ce sont des cadeaux que nous devrions apprécier à leur juste valeur.

Nous vivons chaque jour d'innombrables moments, beaux et uniques, mais nous ne savons pas en profiter ni apprécier notre expérience sensorielle. La perception est la porte d'entrée, et l'attention le concierge qui décide de l'ouvrir ou de la fermer. Si vous voulez vivre intensément la vie, commencez par entraîner votre attention ou par lui donner des instructions et des directives.

Je vous propose de désapprendre notre simplification obsessionnelle, de développer nos sens et de leur apprendre à réexaminer et à explorer. Nous nous référons généralement à des canons, nous simplifions à partir de deux ou trois indices, puis nous procédons dans la majorité des cas à un examen beaucoup trop succinct.

Nous ne sommes pas en lien avec le monde et passons ainsi à côté de millions de stimuli qui pourraient générer en nous des émotions positives. Nous avons oublié de contempler. « Contempler » est un mot qui ne comprend ni la hâte ni les simplifications.

Nous avons trop simplifié notre perception et en passant à côté de nombreux stimuli agréables qui sont à notre portée : le contact de l'herbe, l'odeur de la mer, la douceur des cheveux de notre partenaire, la sensation d'être bien au chaud chez soi quand il pleut dehors…

Quelqu'un qui n'a pas la beauté dans ses yeux ne la trouvera nulle part. Par beauté, j'entends un processus dynamique qui se produit entre soi et autre chose et peut apparaître à tout moment. Mais, pour pouvoir profiter de la beauté, il faut certaines circonstances, un contexte et surtout un point de vue déterminés.

La saillance (ce qui saute aux yeux)

Voir ce qui émerge est un phénomène perceptif très fréquent. Nous nous habituons à ce qui est normal de telle sorte que nous ne voyons que ce qui s'impose à notre attention. Quand je vais en ville, le bruit me dérange énormément, ce bruit qui brille par son absence en montagne. Le bruit est frappant pour moi, mais pas pour la personne qui traverse la Diagonal à Barcelone en étant habituée à cette agitation. *A contrario*, quand des amis viennent me rendre visite à la montagne, des choses qui ne me sautent pas aux yeux, comme les vaches, le silence ou le vol des rapaces, s'imposent à leur attention.

Nous avons tous normalisé une série de sensations qui sont propres à notre contexte, en particulier le bruit, le silence, les agglomérations, les rues désertes… alors qu'elles varient toutes en fonction du contexte. Le fait que nous les ayons tellement assimilées nous empêche parfois de voir certains éléments de notre contexte personnel.

Il est primordial de voir les choses telles qu'elles sont et non comme elles semblent être. La beauté est dans l'essence, et non dans les projections, les désirs ou les façades. Nous avons besoin d'apprendre à porter un nouveau regard sur les choses, en les acceptant pleinement telles qu'elles sont et en cessant de vouloir les changer.

Nous sommes capables de manipuler la réalité pour y trouver de la beauté alors que ce n'est pas nécessaire. Ce que nous voyons est tel qu'il est, libre de jugements et, bien souvent, c'est en dépassant la simple observation que nous trouverons la beauté. La beauté demande une connaissance plus approfondie de ce que nous observons.

Nous nous formons une opinion à la hâte pour ne plus vouloir en démordre par la suite : si nous avons estimé qu'une chose n'était pas belle, nous ne voudrons plus la voir. Mais, au lieu de considérer que certaines choses ne sont pas belles, nous pouvons porter sur elles un nouveau regard, plus bienveillant, avec une autre perspective, un regard d'acceptation, et nous découvririons alors les nuances qui les rendent uniques. Comme la beauté se trouve dans les yeux de celui qui regarde, ayez un regard ouvert et bienveillant et vous pourrez apprécier de nouvelles formes de beauté.

De nouvelles formes de beauté

« Le soleil peignit un ciel rougeoyant avant de disparaître derrière les montagnes. »

Des études sont menées actuellement sur les « émotions esthétiques », une nouvelle notion de la psychologie. Les émotions esthétiques sont des émotions qui naissent de la contemplation de quelque chose de beau, que ce soit naturel, comme un paysage ou un coucher de soleil, ou artificiel, comme une œuvre d'art, une chanson ou un édifice.

Nous avons besoin de développer notre sensibilité esthétique, car, à ne pas savoir contempler la beauté, nous passons à côté de nombreuses émotions. La beauté est naturelle et se trouve partout, mais nous avons tendance à vouloir l'enfermer, la normaliser et la standardiser. Une attitude wabi sabi est une attitude rebelle qui voit de la beauté bien au-delà des canons établis. Je vous encourage à intégrer cette attitude wabi sabi et vous aurez ainsi beaucoup plus de formes de beauté à apprécier, sans vous limiter aux canons esthétiques.

L'asymétrie est belle, de même que la trace du passage du temps sur les objets, la nature, ce qui passe inaperçu, un détail… La beauté a les paramètres que vous voudrez bien lui donner ; ce n'est pas une notion fermée ou réglée comme du papier à musique qui devrait se conformer à un idéal ou à des règles sociales. Je vous propose une liste d'autres formes de beauté qui vous permettront d'élargir votre expérience sensorielle et de trouver la beauté partout où vous irez.

La beauté éphémère

La beauté est dynamique et éphémère. Tout le monde est beau depuis le jour de sa naissance jusqu'à sa mort. La beauté d'une peau ferme et jeune se transforme pour laisser apparaître la beauté d'un regard intense et riche de notre expérience ; la beauté d'un corps tonique se transforme pour laisser apparaître la beauté d'un ventre qui a accueilli la vie et en témoigne, la beauté de mains fortes se transforme pour laisser apparaître la beauté de mains qui tremblent… La beauté vient et s'en va. Comme tout dans la vie – les intentions, les attentes et les buts –, la beauté est dynamique et changeante.

Le désir de conserver et de prolonger la beauté nous empêche de savourer pleinement l'instant. N'oubliez pas que la beauté est éphémère. Ne cherchez pas à la conserver et ne pleurez pas votre beauté perdue, car elle n'est pas perdue, elle n'a fait que se transformer.

Adopter une attitude wabi sabi, c'est apprécier la brièveté de la vie, apprendre à apprécier son caractère éphémère. C'est l'enseignement le plus important. Notre passage sur terre est limité, et c'est en appréciant autant que possible la beauté rencontrée sur notre chemin que nous pourrons l'enrichir au mieux.

La beauté des petites choses

Si vous vous limitez à rechercher de grandes choses, vous en trouverez peu. Quel sens cela a-t-il de rechercher de grandes choses et de mépriser les petites choses ? Qu'espérez-vous trouver dans les grandes choses que vous ne pourriez pas trouver dans les petites choses ? Ce n'est pas tant une question de quantité, mais de qualité, d'attitude, de regard…

En vous promenant dans la vie, vous pourrez découvrir des milliers de détails pleins de beauté. Je ne me lasse pas de contempler les petites beautés lors de mes balades en forêt. J'adore regarder les toiles d'araignée recouvertes de rosée, les trous que font les piverts dans les troncs d'arbre, les champignons qui sortent d'un manteau de feuilles sèches, les pierres recouvertes de mousse, la lumière du soleil qui filtre à travers le feuillage des arbres…

Et je vis la même chose quand je vais en ville : je vois des détails architecturaux, un père qui donne la main à son fils, le soleil qui se reflète dans les vitres d'un bâtiment, l'odeur qui se dégage de la porte d'une boulangerie, un couple d'adolescents qui s'aiment, le bâton d'un vieil homme qui se promène, le regard tendre et amoureux d'une mère…

Je pourrais continuer à énumérer des détails pleins de beauté sur des pages et des pages. Quand on parle de beauté, on ne compte pas.

La beauté de ce qui ne se voit pas

La beauté est inhérente à tout ce qui est, mais elle n'est pas toujours évidente et il faut parfois la chercher. C'est justement dans ce processus de recherche que la beauté peut avoir le plus d'effet, au moment où nous la découvrons.

À une période de ma vie, j'ai fait beaucoup de spéléologie, y compris avec des clients. C'est une expérience magique d'avancer dans le silence, avec la lumière qui filtre et dirige notre regard, et de faire plein de découvertes. Chaque grotte est quelque chose d'inconnu et d'obscur où la visibilité se limite à quelques mètres, et chaque grotte visitée un voyage à l'intérieur de soi qui se termine par une irruption de lumière et de couleurs quand on en ressort.

Nous ne savons pas tout, et nous ne pourrons jamais tout savoir. Ce qui est inconnu recèle de grands mystères. Ce qui est furtif a une origine incertaine et sinueuse. Parfois, cela ne vaut pas la peine de chercher à en connaître l'origine, comme quand on s'émerveille devant un tour de magie ou face à un mystère ou quelque chose d'inhabituel.

Vous pouvez ainsi prendre plaisir à explorer tout ce que vous ne connaissez pas. Cherchez à le comprendre, mais n'espérez pas trouver une réponse à tout. Lorsque la beauté apparaît, à l'instant même où vous la découvrez, vous avez le sentiment qu'il n'y a rien de plus beau à contempler. Savourez cette sensation de trouver de la beauté dans ce qui est caché.

La beauté de l'éphémère et du provisoire

L'éphémère ne revient jamais. Tout change. Et, comme vous ne revivrez jamais la même situation, mieux vaut profiter de chaque situation intensément, avec tout votre être. Tout dans la vie est éphémère : les relations sociales, les relations affectives et les relations professionnelles. Le lever et le tomber du jour sont éphémères. Les baisers et les caresses sont éphémères.

Notre vie est éphémère. Nous ignorons quand nous cesserons d'exister, ce qui nous donne l'obligation d'en profiter, d'apprécier la vie et de l'enrichir sans cesse. Que se passerait-il si, demain, vous perdiez l'odorat, la vue ou l'audition ? Que se passerait-il demain si vous ne pouviez plus rien ressentir, embrasser quelqu'un ou prendre vos enfants dans vos bras ?

Aware

Aware est une notion japonaise pour désigner la mélancolie heureuse d'un instant éphémère de beauté transcendante. Nous avons toutes sortes de moments *aware* dans notre vie que nous devrions vivre intensément. C'est une façon d'appeler notre attention pour nous inviter à nous centrer dans le présent et ne plus perdre notre temps à rêver de l'avenir ou à nous souvenir du passé.

Adoptez une attitude wabi sabi et intégrez cette notion dans votre dictionnaire personnel. C'est la meilleure ressource pour ne pas avoir à regretter de n'avoir pas su apprécier les choses quand vous les aviez.

Vivez l'éphémère et sachez apprécier l'ici et maintenant. Profitez-en tant que vous avez la chance de pouvoir le faire.

Les choses subtiles passent inaperçues pour le regard ordinaire, mais elles renferment parfois un véritable trésor. Je vous propose un exercice : un matin, portez votre attention sur des choses subtiles et prenez plaisir à contempler leur beauté. Ce qui est subtil est difficile à discerner. Observez ce qui est fin et délicat, ce qui est éthéré et passe inaperçu, les détails infinis qui nous fournissent un indice de l'existence d'une altération. Cette pratique ne pourra que stimuler vos sens et les éduquer à avoir cette sensibilité particulière.

Il existe ainsi différentes formes de beauté, beaucoup plus que nous le croyons ou savons l'apprécier. Élargissez votre horizon perceptif et votre sensibilité et vous verrez toute la beauté dont vous êtes entouré. Que diriez-vous d'apprendre à la contempler ?

Certaines choses à savoir avant de pratiquer la pleine attention

> *« La seule chose à faire est de nous centrer ici et maintenant. »*

Le meilleur conseil que je puisse vous donner en ce qui concerne l'attention est de pratiquer la pleine conscience, ou pleine attention. Ne faites qu'une chose à la fois et restez aussi concentré que possible sur ce que vous êtes en train de faire. Portez toute votre attention sur la tâche qui vous occupe et évitez les distractions. Si vous voulez faire quelque chose d'extraordinaire, vous devrez y accorder toute votre attention.

Contrairement à ce qui pourrait sembler, ce n'est pas une tâche facile : les processus attentionnels ayant leurs limites, nous avons besoin de bien comprendre leur fonctionnement. Ainsi, je vous demande de prêter toute votre attention, de prendre des notes si vous le souhaitez.

Un filtre naturel, mais qui n'a rien de naïf

Une des qualités remarquables de l'attention est qu'elle nous permet de nous détourner de certaines choses pour nous centrer sur d'autres. L'attention est un processus de filtrage et de hiérarchisation des ressources et de concentration sur ces ressources.

L'attention ayant une capacité limitée pour traiter les informations qui nous parviennent à travers les sens – nos pensées, nos souvenirs, ce qu'on imagine, nos émotions et autres stimuli internes –, c'est elle qui décide où diriger ses ressources. Si nous pouvons parfois influer sur certains aspects de l'attention, la plus grande prudence s'impose quand on parle du contrôle des processus attentionnels. Rappelez-vous que certains filtres relèvent de notre volonté et d'autres non, et dans ce dernier cas il n'y aura rien à faire.

Le problème de l'intégration perceptive

Lorsqu'un objet comporte de nouveaux attributs qui appellent notre attention, il existe une hiérarchie ou une règle pour nous dire ce que nous devons regarder en premier. Nous commençons par porter notre attention sur ce qui fournit le plus d'informations significatives à notre cadre de référence, ce qui explique pourquoi face à un même fait ou objet chacun pourra voir et interpréter les choses différemment.

Notre cerveau donne ainsi des priorités claires à notre attention, l'objectif étant de nous maintenir en vie. Le cadre de référence pour nos processus perceptifs ayant déjà été défini en fonction de nos priorités, notre cerveau peut s'y référer au besoin.

Cette hiérarchisation de l'attention par notre cerveau me fait penser à une maxime wabi sabi qui nous invite à économiser nos ressources. C'est un appel à ne pas gaspiller ces outils ou notre énergie dans des processus qui n'en valent pas la peine, afin de pouvoir s'en servir pour d'autres processus le moment venu. C'est ce qui explique pourquoi notre attention simplifie au maximum l'environnement dans lequel nous vivons et qu'elle est prête à en payer le prix fort.

Souciez-vous de l'économie des ressources attentionnelles

Nous simplifions à l'excès. Nous simplifions la réalité en schémas. Nous ne voyons pas la réalité en soi, mais des schémas construits à partir de notre expérience et de l'éducation que nous avons reçue. Quand nous voyons une plage, nous simplifions des milliers de stimuli : nous voyons le sable, la mer, les parasols, les estivants… Nous avons une image préconçue de ce qu'est la plage et passons à côté d'autres sensations que pourrait nous apporter un regard plus affiné de cette plage ce jour-là : si le sable est plus fin ou plus épais, si on sent la mer ou pas, si les vacanciers sont bronzés ou non… Idem face à un véhicule, à notre chef ou à un bol de soupe…

Dans les années 1970, la psychologue britannique Anne Marie Treisman, à qui l'on doit la notion d'« attention sélective », a découvert que notre attention est autoprogrammée pour s'économiser et qu'elle peut être dirigée de manière sélective sur ce que l'esprit veut, désire ou décide. Cette attention sélective ne traite qu'un petit pourcentage de l'ensemble des informations et stimuli qui nous parviennent de l'extérieur et nous omettons le reste, en nous centrant sur les stimuli utiles ou importants pour nous.

Nous ne pouvons pas prêter attention à tout ce qui se passe autour de nous. En l'absence d'ordres clairs que nous lui aurions donnés, notre esprit décidera pour nous et sera attentif aux informations qu'il estime les plus précieuses.

Si vous êtes enceinte, vous aurez l'impression de croiser des femmes enceintes partout. Vous avez envie d'un nouveau vélo ? Vous en voyez partout où vous posez votre regard. Vous avez un bras dans le plâtre ? On dirait que, dans votre entourage, tout le monde s'est cassé un bras.

L'attention gère en fait sa propre économie, un peu comme la batterie de votre téléphone portable. Dans une situation concrète ou à un moment donné, notre attention se focalise sur certaines choses et en ignore d'autres, que vous le vouliez ou non. Elle le fait en tenant compte de notre besoin de survie, de nos désirs, de nos intérêts, de nos peurs ou de nos priorités.

Une mise au point autonome

Une des fonctions de l'attention est de choisir les stimuli sur lesquels elle se porte lorsqu'on doit établir des priorités entre plusieurs stimuli.

Notre attention est une sorte de mise au point qui décide d'éclairer de manière diffuse avec une faible amplitude, ou de manière focalisée avec une large amplitude. Elle oscille en permanence entre les deux modes et peut même, par instants, utiliser les deux faisceaux de lumière à la fois. L'attention a par conséquent deux amplitudes de mise au point – une courte et une longue –, et peut éclairer de manière diffuse ou centrée selon la direction dans laquelle elle est orientée. Ce mécanisme à la conception apparemment parfaite est en réalité assez complexe, et, si on ne lui dit pas comment et où centrer l'image, il décidera lui-même, à moins que quelqu'un le fasse pour lui.

Gardez à l'esprit ces deux nouvelles notions d'« amplitude de mise au point » et d'« orientation », qui sont toutes deux indispensables pour comprendre le fonctionnement des processus perceptifs.

Les types d'attention diffèrent selon les moments et vous pouvez passer aisément de l'un à l'autre. Je vous encourage aussi à modifier l'orientation de votre regard, en prêtant attention aux petites choses, aux détails, à ce qui est caché et subtil, le plus important étant toutefois de rester centré sur ce qui compte vraiment pour vous. Croyez-moi, mieux vaut que vous décidiez vous-même où porter votre attention et que vous fassiez la mise au point, plutôt que de laisser votre attention choisir pour vous, comme s'il n'y avait personne aux commandes.

L'attention aussi est imparfaite

L'attention est limitée en capacité, en temps et en intensité. C'est une nouvelle notion clé que je vous invite à assimiler. Certes, vous pouvez maintenir votre attention, mais vous devez vous montrer réaliste et ajuster vos attentes en fonction de vos limites. Nous avons tous des aspects attentionnels qui sont meilleurs que d'autres que nous devons cultiver au maximum de manière qu'ils compensent d'autres aspects moins développés. Une fois de plus, il est essentiel de connaître nos limites et de nous rappeler que nous sommes imparfaits si nous voulons avoir une attitude plus réaliste, ce qui nous permettra d'accepter le fait que nous avons besoin d'assimiler de nouvelles ressources pour équilibrer nos processus attentionnels, de mieux tenir compte de notre rythme ou d'ajuster nos attentes…

Il ne faut pas oublier non plus que notre attention a une origine biologique dans notre cerveau, et que la fatigue et certaines substances et situations exercent sur nous une réelle influence. Il suffit de ne pas dormir deux jours de suite pour constater que l'on est totalement incapable de se concentrer.

Comme l'attention est sensible à la fatigue et à l'hyperstimulation, nous n'avons pas d'autre choix que d'en tenir compte et d'accorder notre rythme en conséquence. Nous devons aussi apprendre à gérer notre charge perceptive, c'est-à-dire la quantité de stimuli que notre attention est capable de recevoir et de gérer. Nous ne pouvons pas tout gérer ; nous ne sommes que des humains. Face à un trop-plein d'informations et de stimulations, nous serons saturés et incapables de repérer des messages importants.

La charge perceptive que l'on peut gérer varie d'une personne à l'autre ou d'un moment à l'autre. Une même personne pourra supporter une charge perceptive variable selon la situation physique, mentale et émotionnelle dans laquelle elle se trouve. Il faut toutefois veiller à ne pas être trop ambitieux, car, si notre attention est stimulée au-delà de ce que nous sommes capables de supporter, nous finissons par commettre des erreurs et nous sentir stressés et frustrés. D'où l'importance d'être conscients de nos limites attentionnelles, d'apprendre à les repérer et d'en tenir compte.

Des connexions à la hauteur

Les circuits neuronaux de l'attention étant connectés aux circuits responsables de la cognition et des émotions, nous devons veiller à ne pas endommager ces connexions. Votre survie en dépend. Qui plus est, ce n'est ni naturel ni adaptatif de leur imposer de telles altérations, et c'est beaucoup plus judicieux de les épurer et de les optimiser.

Quels souvenirs vous évoque cette soupe bien chaude ? Que vous disent-ils ? Devez-vous y prêter attention ? Ou les raccompagner vers la sortie et les ignorer ? Soyez attentif à la tristesse que vous ressentez en lisant ce roman. Que vous dit-elle ? Observez ce qui vous vient à l'esprit. Les affaires non réglées que nous devons avoir à l'esprit et qui sont habituellement recouvertes par le bruit quotidien ne pourront pas se manifester tant que nous n'aurons pas un moment de calme et de contemplation.

L'impassibilité

L'« impassibilité » est une qualité extrêmement importante. C'est la capacité de maintenir notre attention face à des événements à forte intensité émotionnelle. Il ne fait aucun doute qu'il est souhaitable de développer et de renforcer cette qualité. Mais ne culpabilisez pas s'il y a des jours ou des moments où vous ne parvenez pas à vous concentrer sur ce qui est réellement important. Comme vous le savez, notre aptitude à contrôler nos processus attentionnels est limitée.

Ne mettez pas votre attention en pilotage automatique

La notion de « pilotage automatique » est très importante s'agissant de l'attention. On conduit généralement de façon automatique, excepté quand on voit soudain un ravin apparaître sur le bas-côté ou quand on loue un véhicule auquel on n'est pas habitué. On mange de manière automatique, excepté quand on revient d'un rendez-vous chez le dentiste, la bouche encore engourdie par l'anesthésie.

Quand on fonctionne en pilotage automatique, l'attention que l'on aurait destinée à faire quelque chose de répétitif, mais que l'on maîtrise, est libérée et peut être appliquée à d'autres tâches, ce qui nous permet d'économiser cette ressource précieuse. Mais, face à un changement de certains paramètres habituels, on abandonne le pilote automatique pour reprendre le contrôle conscient de la situation.

Se mettre en pilotage automatique est une ressource d'ordre économique qui nous aide à gagner du temps et à minimiser nos efforts au quotidien. Mais cela nous expose aussi au risque de nous tromper et d'adopter des schémas comportementaux erronés qui nous limitent. Par exemple, quand on mange de façon automatique, on peut manger trop vite, sans bien mastiquer ni faire de pause, ce qui n'est pas bon pour notre système digestif ni pour notre santé. Ce passage en mode « pilotage automatique » est ancré dans notre façon d'agir et s'active de lui-même, d'où la difficulté de se rendre compte des effets délétères de certains schémas automatiques. Je vous invite par conséquent à passer en revue tous les moments de votre quotidien que vous vivez en pilotage automatique et, bien que ce ne soit pas facile, de modifier ceux qui ne vous font pas du bien.

Qui plus est, à force de vivre les choses en pilotage automatique, nous en oublions les petits plaisirs du quotidien, que la vie est un cadeau que nous devrions apprécier. Pour revenir à l'exemple de notre façon de manger, nous risquons de découvrir que nous prenons nos repas sans vraiment en profiter. Nous ne voyons pas que notre assiette contient des aliments riches et variés, que nous avons la chance de pouvoir nous les procurer et que le moment des repas peut être un instant de paix et de sérénité après une dure journée de travail. Alors, oui, mettez le pilote automatique si cela s'avère nécessaire pour économiser vos ressources et vos efforts, mais ne vous enlisez pas dans des routines néfastes et ne passez pas à côté des petits plaisirs de votre quotidien.

Pour l'attention, l'ennui est une torture

L'attention n'est pas un processus isolé, mais un processus extrêmement complexe lié à la perception, à la cognition et aux émotions, ce qui est à la fois une bonne et une mauvaise chose. Notre flux d'attention a besoin de trouver une sortie et, quand on ne la lui indique pas, il se charge de la trouver lui-même, mais pas toujours de la meilleure manière. Les sorties préférées de l'attention improductive sont les préoccupations. Cela vous parle-t-il ?

Cette énergie d'attention dont vous disposez doit être dépensée, d'où l'importance de passer en revue ce qu'il conviendrait de ne plus faire en pilote automatique et de mieux utiliser toute cette attention que vous consacrez à des préoccupations et d'autres aspects non productifs. Vous pouvez rediriger cette énergie d'attention pour qu'elle vous aide à vivre votre vie plus intensément et à vous recentrer ici et maintenant.

Je vous propose de reprendre le contrôle conscient de certaines choses que vous faites par routine, comme prendre une douche, manger ou faire un tour dehors. C'est la meilleure stratégie pour réapprendre à savourer pleinement la vie.

Veillez à donner du travail à votre attention, sans quoi vous devrez assumer ce qui se passe quand elle décide elle-même où se fixer.

Vous êtes prêt maintenant à pratiquer la pleine conscience, ou tout autre nom que vous souhaitez lui donner. Personnellement, je dirais qu'il s'agit de « prêter attention, pleinement et de manière adéquate, à ce qui se passe autour de vous et de comprendre pourquoi certaines choses vous échappent ». « Wabi sabi », cher lecteur, nous sommes imparfaits, y compris dans nos processus psychologiques fondamentaux tels que l'attention, la motivation, les émotions ou la cognition. Ne culpabilisez pas pour autant et apprenez à vivre avec l'incertitude inhérente à l'imperfection.

Je distinguerai deux aspects principaux dans la pratique de la pleine conscience : contempler et savourer. Nous allons voir ce qu'il en est pour chacun de ces aspects.

Apprendre à contempler : la sensibilité

> *« Parfois, le paysage s'ouvre et on peut voir plus loin. »*

La sensibilité est la capacité qui nous permet de percevoir ce qui nous entoure et qui est proche de nous. Une personne sensible est plus que les autres connectée à son environnement. Les personnes sensibles sont généralement montrées du doigt, mais elles sont très conscientes de l'importance de la sensibilité dans notre vie.

Si nous sommes sensibles, ou que nous avons un potentiel suffisant pour l'être, nous allons en faire quelque chose de positif, nous allons donner des instructions à notre esprit pour qu'il filtre ce qu'il va regarder. Comme nous avons autant de stimuli positifs que de stimuli négatifs, nous ferons en sorte d'avoir une relation équilibrée entre ceux auxquels nous prêtons attention.

Nous serons encore plus sensibles à la beauté et à ce qui est naturel et intrinsèque. Le premier pas d'une attitude wabi sabi consiste à ne pas rejeter ce qui est vieux ou imparfait. C'est effectivement une façon de filtrer, mais nous avons tendance à le faire dans la précipitation et passons ainsi à côté d'occasions de profiter de la vie.

Le deuxième élément d'une attitude wabi sabi est le calme. Pour apprécier les choses en détail, il faut être dans le calme, ne pas se précipiter et savourer ce que nous avons entre les mains, dans la bouche, à proximité ou loin de nous.

Ressentez-vous pleinement le contact de l'eau sur votre peau lorsque vous prenez une douche ? Vous délectez-vous de l'eau fraîche que vous buvez ? Nous considérons comme allant de soi toutes sortes de choses extraordinaires qui sont à notre portée. Peut-être avez-vous oublié comme il est merveilleux d'appuyer sur un interrupteur pour que la lumière apparaisse ? Un bain dégage toujours un meilleur parfum après un effort, n'est-ce pas ?

Si vous voulez apprécier la vie dans toute sa splendeur, commencez par ralentir et vivre une chose après l'autre. Marchez tranquillement, mangez sans vous presser, faites l'amour en prenant tout votre temps, savourez la vie instant après instant, intensément, mais instant après instant. Ce n'est qu'ainsi que nous pourrons contempler les détails et goûter pleinement aux effluves du café ou à la magie de l'eau chaude qui s'écoule sur notre tête. En considérant l'extraordinaire comme quelque chose de normal, nous perdons notre capacité de nous émerveiller.

La troisième chose à faire est d'examiner ce que vous dit l'objet de votre contemplation. Les objets parlent et, dès lors qu'on les comprend, on les trouve plus beaux. Mais, pour les comprendre, il faut commencer par les regarder avec calme, en faisant preuve d'un esprit curieux et ouvert. Il faut du temps pour comprendre une chose. Prenez-le ! Mettre le frein ne dépend que de vous. Et faites preuve de patience.

Il y a une histoire derrière toute chose, et le passage du temps nous délivre certaines clés de cette histoire. Demandez-vous quelle est l'histoire derrière ce verre, cette assiette ternie, cette personne qui ne sourit pas, ce mur où sont accrochés des cadres… Connaître l'histoire, connaître le contexte est à la base de l'empathie et d'une appréciation juste. Nous avons tendance à émettre des jugements de valeur à la légère, sans prendre en compte l'histoire singulière de chaque chose. « *Les manches de ce pull sont tout abîmées.* » Vous ne comprenez pas que je continue de le porter, mais c'est mon pull préféré, il est chaud et confortable, et le fait qu'il parte en lambeaux au niveau des poignets ne m'empêche pas de continuer à apprécier sa chaleur et son confort. Cela ne l'annule pas, cela ne l'invalide pas et n'affecte pas ses valeurs essentielles. Ces poignets abîmés me disent que ce pull m'a accompagné pendant de nombreux hivers, que nous sommes de vieux amis et que nous avons vécu et partagé un tas de choses.

Beaucoup n'y verront pourtant qu'un vieux pull qu'il faudrait jeter, et non toutes les expériences et les aventures que nous avons vécues ensemble. C'est la plus douce des nostalgies. Quand j'enfile ce pull, c'est comme si un vieil ami m'embrassait. Ce pull n'est pas qu'un pull, il est beaucoup plus. Comme nous ne connaissons pas toujours l'histoire qu'il y a derrière un objet ou une personne, nous devons veiller à les regarder avec bienveillance et en nous abstenant de tout jugement.

Les choses sont telles qu'elles sont

Les choses sont telles qu'elles sont, ou ne sont pas. Les choses sont comme nous souhaitons qu'elles soient, ou comme nous pensons qu'elles sont.

Selon vos désirs, vos peurs, vos aspirations et vos besoins, vous ne verrez pas du tout les choses de la même manière. Mais, si vous parvenez à analyser ce que vous ressentez et à lui donner un nom, cela devrait réduire votre marge d'erreur et de distorsion pour voir les choses telles qu'elles sont.

Prêtez attention à ce qui vous entoure. L'objectif est d'aiguiser nos sens pour saisir ce qui se passe, ce que nous voyons, ce que nous ressentons ou ce que nous vivons, avec autant de précision et d'intensité que possible. En étant plus attentifs sur le plan sensoriel, nous pourrons également affiner notre appréciation du contexte.

Nous sommes déconnectés de ce qui est essentiel et prêtons trop d'attention à des aspects sans intérêt.

Avant même de regarder les expressions du visage de notre interlocuteur, nous regardons son téléphone portable. Nous regardons la voiture de notre voisin avant même de voir s'il sourit.

Au lieu de focaliser notre attention sur des choses qui ne sont pas pertinentes et ne font que nous distraire ou provoquer de l'anxiété, nous devrions nous concentrer sur ce qui est important. Mais, j'insiste, ce qui est important doit être vraiment important.

Il est par conséquent essentiel de bien comprendre comment fonctionnent les processus attentionnels, car, lorsque nos sens sont entraînés, nous sommes plus habiles dans nos appréciations, nous nous adaptons mieux aux changements et identifions mieux les distorsions et les déguisements. L'objectif est toujours de comprendre les choses en profondeur et d'éviter la superficialité et la frivolité, qui sont source d'erreurs. Une bonne analyse demande du temps, et vous avez le droit de prendre tout le temps qu'il vous faut face à chaque situation.

Je vous propose d'ajuster régulièrement vos sens et votre perception. Il ne tient qu'à vous de profiter pleinement de vos sens. Vous en avez la capacité, pourquoi ne pas en profiter ?

L'effet halo

L'effet halo est un phénomène perceptif qui consiste à teindre tout ce qui survient en fonction d'une situation vécue ayant présenté la même valeur affective.

C'est ce qui se passe, par exemple, quand on est en colère. Du fait de l'effet halo, tout ce qui nous arrive, que ce soit une bonne ou une mauvaise chose, ne fera que renforcer notre état d'esprit. Quand on éprouve de la joie, tout nous mettra en joie et de bonne humeur grâce à l'effet halo. L'effet halo teint tout ce qui nous arrive de la même couleur, celle de l'émotion prédominante que l'on éprouve sur le moment.

L'effet halo permet d'expliquer pourquoi on ne trouvera jamais la sérénité si on ne l'a pas en soi. Nous aurons beau passer des vacances dans la plus belle station balnéaire du monde, sur la plage la plus tranquille ou en solitaire au sommet d'une montagne, si notre esprit est agité, nous ne serons pas en paix.

Je vous invite à ne pas oublier ces éléments qui conditionnent dans une large mesure votre perception de la réalité et votre aptitude à savourer la vie.

Il est vrai qu'il n'est pas bien vu d'être sensible. Les larmes nous viennent facilement et nous cherchons à les cacher pour éviter qu'on se moque de notre sensibilité. Nous nous obligeons à être forts, craignant d'être perçus comme des êtres fragiles. Nous considérons la sensibilité comme une preuve de fragilité et nous efforçons de la dissimuler.

Pour conclure, le meilleur conseil que je puisse vous donner est de savourer la beauté et de la rechercher dans des formes que vous ignorez habituellement. Enrichissez votre vie en adoptant une attitude wabi sabi.

Savourez la vie

« Remonter la rivière en se laissant masser les pieds par l'eau fraîche et des textures inconnues. »

Nous avons perdu la capacité de nous émouvoir de ce qui nous entoure et passons à côté de milliers de ressources qui pourraient générer en nous des émotions positives. C'est un effet de la dénaturalisation que nous subissons.

Nous sommes contraints de vivre vite et de suivre des canons ; nous subissons de nombreuses influences et sommes saturés de stimuli qui sont des formes de propagande, ce qui a pour effet de nous désensibiliser et de nous déconnecter de notre entourage. Mais ne vous inquiétez pas : il est possible d'inverser les choses.

Le secret consiste à ouvrir une voie rapide entre la sensibilité et la cognition. Nous donnons généralement un cadre à nos sens pour qu'ils ignorent certains stimuli et portent leur attention sur d'autres, et ce grâce à la cognition. Il nous arrive de détourner le regard, de ne pas nous autoriser à toucher quelque chose ou d'ignorer certains sons, mais il nous suffit de dire à notre esprit que nous voulons changer de cadre de référence et d'en adopter un nouveau qui ne sera pas étouffé par des corsets.

Les canons de la beauté

La symétrie, l'ordre, l'équilibre et les proportions font partie des canons classiques de la beauté. Mais il y a aussi de la vie au-delà de ces modèles rigides, preuve en est la beauté qu'on peut trouver dans les tableaux de Picasso, dans une maison de thé japonaise ou dans toute œuvre artisanale qui est à la fois unique et impossible à reproduire.

La beauté est aussi dans ce qui est asymétrique, désordonné ou disproportionné. En fin de compte, nous passons de manière aussi injuste que frivole à côté de certaines formes de beauté pour normaliser et structurer ce que nous voyons. Regardez les choses avec acceptation, bienveillance et ouverture. Vous verrez qu'il y a de la beauté bien au-delà des corsets qui la limitent et l'oppressent.

Ouvrez votre esprit pour améliorer votre expérience sensorielle. Quand vous prenez un café au lait, vous appréciez la saveur intense des grains toastés, mais vous pouvez aussi aimer qu'il soit à bonne température. Cela signifie que vous devrez attendre le bon moment : si vous allez trop vite, vous risquez de vous brûler, et, si vous attendez trop, votre café sera froid. Mais ce n'est pas tout. Vous pouvez aussi apprécier la température du liquide dans votre bouche, ou encore celle de la tasse chaude entre vos mains. Vous pouvez aussi vous délecter de ses effluves, et même de l'image et des formes dessinées par la mousse de lait dans le café. Vous pouvez aussi y ajouter un peu de sucre, de cacao en poudre ou de cannelle.

C'est ce que j'entends par « savourer la vie intensément ». Mais nous sommes souvent incapables de profiter pleinement du moment présent, celui-ci étant contaminé par le passé, par ce que nous avons vécu et les conclusions plus ou moins avisées que nous avons tirées de ces expériences.

Régalez-vous de vos expériences esthétiques, profitez de votre liberté, d'une vie ouverte aux expériences, désinhibée et spontanée. Acceptez ce que vous vivez et laissez la vie se déployer, en l'observant pour apprendre et vous adapter. L'acceptation nous aide à voir les choses de façon réaliste, ce qui nous permet de réfléchir au lieu de réagir. Libérez-vous des préjugés et offrez-vous la possibilité de redécouvrir le monde et de vous redécouvrir. Ne tardez plus, tout passe et tout meurt, mais, si nous profitons de tous les instants, cela continuera à vivre dans notre mémoire.

Adoptez le regard d'un enfant qui contemple quelque chose pour la première fois. Soyez des novices, des enfants, des explorateurs. Faites en sorte de réduire les distractions et aiguisez votre perception pour vous concentrer sur ce qui est important. Le présent n'est pas une démarche vers l'avenir, le présent est tout. Intensifiez et développez votre expérience sensorielle.

Levez les yeux et regardez autour de vous. Je vous propose maintenant un exercice : pourriez-vous faire en sorte que ce qui vous entoure soit encore plus beau ? Que vous soyez dans un parc, à la montagne ou à la plage, sachez apprécier la quiétude que vous offre le paysage. Vous pouvez installer chez vous un diffuseur d'huiles essentielles, mettre un peu de musique pour couvrir le bruit des voitures, vous remettre à la peinture ou déposer quelques fleurs dans un vase pour embellir votre intérieur…

De petits changements sont parfois source de grands plaisirs, comme nous pouvons le voir avec la nourriture. Il ne faut pas grand-chose pour sublimer un plat. Un peu d'aneth dans ce poisson à la plancha, un peu d'ail, des herbes de Provence, une touche de vinaigre… Veillez-vous à sublimer les plats que vous préparez ? Prenez-vous le temps de les savourer ? Vivez-vous pleinement votre vie ?

Entourez-vous d'éléments qui sont source de paix et de plaisir : allumez cette bougie que vous aimez tant, portez cette robe que vous gardez pour des occasions spéciales, appréciez pleinement ce qui est simple et tout ce qui vous aide à vous sentir bien. Ne conservez rien en vue d'un moment particulier, car ce moment pourrait bien ne jamais arriver. Si vous y réfléchissez bien, le bon moment, c'est aujourd'hui même ! Vivez le présent sans trop vous soucier de l'avenir, préoccupez-vous des choses sur lesquelles vous pouvez influer et ne doutez pas que vous trouverez des réponses à ce qui va se passer au moment où ça se passera, en sachant que vous pouvez compter sur vos meilleures alliées, votre capacité d'analyse, votre créativité ou votre expérience.

Utilisez tous vos sens : touchez, sentez, respirez, regardez avec attention, créez des situations stimulantes sur le plan émotionnel, cognitif et perceptif, des situations à même de réveiller quelque chose d'endormi. Réveillez-vous et vivez votre vie !

Les limites de la pleine attention

> *« Toutes sortes de distractions nous empêchent d'atteindre nos objectifs. »*

À l'instant même, ma femme est entrée dans le bureau pour me dire qu'aujourd'hui elle n'arrive pas à se concentrer… Il y a vraiment des hasards dans la vie ! Le fait est que nous n'arrivons pas toujours à nous concentrer comme nous le souhaiterions et que nous sommes parfois impuissants à contrôler les fluctuations de notre esprit.

Si cela vous arrive, vous saurez grâce à votre attitude wabi sabi que ce n'est pas parce que vous n'arrivez pas à vous concentrer à un moment donné que vous ne pourrez pas mettre en pratique votre pleine attention plus tard, ou que vous êtes plus nul que les autres. N'oubliez pas que nous sommes imparfaits !

Nous étions allés à Barcelone la veille et nous avions eu une journée intense et pleine d'émotions : nous sommes allés à plusieurs rendez-vous médicaux, avons retrouvé des amis que nous n'avions pas vus depuis longtemps, dont certains n'étaient pas au mieux de leur forme, on m'a appelé pour me proposer un entretien avec le *Daily Telegraph*, nous sommes tombés sur un magasin génial de produits sans gluten pour ma femme et ma fille, qui sont allergiques, nous avons acheté quelques bricoles pour le jardin, des vêtements pour une fête… Et, une fois de retour à la maison, nous avons retrouvé notre chien loin du jardin, caché dans des arbustes et complètement effrayé. La porte du jardin avait été ouverte, ce qui avait débloqué un passage. Des individus avaient fait sortir le chien, puis avaient tenté de le faire monter dans une voiture de laquelle il avait réussi à s'échapper. Tentative de vol déjouée…

Le lendemain, lorsque ma femme est entrée dans mon bureau pour me dire qu'elle n'arrivait pas à se concentrer, la seule réponse qui m'est venue à l'esprit était : « Ma chérie, tu ne crois pas que c'est normal que tu aies du mal à te concentrer ? Moi aussi, j'ai du mal à me concentrer. Hier, nous avons eu une journée très intense en émotions de toutes sortes et, comme nous sommes tous deux des personnes sensibles, nous avons besoin de temps pour les digérer. »

À travers cette histoire personnelle, je veux vous montrer une des principales raisons qui conditionnent notre capacité de maintenir la pleine attention : les émotions intenses. Rappelez-vous ce que je vous ai expliqué au sujet de l'interconnexion neuronale entre les circuits de l'attention et les circuits des émotions dans le chapitre intitulé « Des connexions à la hauteur » (page 252). Les émotions intenses affectent et conditionnent nos processus d'attention en les saturant et en les endommageant. Mais il y a bien d'autres raisons.

Une des principales raisons qui conditionnent notre capacité de maintenir la pleine attention se trouve dans les jugements que nous portons face à une situation ou un élément. Nous devons veiller à ne pas perdre de vue notre expérience sensorielle et à l'analyser avant qu'entre en scène la cognition, qui nous empêche de vivre intensément cette expérience sensorielle. Si, lorsqu'on trouve une fleur dans un champ et qu'on se met, par exemple, à la classifier selon son espèce, on passe à côté de sa beauté, de son parfum, de ses couleurs vives… Les processus de jugement peuvent dissimuler la perception que nous avons d'un élément ou d'une situation, ce qui nous éloigne de la réalité et nous empêche de voir des détails et des stimuli importants.

Nous avons parfois tendance à vouloir trouver un sens à notre expérience esthétique ou à nous demander ce qu'elle représente, mais cela ne fait bien souvent qu'obscurcir notre perception. Quand on entend chanter les oiseaux en forêt, il nous est parfois difficile d'ignorer notre besoin d'émettre des jugements sur ce chant et de seulement prendre plaisir à écouter la mélodie. Il nous est presque impossible de ne pas chercher à identifier le chant d'un oiseau et à savoir d'où il provient. Sans nous en rendre compte, nous imaginons des oiseaux qui chantent et des souvenirs liés à cette image nous viennent à l'esprit et nous détournent de notre expérience sensorielle.

J'ai demandé à des magiciens ce qu'ils pensaient d'un phénomène souvent observé : pendant que les spectateurs cherchent à comprendre le tour de magie, ils ne sont plus en mesure d'apprécier la beauté du spectacle. Ils m'ont répondu qu'il existe généralement deux types de spectateurs : ceux qui veulent rester émerveillés par le tour de magie, et ceux qui perdent toute la magie en cherchant à découvrir le secret du magicien.

Il nous arrive aussi de créer des associations ou de fixer dans notre mémoire ce que nous percevons, ce qui a pour effet de nous couper de notre expérience. Nous avons beau savoir que la beauté est éphémère, nous oublions de l'apprécier pleinement avec tous nos sens. Et, quand nous cherchons un sens à ce que nous vivons, nous oublions aussi de nous établir ici et maintenant. En fin de compte, lorsque l'attention et le processus perceptif font entrer en jeu la cognition, la mémoire ou l'apprentissage, notre expérience perceptive est conditionnée et limitée.

Il existe d'autres conditions, d'ordre plus technique, dont il faut tenir compte quand nous constatons que nous avons du mal à nous concentrer pleinement sur une tâche déterminée :

- **Quand on effectue plusieurs tâches en même temps, on doit parfois décider quelles ressources destiner à chaque tâche.** En fait, c'est notre cerveau qui décide pour nous et définit une hiérarchie de priorités qui gouvernera le flux d'attention que nous accorderons à chaque tâche. C'est la raison pour laquelle il y a parfois des tâches sur lesquelles on essaie de se concentrer à un moment donné, mais qui passent au second plan pour notre cerveau. Comme il n'assigne aucune importance à ces tâches, nous sommes incapables de nous concentrer sur elles.

- **Nous devons prendre en compte ce qu'on appelle la « période réfractaire ».** Après une forte intensité d'attention, qu'elle soit émotionnelle ou cognitive, nous avons besoin de récupérer et de nous reposer. Un peu comme lorsqu'on va faire de l'exercice. Après un bon entraînement, nous ne sommes plus en état de faire grand-chose, à part nous reposer et assimiler l'entraînement que nous venons d'effectuer. C'est ce qui nous est arrivé à ma femme et à moi-même hier. Nous étions épuisés émotionnellement, et nous avions besoin de prendre le temps de digérer ces émotions avant de pouvoir diriger notre attention sur une tâche.

- **Nous sommes aussi sujets à la « dispersion de l'attention »**, un phénomène découvert dans les années 1980 par le psychologue britannique Donald Broadbent. La dispersion de l'attention est due au fait qu'après avoir prêté attention à un stimulus donné on en accorde moins au stimulus suivant. Notre capacité de consolider les informations qui entrent dans notre mémoire opérationnelle et dans notre conscience est limitée. Cela signifie qu'il nous faut du temps pour traiter les informations et que, pendant que nous assimilerons ces notions, nous aurons beaucoup de mal à nous consacrer pleinement à une autre activité. Par exemple, après avoir assisté à une bagarre de rue, nous aurons du mal à nous concentrer pleinement sur autre chose.

- **Il ne faut pas oublier non plus ce qu'on appelle le « seuil d'activation »**, c'est-à-dire les quelques minutes qu'il nous faut pour activer notre attention. Certains stimuli nous échappent sur le plan perceptif selon l'intensité avec laquelle ils se manifestent. Si l'intensité de ces stimuli est élevée et que notre attention est concentrée sur une autre tâche, nous risquons de ne pas être réceptifs à ces stimuli. Par exemple, si nous sommes en train d'écrire un article ou de mémoriser un texte dans notre chambre, la porte fermée, le téléphone aura beau sonner dans une autre pièce, nous ne l'entendrons pas. Comme le volume auquel nous percevons ce son connu est plus faible qu'à l'accoutumée et que nous sommes totalement concentrés sur une autre tâche, notre seuil d'activation nous empêche d'entendre la sonnerie du téléphone.

- **Le phénomène d'« aveuglement intentionnel »** est la dernière notion à prendre en compte. Il se produit quand nous ne voyons pas ce que nous ne voulons pas voir et quand nous faisons les gros yeux face à une chose ou une situation parce que nous n'avons pas vu comme celle-ci avait évolué pendant que nous n'y prêtions pas attention. L'aveuglement intentionnel est un phénomène que vivent quantité de pères et de mères avec leurs enfants quand ils refusent de voir la réalité. C'est à cause de l'aveuglement intentionnel que nous ne sommes pas attentifs aux signaux qui nous indiquent que nos enfants ne nous disent pas la vérité, car, si nous y étions attentifs, il nous faudrait accepter certaines choses que nous ne sommes peut-être pas prêts à accepter.

Je n'ai pas l'intention de vous livrer un traité de psychologie de l'attention, une discipline passionnante, il faut bien le dire, et de farcir votre esprit de concepts techniques complexes. Mais je n'ai pas renoncé pour autant à vous fournir des ressources pour vous aider à mieux comprendre comment fonctionnent les processus attentionnels et perceptifs. Pour comprendre, en fin de compte, comment se comporte votre esprit en matière d'attention dans différentes situations.

Le plus important est de ne pas culpabiliser si vous ne parvenez pas à vous concentrer. Acceptez avec humilité et une attitude wabi sabi que ce n'est pas le bon jour aujourd'hui et qu'il vaudrait mieux vous consacrer à quelque chose de moins exigeant. Si vous devez absolument vous concentrer parce que vous ne pouvez pas vous permettre de ne pas terminer la tâche qui vous occupe, déconnectez pendant un moment pour gérer ces facteurs déterminants qui vous font perdre votre attention, mais ne cherchez pas à vous concentrer coûte que coûte, parce que vous n'y arriverez pas, et, comme vous vous sentiriez frustré et déçu, vous finiriez par abandonner définitivement votre tâche.

CHAPITRE 5
Honno kimochi desu, l'asymétrie dynamique dans les relations sociales

« Ce que je t'offre n'est rien comparé à ce que tu mérites. »

Nous sommes des animaux sociaux, cela ne fait aucun doute. Nous avons un circuit neuronal spécifique pour détecter les émotions des autres et nous syntoniser avec, d'où l'importance d'avoir une vie sociale satisfaisante et riche pour notre équilibre et notre bien-être émotionnel et physique.

Une interaction positive génère en nous des émotions positives durables, c'est-à-dire qui perdurent bien au-delà de l'interaction grâce aux processus du souvenir et de l'évocation. De même, une interaction négative peut provoquer en nous des émotions négatives qui peuvent se révéler très intenses et durables.

Vous aurez sans doute compris que nos interactions sociales au cours d'une journée peuvent conditionner notre bien-être et notre état d'esprit. Je vous propose une nouvelle notion ayant trait aux relations interpersonnelles, l'« asymétrie dynamique », qui devrait vous aider à mieux gérer vos relations sociales

Je commencerai par vous expliquer trois choses avant d'aborder en détail la notion d'« asymétrie dynamique » :

- **La première est que les personnes auxquelles nous avons affaire sont aussi imparfaites que nous,** d'où l'importance d'ajuster nos attentes en ce qui concerne nos relations : elles seront imparfaites, ce qui ne les empêchera pas d'êtres belles et riches par moments.

- **La deuxième est que nous avons droit à une certaine réciprocité dans nos relations,** sachant que cette réciprocité ne sera pas toujours équilibrée, d'où la nécessité de voir les choses dans la durée. Si vous passez en revue votre vie de couple, votre vie sociale ou votre travail, vous constaterez peut-être que vous avez connu des périodes où vous étiez très satisfait et d'autres moins. C'est parfois vous qui apportez le plus, parfois l'autre, mais, si vous regardez la relation dans la durée, un équilibre aura peut-être été trouvé.

L'exception au principe de réciprocité

Il existe une exception au principe de réciprocité, qui, s'il n'est pas respecté, produit un énorme malaise dont les conséquences sont souvent irréversibles, je veux parler de l'amour entre parents et enfants. La relation entre un enfant et ses parents, au cours des premières années de sa vie, est une relation asymétrique complètement polarisée, avec une quasi-absence de réciprocité. Nous autres, parents, aimons nos enfants inconditionnellement, sans confondre cet amour avec la permissivité, et en retour nous ne recevons guère plus qu'une caresse, un câlin et des sourires furtifs.

La motivation nécessaire pour élever un enfant naît d'un acte d'amour pur, mais il arrive parfois que l'amour ne suffise pas et que nous recherchions des motivations collatérales qui viendraient récompenser tous nos efforts. Persuadés que nos enfants vont compenser notre immense sacrifice et nos grandes qualités d'éducateur, nous attendons d'eux une sorte de compensation pour solder leur dette, une dette qu'ils n'ont pourtant aucunement contractée.

Supposons que, depuis trois mois, votre relation de couple ait commencé à battre de l'aile. Il y a peut-être quelque chose qui vient interférer dans la relation, comme un projet exigeant qui absorbe toute l'attention de votre partenaire, à moins que cette dégradation de la relation ne soit due à votre attitude. Si vous regardez uniquement les derniers mois, vous pourriez estimer que cette relation n'a pas de sens. Mais, si vous analysez en détail tout ce que vous avez vécu, vous verrez que ce n'est qu'une goutte d'eau dans un océan d'amour et que cela vaut la peine de se reprendre, que ce n'est qu'une mauvaise passe et que vous allez pouvoir continuer votre chemin à deux.

Nous avons la mémoire courte

Nous avons la mémoire courte ; nous vivons l'immédiateté et tolérons mal les changements passagers dans les relations sociales.

Notre meilleur ami a peut-être besoin de se consacrer pendant un temps à ses enfants, à son couple, à son travail ou à lui-même, et, si nous vivons cette période sans faire preuve de tolérance et sans contextualiser, nous pourrions penser trop vite que nous avons perdu une amitié.

Les gens ne peuvent pas être en permanence avec nous, chacun a sa vie et doit gérer sa situation, souvent en plus de celle des autres. Si vous ne voulez pas être constamment déçu en amitié, vous devez apprendre à offrir de l'espace aux personnes qui vous entourent et vous montrer ouvert et à leur écoute. Ces allées et venues, ces cycles de contact plus ou moins resserré avec nos amis, permettent généralement de préserver de grandes amitiés ou relations de couple.

- **Pour finir, je voudrais revenir sur la notion de « défauts tolérés ».** Nous ne trouverons jamais l'ami parfait, le partenaire parfait ou l'enfant parfait. Comme nous, ils ont tous des défauts qui peuvent être tolérés et d'autres qui ne peuvent pas l'être.

En intégrant la notion de « défauts tolérés » dans vos attentes, vos relations seront plus saines et plus satisfaisantes. Vous pouvez aussi demander à votre partenaire d'accepter un certain nombre de vos défauts tolérables. Il est important de relativiser les défauts des autres, car nous sommes humains, et par conséquent imparfaits. Je vous invite à examiner ces défauts et à déterminer si vous pouvez les tolérer ou non.

Les relations, en particulier de couple et d'amitié, sont un aller et venir incessant, une négociation permanente, une balançoire à bascule, une séance alternée, autant d'exemples de l'asymétrie dynamique.

Chaque petite crise est une occasion de mieux nous retrouver, de conjuguer nos priorités, d'ajuster nos attentes, de grandir et d'apprendre à avoir des relations plus satisfaisantes.

En somme, il s'agit de réajuster nos attentes et de nous adapter, de savoir ce que nous pouvons attendre de l'autre et ce que nous acceptons de l'autre.

Les trois acteurs sociaux

Bien que nous soyons des animaux sociaux, nos capacités à nouer des relations avec les autres ne sont pas optimales. Nous nous sentons à l'aise avec certaines personnes et pas avec d'autres, nous préférons certaines situations à d'autres, et il y a même des moments où nous pensons être incapables de nouer des relations de manière positive avec qui que ce soit.

C'est humain de douter et d'éprouver un sentiment d'insécurité. Si tel est votre cas, souvenez-vous de votre attitude wabi sabi. J'ai beau être un psychologue spécialiste du comportement humain, je sais que j'ai pu être difficile à vivre à certains moments de ma vie. Nous n'avons pas toujours envie de nouer des relations ou pensons ne pas être de bonne compagnie. Nous savons parfois comment créer des liens, tandis que, d'autres fois, nous sommes incapables malgré tous nos efforts de sortir de l'isolement dans lequel nous nous sommes enfermés.

Voici des outils pour tenter de comprendre les principaux processus d'interaction sociale. La qualité et la fréquence de nos relations sont entre les mains de trois acteurs : notre personnalité, notre motivation et l'éducation que nous avons reçue.

- **Commençons par la personnalité.** Il est clair que certaines personnes sont plus sociables que d'autres, mais ce n'est pas tout. Le caractère extroverti ou introverti de chaque individu est un facteur qu'on retrouve dans la plupart des théories de la personnalité. Ce n'est ni bien ni mal d'être introverti, de même que ce n'est ni bien ni mal d'être plus extraverti. Il s'agit dans les deux cas de dimensions de la personnalité permettant de décrire nos comportements, mais en aucun cas d'éléments pour juger notre aptitude à nouer des relations.

J'ai participé il y a quelque temps à une émission de radio qui portait sur les personnalités introverties lors de laquelle on m'a demandé pourquoi c'est mal d'être introverti. Quelle question stupide ! Ce n'est pas un problème d'être introverti, loin de là, étant donné qu'indépendamment de la personnalité d'un individu, de sa timidité, de son insécurité ou de son caractère introverti, il disposera d'autres ressources, comme nous le verrons plus loin, pour nouer des relations.

Les personnes introverties préfèreront le calme de la solitude à l'agitation de la foule, ce qui ne veut pas dire qu'elles sont dans l'incapacité de se lier pleinement à d'autres personnes. Une personne timide préférera la discrétion, mais, si elle a besoin de s'exprimer ou qu'on le lui propose, cette personne timide peut être absolument charmante. Personnellement, je suis plutôt quelqu'un d'introverti, mais je peux vous assurer qu'avec moi on peut rire sans s'arrêter pendant tout un dîner.

- **Le deuxième acteur est l'éducation, qui nous sert de socle.** Nous pouvons apprendre des compétences sociales à un enfant de façon que, indépendamment de sa personnalité, il soit apte à nouer des contacts s'il en a besoin. Qui plus est, les compétences sociales sont très faciles à apprendre. Apprendre à écouter, à s'exprimer de manière respectueuse et affirmée, et à interpréter le message de notre interlocuteur est quelque chose de relativement simple, certes laborieux, mais simple.

On distingue deux grandes catégories de compétences sociales : la capacité d'écouter et d'être en lien et la capacité de s'exprimer de façon affirmée. Ces deux capacités peuvent être décomposées en plus petites unités didactiques et enseignées de manière transversale à l'école ou à la maison.

Vous êtes le modèle idéal

Votre enfant ne fera pas ce que vous lui direz de faire, mais ce qu'il vous verra faire. Le discours que vous tenez, votre façon de commenter les événements dans le monde, de parler des autres ou de réagir face aux problèmes sociaux conditionneront sa façon d'appréhender les relations sociales. Rappelez-vous que votre enfant apprendra par imitation et que vous êtes son modèle à suivre.

De même que vous exercez une influence sur votre enfant, il sera aussi influencé par les autres enfants, ses professeurs, ses grands-parents, etc. La bonne nouvelle, c'est que vous êtes le modèle de choix, le préféré, et que vous êtes par conséquent le seul capable de nuancer d'autres modèles moins adéquats.

N'oubliez pas que tout ce que vous n'apprenez pas à votre enfant, il l'apprendra par d'autres, qui ne lui apporteront peut-être pas un enseignement utile, compatible ou conforme aux priorités ou aux valeurs de la famille. Faites en sorte d'être son référent, de lui transmettre une éducation et des modèles de comportement positifs et d'être le meilleur modèle pour votre enfant.

- **Voyons maintenant ce qu'il en est du troisième acteur : la motivation.** Souvenons-nous de tout ce que nous avons vu sur ce concept, et distinguons cette fois deux grands types de motivation : la motivation d'appartenance et la motivation d'intimité.

Les facteurs motivationnels sont essentiels s'agissant des relations sociales, quel que soit le sujet dont on parle. Pour ce qui est des motivations sociales, c'est notre motivation qui conditionne ce que nous savons ou pouvons faire. Comme nous l'avons vu précédemment, il ne nous sert à rien d'être une personne extravertie disposant d'un vaste répertoire de compétences sociales si nous ne sommes pas motivés pour nouer des relations. Vous aurez beau être la personne la plus sociable et la plus ouverte du monde, si vous n'avez pas la motivation pour entrer en relation avec autrui, votre personnalité extravertie ne vous sera d'aucune utilité, car vous n'aurez pas l'occasion de la déployer.

Pour ce qui est de la motivation d'appartenance, vous savez certainement ce qui vous motive à rechercher, établir et entretenir des relations sociales, mais cela n'a rien à voir avec l'importance de votre réseau social ou le fait qu'on vous admire ou non. C'est une chose d'avoir les capacités et tout autre chose d'en être reconnaissant.

La motivation étant la colonne vertébrale de ce livre, il m'a semblé nécessaire de vous fournir quelques explications sur ces deux types de motivation. Voyons ce qu'il en est.

La motivation d'appartenance

Avez-vous déjà éprouvé l'envie de vraiment connaître quelqu'un ? Avez-vous déjà traversé la ville à l'aube pour aider un ami dans le besoin ? Avez-vous déjà éprouvé le sentiment de ne plus avoir envie de rencontrer une personne donnée ?

Toutes ces questions ont trait à des comportements qui relèvent de la motivation d'appartenance. L'« appartenance » est le terme que nous utilisons, nous autres psychologues, pour parler de la motivation de trouver, établir et maintenir des relations sociales. Cette notion, très intéressante, nous permet de comprendre notre fonctionnement sur le plan social. Le fait est, comme vous l'aurez compris, que les personnes ayant une forte motivation d'appartenance font plus d'efforts pour rester en contact avec d'autres personnes et manifestent plus de plaisir dans les relations sociales. Ce type de motivation permet d'expliquer les différences individuelles en ce qui concerne le besoin, le désir ou le choix de nouer des relations sociales durables et fréquentes.

Pourquoi cela ne vous dit pas ?

Pourquoi cela ne vous dit pas de passer du temps avec telle ou telle personne ? Parce que cela ne vous motive pas suffisamment. Une notion intéressante lorsqu'on parle de motivation d'appartenance est celle des obstacles que nous sommes prêts à surmonter pour rencontrer cette personne.

C'est parfois la motivation qui n'est pas assez intense pour surmonter ces obstacles, et parfois d'autres motivations qui nous conditionnent et bloquent la motivation d'appartenance. C'est le cas, par exemple, quand une personne vient de se faire licencier et que ses anciens collègues cessent de la fréquenter de peur de perdre leur poste. Cela ne veut pas dire qu'ils ne l'apprécient pas, mais qu'ils ne l'apprécient pas suffisamment ou craignent davantage les conséquences que cela pourrait avoir sur le plan professionnel que celles que cela pourrait avoir sur le plan personnel.

Si la motivation d'appartenance explique en grande partie les variations individuelles en ce qui concerne l'intérêt pour les relations sociales, elle est aussi à l'origine de notre envie de rencontrer de nouvelles personnes, de faire tout ce qui est en notre pouvoir pour quelqu'un ou de ne plus fréquenter certaines personnes. La motivation d'appartenance explique ainsi les variations de nos préférences sociales au cours de notre existence.

La motivation d'appartenance répond à un besoin. Comme nous sommes des animaux sociaux, nous avons besoin d'établir des relations. Nous avons surtout besoin de relations de qualité. Il est vrai que certaines personnes préfèrent être seules que mal accompagnées. J'irai encore plus loin : je considère qu'il vaut mieux être « seul, en apparence » qu'« accompagné, en apparence ». En tout état de cause, nous préférons être seuls plutôt qu'avoir un cercle social de mauvaise qualité.

Comme pour la phobie sociale, la dépression ou l'anxiété, certains troubles ont des symptômes qui leur sont propres. Ils occasionnent un sentiment d'isolement et une difficulté à nouer des relations sociales. Mais il ne faut pas confondre ces symptômes avec une décision volontaire. Cet isolement social n'est pas une décision, ce n'est pas non plus un syndrome, ce n'est que l'expression d'un symptôme d'une maladie qui est appréhendée sans tenir compte du contexte et de manière absolue.

Par ailleurs, certaines personnes ont des difficultés à établir des relations sociales en raison d'un manque de compétences qui finit par provoquer une faible estime de soi, de la timidité et de l'isolement. Cela tient, comme nous venons de le voir, à un manque de ressources pratiques pour vivre en société.

Enfin, il existe un troisième cas de figure, celui de personnes qui ont vécu des traumatismes et qui ont décidé, pour ne plus souffrir, de s'isoler et de vivre dans la solitude. La souffrance étant toujours mauvaise conseillère, je vous encourage, si vous êtes dans ce cas, à vous autoriser à revoir vos conclusions et à nouer de nouvelles relations sociales. Aidez cette blessure à cicatriser, apprenez de ce qui s'est passé et faites votre retour dans la société en étant plus sélectif, en réajustant vos attentes, cela va de soi, mais sans renoncer à chercher et à trouver de belles personnes pour vous accompagner.

Comme vous le voyez, cet isolement est le plus souvent une conséquence plutôt qu'une cause. Alors, si vous connaissez quelqu'un dans votre entourage qui s'est isolé, tendez-lui la main et expliquez-lui ce que vous avez appris dans ce livre. Lisez-lui cet encadré, et vous serez peut-être la personne qui, en détectant un problème assez tôt, lui aura changé la vie.

Les processus motivationnels étant fluctuants et sensibles aux changements de contexte comme aux variables internes, nous pourrons avoir dans notre vie des étapes où nous serons plus sociables et d'autres où nous serons plus isolés. Quoi qu'il en soit, il est important d'analyser ces changements, car ils nous indiquent un dysfonctionnement.

Peut-être devrions-nous nous demander si nous vivons un bouleversement qui a pour symptôme l'isolement social, si nous avons une déception à surmonter ou si notre estime de nous-même qui vient d'en prendre un coup n'est pas la cause de cet isolement. Si tel est le cas, ne vous inquiétez pas, occupez-vous. Si vous n'avez pas envie de vous montrer, retirez-vous un temps pour rechercher le silence et analyser et comprendre ce qui va mal, mais ne renoncez pas à avoir une vie sociale en accord avec vos désirs.

Amis et connaissances

L'homme a besoin d'amis, mais aussi de connaissances. Une connaissance, c'est quelqu'un avec qui vous passez un bon moment. Vous n'aurez peut-être pas à nourrir de grandes attentes envers une connaissance et ce ne sera peut-être jamais une grande amitié, mais vous pouvez passer un très bon moment ensemble, le temps d'un dîner, d'une partie de tennis ou d'une promenade dans le parc.

C'est une relation sociale sans prétention, peut-être un peu frivole, voire superficielle, mais qui vous fait du bien à tous les deux pendant un moment. Si tout le monde y gagne, pourquoi y renoncer ?

La motivation d'appartenance est la base de la coopération, tandis que la motivation de réussite, dont j'ai parlé plus haut, est la base de la compétition. Quand vous rivalisez, vous ne vous souciez pas de savoir si votre opposant ou votre adversaire est mal en point, ce qu'il vit, ressent ou subit, parce que vous devez vous montrer insensible pour ce qui est de l'appartenance. À l'inverse, quand vous coopérez, vous vous souciez de ce que ressent votre égal, de ce qu'il fait et des résultats qu'il a obtenus. Grâce à l'appartenance, nous n'avons pas des adversaires, mais des égaux. Il n'y a pas de hiérarchies de valeur, mais des relations saines, une égalité et une collaboration qui font disparaître les vestiges de la domination et de la soumission.

Rappelez-vous qu'à force d'être dans la compétition on finit par devenir insensible et se retrouver seul et triste… Il est peut-être temps d'adopter une attitude plus wabi sabi, une attitude plus encline à la collaboration et fondée sur le respect.

Quand l'appartenance se transforme en besoin

L'appartenance est une alliée importante, mais elle ne présente pas que des avantages. « Wabi sabi », cher lecteur, l'équilibre est la clé. Que ce soit dans les excès ou dans les manques, il y a aura toujours un problème. S'il est bon d'avoir une motivation d'appartenance juste et mesurée, il faut veiller à ne pas franchir la mince ligne rouge qui transforme un désir en besoin.

L'excès de motivation d'appartenance explique bien des choses, comme le fait que certaines personnes se préoccupent trop de ce que pensent les autres – ce qui les fait beaucoup souffrir et provoque des altérations du mode relationnel –, et renoncent ainsi à être ce qu'elles sont pour être ce qu'elles pensent que les autres attendent d'elles.

Des besoins d'intensité variable

Certaines personnes ont plus besoin que d'autres d'avoir des relations sociales. Une même personne peut aussi avoir dans sa vie des moments d'intensité variable, avec des périodes où elle préfère être plus solitaire et d'autres où elle préfère voir plus de monde.

C'est dans les différences d'intensité que l'on trouve l'origine d'un problème commun : le manque de synchronie dans les intensités des membres d'un couple, d'un groupe ou d'une famille. Du fait de ces différentes intensités, nos attentes ne sont pas en harmonie, ce qui crée bien des contrariétés, des désillusions et des déceptions.

Par exemple, supposons que vous vous sentez vulnérable, quelle qu'en soit la raison, et que vous avez besoin d'être avec votre partenaire de façon intense et continue, que vous avez besoin de lui à chaque instant, alors qu'au même moment votre partenaire est dans une phase où il a envie de s'isoler et d'avoir son propre espace bien délimité.

C'est de ce choc entre des intensités différentes que naît le conflit entre les membres d'un couple ou d'un groupe, ce conflit étant très souvent à l'origine de problèmes dans les relations sociales et affectives.

Certaines personnes sont capables de faire beaucoup d'efforts pour plaire aux autres et gagner leur admiration, mais elles sont aussi capables de dire de gros mensonges, sous-tendus par un excès de motivation d'appartenance. Le besoin de reconnaissance exerce une véritable tyrannie à même de nous réduire en esclavage et d'orienter tout notre comportement afin d'obtenir la reconnaissance des autres, une reconnaissance qui ne sera jamais suffisante et dont nous serons de véritables esclaves.

Une personne ayant un besoin d'appartenance élevé se préoccupe trop des sentiments de ses proches, ce qui ne lui fait pas du bien, et considère que les besoins et les désirs des autres sont plus importants que les siens. Ce schéma de relation est souvent confondu avec de la gentillesse, mais c'est une grave erreur. La gentillesse doit être sélective et ne jamais nous faire du tort, sans quoi on risque de se retrouver entre les mains d'authentiques professionnels de l'égocentrisme et de développer un schéma de renoncement qui sera source de problèmes. Une personne ayant une forte motivation d'appartenance fera passer les désirs des autres avant les siens et sera par conséquent une proie facile pour les personnalités toxiques, narcissiques et abusives.

La dépendance émotionnelle

Il y a dépendance émotionnelle quand deux motivations se confondent : la motivation d'appartenance et la motivation de protection, ce qui signifie que la dépendance émotionnelle naît d'un besoin de protection et de sécurité.

Nous anticipons des affects positifs en voyant la personne qui nous protège et des affects négatifs quand nous cessons de la voir, et ce sentiment de ne plus être protégés est tel que nous mobilisons toute notre énergie pour nous sentir protégés. C'est une erreur totale, car inconsciemment, chaque fois que notre sentiment d'insécurité et d'insignifiance grandit, nous devenons encore plus dépendants.

Une personne ayant un besoin d'appartenance élevé est aussi une proie pour les profiteurs, les prédateurs, les adeptes du chantage et ceux qui offrent leur amitié en le faisant payer chèrement, tant sur le plan économique que sur le plan émotionnel.

Enfin, un besoin d'appartenance élevé a pour effet de nous détourner de notre objectif, voire de le sacrifier pour que « tout se passe bien », ce qui n'est qu'une injonction d'un adepte du chantage pour atteindre ses objectifs. Dans le cadre du travail, si vous fonctionnez en équipe, ne renoncez pas à un objectif parce que quelqu'un vous menace ou pour ne pas faire de vagues.

La motivation d'intimité

Au cours des années 1980, Dan P. McAdams, professeur en psychologie américain, a proposé une nouvelle notion pour nous aider à mieux comprendre comment fonctionnent les relations interpersonnelles : la « motivation d'intimité ».

La motivation d'intimité est un désir récurrent de vivre des relations affectueuses, intimes et positives avec d'autres personnes qui agissent comme source de bien-être et peuvent nous régénérer.

Selon McAdams, nous avons besoin de partager nos émotions et nos désirs les plus intimes avec autrui, au point de rechercher cet espace d'intimité en permanence, ce qui nous pousse parfois à parler de choses très confidentielles à de véritables inconnus.

Nous avons besoin de relations d'intimité, de nous dénuder sur le plan émotionnel, de nous sentir près des autres, d'avoir un contact humain et de partager nos pensées les plus profondes. La qualité d'une telle relation dépend de trois facteurs :

- **La cordialité, au sens d'une relation bienveillante,** sincère et affectueuse, est un aspect clé pour avoir des relations d'intimité.

- **La communication doit être réciproque et ne doit pas servir les intérêts d'une seule personne.** Au lieu de vouloir obtenir quelque chose de l'autre, il faut lui apporter et le laisser apporter dans la même mesure.

- **La personne qui nous écoute doit se montrer réceptive** et prête à connaître nos besoins et nos sentiments les plus intimes.

•

La relation intime est une relation harmonieuse dans laquelle se manifeste le souci du bien-être de l'autre. Il n'y a là ni contrôle, ni manipulation, ni désir de dominer l'autre.

Tout peut être réel ou supposé, ce qui permet de comprendre pourquoi, quand on rencontre un parfait inconnu qui nous semble cordial et réceptif, on se met à lui raconter sa vie comme si on le connaissait depuis toujours. Si vous vous montrez cordial, respectueux et réceptif, cela peut inciter une personne, que vous la connaissiez ou non, à exprimer son besoin d'appartenance. Pensez-y la prochaine fois que vous ferez un voyage, que vous partagerez une table ou que vous rencontrerez un inconnu.

Nous avons besoin de moments d'intimité, de préférence avec d'autres personnes. Au lieu d'entamer un monologue avec notre chien, notre mère ou un inconnu, nous pourrons ainsi profiter d'un dialogue inspirant qui nous permettra de nous ouvrir à de nouvelles perspectives, de nouvelles possibilités et de nouvelles manières d'agir.

Une asymétrie dynamique

Vous êtes à présent bien armé pour aborder la notion d'« asymétrie dynamique ». Examinons plus en détail comment une attitude wabi sabi peut nous aider sur le plan social et relationnel.

Si nous voulons adopter une attitude wabi sabi, nous devrons assimiler un principe important en ce qui concerne les relations, la notion d'« asymétrie dynamique ». C'est une condition indispensable si nous voulons avoir des relations saines. Cette notion est liée au principe de réciprocité dans nos relations selon lequel, en fin de compte, le résultat doit être équilibré entre ce que nous donnons et ce que nous recevons.

La vie est imparfaite, et il en est de même des relations humaines. Tromper quelqu'un, le blesser, l'oublier, l'accuser, lui mentir, l'ignorer ou le culpabiliser sont des erreurs que nous pouvons tous commettre, et ce n'est ni bien ni mal, c'est humain.

Des relations sociales saines nécessitent de tolérer l'asymétrie dynamique et temporelle, en particulier dans deux situations : celles où il y a une grande intimité, comme avec notre partenaire ou nos enfants, et celles dans lesquelles nous ne pouvons pas choisir les autres, que ce soit nos voisins, nos collègues de travail ou notre famille.

C'est vous qui posez la limite. Je sais parfaitement, à travers ma propre expérience et celle de mes clients, qu'il est extrêmement difficile de poser cette limite, car cela ne suffit pas toujours. S'il n'est pas aisé de trouver cet équilibre, cela ne doit néanmoins engendrer ni frustration ni souffrance.

Les personnes avec lesquelles nous sommes en relation sont imparfaites, tout comme nous, et c'est à nous de déterminer les imperfections que nous pouvons tolérer et celles qu'il nous est impossible de tolérer. Pour le savoir, deux critères sont à prendre en compte :

- **Le principe universel de dignité et de respect.** Les violences, les moqueries, l'instrumentalisation de nos émotions ou le mépris ne devraient être tolérés en aucun cas et sous aucun prétexte.

- **Notre échelle de valeurs et de priorités.** Si une de nos priorités ne l'est pas pour l'autre, c'est le conflit assuré. Et, comme ce conflit sera très difficile à résoudre et risque de mettre des années à mal se terminer, mieux vaut peut-être mettre les cartes sur la table le plus tôt possible afin de déterminer si la situation est réversible.

Faites part de vos priorités

Faites part de façon claire de vos priorités, motivations, valeurs et besoins à votre partenaire, à votre famille la plus proche, à votre ami de cœur... car c'est le noyau dur de votre personnalité. Et rappelez-vous qu'il vaut toujours mieux déterminer au plus tôt les points d'accord ou les points de désaccord irréconciliables.

Ne vous trompez pas. Si vous tenez à avoir des enfants et que ce n'est pas le cas de votre partenaire, mieux vaut peut-être mettre le sujet sur la table le plus tôt possible pour l'examiner, en sachant que vous ne parviendrez pas forcément à un accord ou à une solution commune.

Nous vivons au sein de notre couple des milliers de situations où c'est tantôt l'un qui cède, tantôt l'autre. Ce n'est qu'une manifestation de l'asymétrie dynamique et d'une relation imparfaite qui mûrit et se développe de manière dynamique.

Peut-on dire que c'est une façon de céder, ou que c'est un choix personnel après avoir analysé le contexte ? Je vous invite à trouver l'équilibre entre céder et choisir. Quand nous cédons sur quelque chose, la colère n'est pas loin, car nous accumulons de la frustration. Croyez-moi, mieux vaut analyser la situation et prendre une décision en assumant pleinement notre volonté de faire en sorte que tout se passe bien, d'une manière wabi sabi, ce qui nous évitera de nous emplir de frustration et de déborder plus tard sous forme de reproches ou de dispute.

Nous perdons parfois cet équilibre délicat pour retomber dans l'asymétrie, mais, si nous en prenons conscience et travaillons sur la question, cette micro-crise nous aura permis de grandir, d'apprendre et d'avoir une relation plus satisfaisante. Que ce soit dans le couple, la famille ou au travail, les relations sont une succession de crises et de réajustements, en sachant que certaines doivent être tolérées, mais qu'il existe des lignes rouges qui ne doivent pas être franchies.

La limite

Le manque de respect, les atteintes à la dignité, les mauvais traitements, qu'ils soient physiques ou psychiques, sont des lignes rouges qui ne doivent pas être franchies. Il y a toujours une limite à ces comportements, le Rubicon dont parlaient les Romains, une ligne qui ne doit être franchie sous aucun prétexte.

Quand la personne maltraitante ou le prédateur émotionnel se rendent compte qu'ils ont franchi cette ligne, ils relâchent habituellement la pression pour ne pas perdre leur victime. Je peux toutefois vous assurer qu'il ne sert à rien de se voiler la face, de faire dans le social, de croire qu'ils changeront avec le temps ou de justifier leur violence, leurs mauvais traitements ou le fait qu'ils vous aient abandonné. Faites preuve de courage et passez à autre chose. On peut vivre avec l'imperfection, mais pas avec ce qui nous détruit.

Nous sommes le résultat de notre état d'esprit, de notre personnalité et de ce qui nous motive, mais aussi des personnes avec lesquelles nous passons du temps, ne serait-ce que cinq minutes dans le métro.

Nous sommes vulnérables aux relations humaines, mais au lieu d'essayer de changer les personnes qui nous entourent, nous devons les prendre comme elles sont. Dans le cadre des relations que nous avons dans notre vie, nous pouvons accepter l'autre dans son imperfection et avec les défauts que nous décidons de tolérer.

Nous sommes tous différents. Célébrez la différence, applaudissez devant ce qui est unique, et ne perdez pas votre essence en voulant ressembler à tout le monde. Cependant, il arrive parfois que nos différences ne parviennent pas à coexister facilement avec d'autres différences.

Si, pour être heureux avec quelqu'un, vous devez changer ses priorités, ses habitudes, ses valeurs et sa personnalité, peut-être vous êtes-vous trompé de personne. De même, si quelqu'un cherche à vous contrôler, vous manipule en vous faisant sentir coupable, menace de ne plus vous aimer ou cherche à vous dominer, vous pouvez être certain que cette personne ne vous aime pas, elle ne fait que vous tolérer pour vous utiliser et satisfaire ainsi une partie de ses besoins. Ce n'est pas de l'amour, ni de l'intimité ou de l'appartenance, et vous n'avez pas à le supporter.

Tolérer la différence ne signifie pas tout justifier, mais comprendre certaines choses. Quand vous vous justifiez, vous vous racontez des histoires pour ne pas avoir à affronter une dissonance entre vos désirs et la réalité, tandis qu'en comprenant vous effectuez un acte cognitif de contextualisation. Dites-vous « wabi sabi », cher lecteur, et cultivez l'art de contextualiser.

Honno kimochi desu

Cette jolie expression s'emploie quand on offre quelque chose à quelqu'un ou qu'on lui fait un cadeau pour le remercier d'une faveur qu'il nous a faite. On pourrait la rendre par quelque chose comme « ce que je vous offre n'est rien comparé à ce que vous méritez », comme nous l'avons vu dans la conversation entre Hitoshi et son petit-fils Susumo.

Bien que j'utilise cette expression et que je la trouve très romantique, je pense qu'il ne faut pas idéaliser non plus les relations sociales. Nous sommes égaux indépendamment des réussites professionnelles, des possessions matérielles ou des supériorités morales de chacun. Nous sommes égaux dans la mesure où nous avons tous droit à la dignité et au respect, de sorte que vous n'avez pas à vous sentir supérieur ou inférieur aux autres.

Pour être en relation avec quelqu'un, il n'est pas nécessaire que vous soyez d'accord avec cette personne, mais que vous appréhendiez sa façon de voir les choses. Dans les relations humaines, l'essentiel n'est pas de convaincre, mais de comprendre. Cessez de juger et efforcez-vous d'analyser et de comprendre afin de pouvoir apporter la meilleure réponse.

Il en va des personnes qui vous sont proches comme de celles avec qui vous êtes en relation et de celles que vous croisez. Ayez sur elles un regard bienveillant qui suscite votre compassion et votre empathie. Nous évitons de regarder les autres dans les yeux, au cas où ils nous diraient quelque chose qui ne nous plairait pas. Nous détournons le regard de la personne qui mendie dans une ville, de l'enfant qui pleure, de la collègue de travail qui est au bout du rouleau, du collègue sur lequel nous allons passer comme un rouleau compresseur…

Les autres ont tous une histoire, que nous devrions essayer de comprendre. Je ne vous demande pas de renoncer à vos idées ou de faire passer leurs priorités avant les vôtres. Il ne s'agit pas de les disculper, mais de contextualiser votre réaction. Le monde a besoin de plus de compassion et de coopération, et il est essentiel de saisir le regard, le point de vue de la personne qui se tient devant vous. Votre réponse, votre réaction ou absence de réaction, votre réflexion ou votre conclusion gagneront en subtilité et en justesse.

Parfois, malgré nos efforts pour les comprendre et expliquer leur comportement, les personnes à qui nous avons affaire sont des personnes toxiques. D'où l'importance de réajuster vos attentes pour ne pas confondre une relation imparfaite avec de la maltraitance. Dans mes précédents livres, j'ai amplement parlé des attitudes toxiques, des prédateurs émotionnels et des personnes maltraitantes. N'hésitez pas à les consulter si vous voulez en savoir plus sur ces attitudes.

Je ne m'étendrai pas sur cette question, que j'ai traitée en détail dans mon dernier livre, *Kintsukuroi*. Veillez simplement à réajuster vos attentes et à vous protéger des intentions perverses des personnes toxiques qui vous entourent. Il faut appeler les choses par leur nom. Par exemple, si on décide de continuer à vivre avec une mère toxique, on doit être conscient de ce que l'on peut attendre de cette relation et des risques auxquels on s'expose.

Les compensations

J'ai rencontré il y a peu un homme qui m'a expliqué avoir eu besoin de compenser plusieurs choses qui n'allaient pas avec sa compagne. Dans un premier temps, il a compensé son manque d'activité en sortant faire la fête avec ses amis et en la laissant seule à la maison. Puis il a compensé son manque d'implication dans l'éducation des enfants en prenant une fille au pair. Et, pour finir, il a décidé de compenser son manque de passion auprès d'une maîtresse.

Cet exemple de compensation peut vous sembler extrême, mais quand on commence à recourir à la compensation pour trouver une solution à nos divergences avec notre partenaire (ou toute autre personne de notre entourage), c'est comme si on faisait rouler une boule de neige qui ne cesse de grossir et que l'on ne peut plus arrêter. Le secret n'est pas dans la compensation, mais dans l'acceptation, en évoluant ensemble. Si vous avez besoin de compenser quelque chose et que vous décidez de le faire, c'est un signe qu'il y a un problème, mais ce n'est certainement pas en cherchant à le compenser que vous parviendrez à le régler.

Croyez-vous vraiment qu'il soit possible d'arranger les choses avec votre partenaire en l'excluant ? Et, plus important encore, si ce qui vous manque vous pèse tellement que vous avez besoin de le compenser à l'extérieur, pourquoi n'envisagez-vous pas de changer de partenaire ?

Replacez les choses dans leur contexte, car vous pouvez perdre une bonne relation de couple pour un rêve puéril. Nous confondons parfois les défauts tolérés avec des défauts absolus et nous cherchons à les compenser, mais nous perdons ainsi quelque chose d'imparfait, et pourtant pas si mal, pour le remplacer par quelque chose de parfait en apparence, mais qui, en réalité, est bien pire.

Étant donné le rythme effréné de nos sociétés, nos relations sociales sont toujours plus rapides et nous avons un regard superficiel sur les autres. Le pire, c'est que nous le savons et faisons beaucoup d'efforts pour paraître beaux, sans être conscients du vide que nous ressentons peut-être à un niveau plus profond. Embellir notre corps nous préoccupe plus qu'embellir notre âme. De même, nous avons tendance à nous détourner d'une personne en raison de son manque de beauté apparent, mais en apprenant à la connaître nous pouvons voir toute la beauté qu'il y a en elle, même si ce n'est pas sous les formes auxquelles nous sommes habitués. C'est une beauté intacte et non édulcorée, une beauté réelle et durable. Veillez à embellir votre âme autant que vous embellissez votre corps.

Une dernière chose : n'oubliez pas que tout est question de cycles, tout vient et repart. Comme il ne pourrait en être autrement, il en va de même sur le plan relationnel, en amitié et en amour. Soyez patient pour construire une relation solide tout en étant attentif aux premiers signaux qui vous invitent à redéfinir ou actualiser cette relation, voire à y mettre fin. Si certaines étapes peuvent être reconduites, ce n'est pas toujours le cas. Quand la fin d'une étape apparaît, ne cherchez pas à la nier, mais à la comprendre, et n'essayez pas de la faire perdurer à tout prix.

Dans les relations, tout est messages auxquels nous devons prêter attention avec bienveillance, et dont le sens ne sera révélé qu'à un esprit prêt à le discerner. En pratiquant cet exercice d'attention bienveillante et d'acceptation, vous acquerrez les outils et les habiletés nécessaires pour aborder les systèmes les plus complexes, notamment celui avec lequel nous devons coexister pleinement : les autres.

CHAPITRE 6
Komorebi, à la rencontre de la sérénité

> *« Nous nous perdons dans une histoire-fiction, dans ce qui aurait pu être, mais n'a pas été, ce qui accroît notre agitation. »*

Nous avons besoin de plus de temps pour vivre. Nous avons besoin de temps pour nous promener sur une plage, sentir la mer nous caresser le corps, sentir le contact du sable et le soleil sur notre peau.

C'est un peu comme si nous ne vivions que pendant les week-ends. Mais que faisons-nous donc le reste de la semaine ? Passer notre vie à attendre le week-end n'est pas une bonne option. Toute la semaine, nous sommes endormis et stressés, à attendre le week-end, et si épuisés que nous ne sommes pas en état de profiter de ce que nous faisons. Comme si cela ne suffisait pas, quand le week-end arrive, nous voulons profiter « à fond », nous voulons vivre de manière si intense que nous finissons par nous sentir stressés et frustrés, parce que le week-end est passé trop vite ou que nous n'avons pas fait tout ce que nous avions prévu de faire… Finalement, nous sommes assaillis par des émotions négatives que nous avons en grande partie nous-mêmes provoquées.

Mener sa vie en ayant le regard tourné vers l'avenir sans profiter totalement du présent n'est pas une bonne chose. Nous nous angoissons pour quelque chose qui n'aura peut-être pas lieu et nous nous empêchons d'apprécier pleinement tout ce qui s'offre à nous chaque jour.

La sérénité dont vous avez besoin, vous la trouverez en vous, mais vous devrez vous accorder un temps pour vous connecter à vous-même, vous éloigner du bruit et de la distraction et avoir le courage de vous regarder dans les yeux. Écoutez, écoutez la vie, écoutez-vous.

Ralentissez. Ralentissez la cadence. *Slow down.* Comment voulez-vous trouver la sérénité si vous roulez à mille à l'heure ? Pourquoi courrez-vous tout le temps ? Savez-vous où vous allez ? Où voulez-vous arriver ? Pourquoi voulez-vous arriver plus tôt ? À quoi bon vous presser si vous ignorez où vous allez ?

Votre liste d'excuses

Je vous propose de tailler votre crayon à papier, j'ai quelques exercices à vous proposer !

Pour commencer, dressez la liste de vos excuses, les excuses que vous trouvez chaque jour pour ne pas vous regarder dans les yeux et ne pas cogiter. Prenez le temps de réfléchir à la vie que vous menez et à celle que vous pourriez mener. Vous serez surpris !

Quand vous en aurez fini avec cette liste, je vous propose d'établir une nouvelle liste, celle de vos distractions, de vos peurs, des tâches que vous repoussez et de celles que vous vous efforcez d'ignorer. Comme vous vous en serez douté, ces listes ne sont que des prétextes pour vous aider à prendre conscience de la vie que vous menez et de la manière dont vous préférez, inconsciemment, ne pas trop y penser.

Allez à la rencontre de la sérénité et adoptez un rythme moins frénétique. Prenez le temps de faire les choses et restez au calme si les conditions l'exigent. Recherchez activement le calme, la paix et la tranquillité et n'attendez pas de trouver hors de vous ce qui doit venir de vous.

Je vous propose d'entreprendre un voyage à la découverte de plusieurs aspects de la psychologie, un voyage pour vous aider à retrouver cette sérénité émotionnelle et mentale qui vous permettra de trouver la paix. Vous le savez bien, une personne dont le regard n'est pas en paix ne trouvera la paix nulle part.

L'illusion de permanence

> *« La mélancolie de celui qui sait qu'il a entre les mains quelque chose d'unique qu'il n'oubliera jamais. »*

Tout change, ce qui, en soi, n'est ni bien ni mal. C'est la réalité et c'est en acceptant cette réalité que nous pourrons nous en accommoder, en profiter et la vivre. Nous redoutons le changement. Les revirements inattendus sont source d'anxiété et nous craignons les bouleversements qui pourraient se produire, perdant ainsi l'illusion de stabilité dans laquelle nous nous trouvions jusque-là.

La vie est changement et instabilité, d'où la nécessité de ne pas résister à cette idée et de commencer à nous adapter à ce scénario en vivant les choses telles qu'elles se présentent. Le changement, à condition de savoir le gérer, est une chance.

Le coût du non-changement

Nous pensons à tort que résister au changement est sans conséquence. Mais, comme il est inévitable, plus vite nous l'accepterons, plus vite nous pourrons nous y adapter et le gérer. J'admets volontiers que le changement arrive souvent au moment le plus inopportun, mais le fait de le nier, de l'ignorer ou de l'éviter ne fera que compliquer les choses et n'empêchera pas ce qui était inévitable d'advenir.

C'est exactement ainsi que nous agissons, sans nous rendre compte que cela n'a aucun sens, que notre situation a évolué et que c'est en fait une chance à saisir. Demandez-vous quel est le prix à payer pour continuer comme d'habitude.

Tout est mouvant, tout peut changer. Face à cette réalité, nous n'avons pas d'autre choix que de l'accepter ou de nous accrocher à l'illusion de permanence. Nous aurons beau l'ignorer, l'oublier ou faire comme si ce n'était pas le cas, tout change, tout évolue et rien ne perdure. À nous d'en être conscients et de saisir l'occasion qui nous est offerte.

Cette agitation qui s'empare de nous, ce besoin de déconnecter, c'est ainsi que notre corps nous invite à prendre un tournant dans notre vie ou à effectuer de petits changements.

Rappelez-vous : la motivation se sert de l'anxiété pour provoquer en nous un déséquilibre et nous pousse à passer à l'action. Faites en sorte de rétablir le calme dans votre vie et ne vous habituez pas à vivre sous tension en permanence. Ne vous habituez pas à éprouver de l'anxiété, ne renoncez pas à mener une vie apaisée, détendue et sereine.

Nos buts peuvent changer

Parfois, notre but est très clair et nous savons parfaitement ce que nous avons à faire, mais nous oublions que ce but peut changer, tout comme nos capacités ou la situation dans laquelle nous nous trouvons. Dans pareil cas, l'anxiété que l'on éprouve nous indique qu'il est nécessaire de procéder à de petits réajustements pour nous adapter à nos buts qui ont pu changer.

Et, comme si cela ne suffisait pas, nous devons souvent lutter contre la résistance qui apparaît en nous face à ces changements. Nous ne voulons pas voir le changement qui s'annonce et c'est cette tentative de déni de la réalité qui nous fait perdre notre calme. La vie s'écoule, que cela nous plaise ou non. Cher lecteur, dites-vous « wabi sabi », actualisez vos croyances, acceptez, contextualisez et modifiez ce qui a besoin de l'être aussi souvent que nécessaire.

L'absence de paix est souvent liée à la résistance au changement, à la résistance à l'action, au fait de se raccrocher à une réalité que l'on ne veut pas abandonner. Nous sommes des êtres dynamiques conçus pour vivre une vie dynamique, mais nous préférons parfois nous accrocher à une étape, persuadés que ce qui est statique nous apporte une sensation de sécurité, alors que cette sensation est infondée.

Rappelez-vous que la vie est un processus et que vivre c'est évoluer. Cela vaut pour nous comme pour tout ce qui nous entoure, d'où l'importance d'adopter une attitude dynamique, une attitude wabi sabi.

Tolérer l'incertitude

Tout est processus, aussi devons-nous apprendre à tolérer l'incertitude et l'imperfection. Certaines réponses nécessiteront une recherche active de notre part, tandis que d'autres ne seront pas entre nos mains malgré tous nos efforts. Il ne s'agit pas de faire preuve d'abnégation, mais d'avoir la patience nécessaire et de ne pas prendre de décisions à la hâte, en gardant notre capacité d'analyser ce qui s'est passé et la façon dont nous l'avons vécu.

Mieux vaut accepter de ne pas savoir quoi faire et se montrer patient plutôt que penser savoir ce qu'il convient de faire et prendre le mauvais chemin. Parfois, la seule chose à faire est de se dire « wabi sabi » et d'attendre. Nous n'avons pas toujours toutes les cartes en main.

Un changement n'est pas un problème en soi, mais nous tolérons mal les revirements et avons tendance à penser que ce sera toujours un changement en pis. Nous oublions que tout est cycles, tout est processus et que la patience est une qualité.

La patience est une qualité essentielle en ce sens qu'elle nous permet de ne pas tout bouleverser pour un besoin ou un événement imprévu. La patience est une qualité wabi sabi. Tout est cycles, tout est processus, même si l'on voudrait parfois que les choses aillent plus vite. Mais plus vite pour qui ? Personnellement, quand je commence à cuisiner, j'avoue que c'est pour moi un véritable exercice de patience et que j'ai besoin de me préparer un apéritif pour m'y mettre.

J'accepte mon imperfection. J'accepte le fait que préparer un repas soit un processus qui demande du temps, que le riz ait besoin de cuire pendant un certain temps, etc. Je l'accepte, j'accepte mon impatience et, grâce à cette humble acceptation, je sais que si je me prépare un apéritif je vais mieux tenir le coup et j'aurai la patience de préparer un plat élaboré, et non un plat vite fait pour satisfaire ma faim sans attendre.

La vie est changement ; elle est imprévisible. Nous ignorons ce qui peut se passer. Cher lecteur, dites-vous « wabi sabi », acceptez le changement et recentrez-vous ici et maintenant. Restez en alerte, ce qui vous permettra de repérer les premiers signes d'un changement et de réagir rapidement.

Cher lecteur, dites-vous « wabi sabi » et faites en sorte de trouver l'équilibre entre le passé, le présent et l'avenir dans votre vie. Tout change. Nous avons par conséquent le choix entre résister à cette évidence et passer à côté de notre vie, et nous laisser porter par le changement.

Le risque d'anticiper

« Elle a toute une vie devant elle, mais personne ne peut prédire de quoi elle sera faite. »

Une attitude wabi sabi vous encourage à vous centrer ici et maintenant, sans anticiper, en particulier quand cette anticipation est négative. L'anticipation mesurée peut être très motivante. C'est le cas, par exemple, quand vous imaginez ce qu'une personne que vous aimez ressentira au moment d'ouvrir son cadeau. Mais elle peut aussi se révéler démotivante, par exemple lorsque vous pensez déjà à ce qui se passera lundi, quand vous devrez reprendre un travail que vous détestez.

L'effet kendana

Lorsqu'on anticipe, cela crée généralement des attentes qui se réalisent rarement comme on l'avait imaginé. Ces attentes concernent parfois la probabilité subjective de réussite ou d'échec, ce qui provoque habituellement le si redouté effet *kendana*.

L'effet *kendana* consiste plus précisément à établir un pronostic erroné de notre probabilité subjective de rencontrer le succès : soit nous pensons à tort ne pas être capables de faire quelque chose, soit nous pensons à tort avoir la capacité de faire quelque chose qui est en réalité hors de notre portée.

Face à quelque chose d'inconnu comme l'avenir, on peut bien s'en sortir ou pas, mais comme on ne peut pas être certain de ce qui va se passer ni se préparer pour faire face à tous les problèmes ou à toutes les situations susceptibles de se présenter, la seule chose à faire est d'adopter une attitude wabi sabi. Cela signifie nous préparer, nous former, nous informer, apprendre et grandir et, quand il faudra passer à l'action, savoir que nous pourrons mettre en pratique ce que nous avons appris, l'analyser et réajuster nos décisions et nos actes quant à la marche à suivre.

La réussite ou l'échec dans ce que l'on entreprend dépend autant de notre manière d'affronter les problèmes que des circonstances. Mieux vaut toutefois éviter d'anticiper et de croire que les choses vont bien ou mal se dérouler avant d'être passé à l'action. Cette appréciation doit se faire a posteriori et jamais avant. En anticipant les choses, on se charge d'attentes semblables à un château de cartes qui finira par s'effondrer.

Vous savez qu'on ne peut pas prédire l'avenir, n'est-ce pas ? En anticipant, vous vous exposez au risque d'être déçu, car dans le monde de l'imagination tout est beaucoup plus beau, plus intense et plus facile que dans la réalité.

En anticipant ce qui va se passer lundi au travail, que nous détestons, nous demandons à notre esprit de se focaliser sur ce qui est négatif et ignorons toutes les occasions d'embellir notre journée et de profiter de ce que nous avons.

À force d'anticiper, nous perdons notre tranquillité. Imaginer le pire face à un changement nous fait souffrir inutilement, et peut même avoir pour effet que notre sinistre prophétie se réalise. De même, en ne voyant que du positif dans un changement, nous risquons d'attendre quelque chose qui n'aura peut-être jamais lieu.

Résistance au but induite

La « résistance induite » est une notion clé de la psychologie de la motivation qui nous permet de comprendre pourquoi nous avons tendance à abandonner trop tôt. Nous opposons nous-mêmes une résistance au but que nous devons ou souhaitons atteindre. Cette appréciation est totalement subjective et comporte par conséquent une importante marge d'erreur.

Qui plus est, nous avons tendance à mal apprécier notre capacité d'atteindre nos buts. Nous pensons qu'il sera facile de perdre du poids et difficile de faire de l'exercice, en nous fondant sur un avis que nous avons entendu, recueilli ou lu quelque part. Nous nous faisons une idée des efforts qu'il nous faudra fournir pour atteindre ce but et en faisons un dogme.

S'il est clair que tous les buts n'exigent pas les mêmes efforts, il n'en demeure pas moins qu'en pensant qu'une chose nous demandera beaucoup d'efforts nous aurons tendance à abandonner, à sombrer dans la confusion ou à nous former une opinion à la hâte. Mais ce n'est pas tout. Sans que nous en soyons conscients, nous sommes parfois à l'origine de la résistance pour atteindre nos buts.

Le meilleur conseil wabi sabi que je puisse vous donner est de ne pas anticiper si souvent, de vous limiter à observer et analyser la manière dont la vie évolue et de vous accorder à son rythme, en repérant les possibilités et en gérant les problèmes et les limites.

Du danger de l'histoire-fiction

« Nous profitons du moment présent sans rester figés dans le passé et sans anticiper l'avenir. »

Nous demeurons parfois figés dans le passé, dans une histoire qui n'est aujourd'hui que pure fiction et qui nous empêche de profiter du moment présent dans le calme et la plénitude. Ce qui aurait pu se passer, mais ne s'est pas passé peut nous martyriser toute notre existence. Sachez que vous avez le pouvoir d'éviter cette torture. Vous avez fait ce que vous avez pu avec les ressources et les informations dont vous disposiez à l'époque. On ne peut pas changer le passé. La seule chose que vous pouvez faire, c'est d'améliorer votre présent.

Ce qui s'est passé est passé. Ce n'est peut-être pas ce qui aurait dû se passer, ce que nous méritions qu'il se passe ou ce qui aurait été juste qu'il se passe… mais cela s'est passé ainsi. Nous avons réagi comme nous avons pu, avec nos connaissances d'alors, et ne pouvions pas faire autrement.

Le temps aide à gagner en perspective et peut-être qu'aujourd'hui vous réagiriez différemment. Ce n'est pas grave et vous n'avez pas à vous le reprocher ni à vous sentir accablé. Regarder en arrière pour voir comment on aurait pu réagir autrement est utile uniquement pour nous inspirer. En revanche, si vous êtes resté prisonnier du passé, si vous êtes plein de ressentiments ou si vous détestez la façon dont vous avez réagi ou maudissez ce qui s'est passé, dites-vous « wabi sabi » et revenez dans l'instant présent.

Quand vous avez le sentiment de perdre pied, sachez qu'il est humain de s'effondrer, d'éprouver un sentiment de peur, d'insécurité, de doute… Nous avons parfois le sentiment de ne pas avancer, d'être bloqués.

C'est selon moi un bon moment pour s'arrêter et regarder en arrière. Réfléchissez au changement d'attitude que vous avez opéré depuis que vous avez commencé à mettre en pratique toutes les clés que je vous ai fournies. Je suis certain que vous pouvez déjà constater vos progrès. Que vous ayez beaucoup ou peu avancé, vous avez avancé. Personne ne sait ce que cela vous a coûté et n'a idée de l'énergie et des efforts que vous y avez consacrés, alors ne laissez pas les autres juger de votre chemin.

Le passé nous sert à apprendre et on ne devrait y penser que pour retrouver des souvenirs qui font naître un sourire sur nos lèvres. Vous savez pertinemment qu'il est vain de vivre dans l'histoire-fiction. Limitez-vous à tirer des enseignements de ce qui s'est passé, à embellir vos cicatrices et à faire en sorte que votre présent en vaille la peine.

Regarder le passé, c'est comme courir en regardant derrière soi : il y a de fortes chances pour que vous tombiez ou que vous heurtiez quelqu'un. Mon chien court souvent en regardant derrière pour s'assurer qu'on le suit et finit généralement par trébucher sur ce qui se trouve devant lui, que ce soit un arbre, une personne ou un caillou.

Rappelez-vous que vous ne pourrez jamais courir vite et sans trébucher si vous ne regardez pas devant vous.

Le rôle de l'espoir

« Tout est chemin, tout vient et repart. »

L'espoir peut être une source de motivation puissante. Contrairement à ce qu'on pourrait croire, l'espoir d'atteindre ou d'obtenir quelque chose n'incite pas à passer à l'action et constitue plutôt un frein. L'espoir est une pensée optimiste peu rationnelle qui nous incite à croire que ce que nous souhaitons ou espérons va se passer.

L'effet pervers de l'espoir est de nous laisser penser que nous ne sommes pas maîtres de ce qui doit arriver et que cela dépend de conditions externes. L'espoir nous invite ainsi à attendre, à demeurer passifs et statiques, et cette attente est source de stress. Si vous voulez une chose, vous pouvez attendre qu'elle se produise ou faire en sorte qu'elle se produise ! Et, pendant ce temps d'attente, toute cette énergie mentale et cognitive bloquée se transforme généralement en anxiété. Ne pensez-vous pas qu'il serait préférable de mettre l'espoir de côté et de passer à l'action ?

Cet espoir génère en vous de l'anxiété, qui vous dit que vous allez mal, d'où la nécessité de transformer cette anxiété en action dirigée, en action qui influe sur ce dont vous avez besoin. Quand l'anxiété n'est pas traitée, on ne peut plus l'arrêter, un peu comme une rivière, et elle se transforme alors en actes et habitudes toxiques, crises de boulimie, violence, tics, insomnie… Arrêtez-la tant qu'il est encore temps !

Plutôt que d'espérer, je vous invite à vous appuyer sur la notion d'« impulsion », une impulsion mesurée et consciente. Comme je l'ai expliqué dans *Fortaleza emocional*, mon premier livre publié en espagnol, l'impulsion est une force qui associe la motivation et la cognition. L'impulsion naît d'une décision volontaire prise à l'issue d'un processus cognitif.

À partir de cette volonté cognitive, la raison génère une émotion qui sera à même de mobiliser tous nos efforts. L'impulsion au sens où je l'emploie n'a rien à voir avec l'impulsivité ; c'est une force motivationnelle générée par la raison à partir d'un processus d'analyse.

Je vous invite ainsi à ne plus vous fonder sur l'espoir, mais sur l'impulsion, et à prendre les rênes de votre vie et de vos décisions.

Nous n'avons pas d'autre choix

> *« Ta vie est le résultat des décisions que tu prends et cesses de prendre. »*

Si nous voulons mener une vie paisible et sereine, nous n'avons pas d'autre choix que d'accepter le fait que ce ne sera pas possible. La vie est changement et nous avons besoin de sérénité, mais nous avons aussi besoin de défis pour nous réaliser. Acceptez avec une attitude wabi sabi qu'on ne peut pas contrôler la vie et qu'il y aura des moments où nous nous sentirons stressés, où nous aurons peur, où nous serons très angoissés ou en proie à une telle détresse que nous sombrerons dans une profonde tristesse.

Mais cela ne signifie pas que cette sérénité ne doit pas être recherchée activement. Un des principes motivationnels dont nous disposons est l'homéostasie. Le principe d'homéostasie nous dit que notre corps et notre esprit tolèrent certains niveaux de tension motivationnelle, mais qu'au-delà d'un certain seuil ils ont besoin de faire quelque chose pour retrouver leur homéostasie.

Nous analyserons cette notion à l'aide de deux exemples, un très simple et l'autre plus complexe. La soif est une réponse à la perte de l'homéostasie hydrique de notre corps, c'est-à-dire la déshydratation. Quand on a soif, c'est parce que notre corps a besoin d'ingérer plus d'eau. Notre motivation est activée par cette alerte de manque d'eau et dès que l'homéostasie et l'équilibre hydrique sont retrouvés la soif disparaît.

Il en va de même pour ce qui est de la dimension calme-anxiété. Quand nous sommes trop excités, notre corps nous envoie un message pour nous dire de rechercher le calme. Mais nous avons tendance à ne pas en tenir compte et, au lieu de nous reposer, nous prenons un café, au lieu de faire une petite sieste, nous allons courir et au lieu de rentrer chez nous pour nous reposer dans le canapé, nous sortons prendre un verre avec des amis.

Notre esprit a besoin de calme autant que d'activité. En période de stress, nous avons besoin de remettre à niveau nos réserves de calme et d'agir pour compenser ces niveaux de tension. Tout en ayant un état général activé, nous pouvons faire en sorte d'abaisser ce niveau de tension. En effet, avec des niveaux de tension élevés, on ne pense pas mieux et on ne fonctionne pas mieux.

Se reconnecter avec la nature

> *« Un petit jardin tout simple incliné sur le flanc de la montagne. »*

« *Komorebi* » est un mot japonais que l'on pourrait plus ou moins traduire par « la lumière ténue qui filtre à travers le feuillage des arbres dans la forêt ». J'adore cette notion de lumière tamisée dans une forêt. Il y a deux forêts où je vais régulièrement me promener et qui m'hypnotisent. L'une d'elles se trouve entre Bor et Bellver de Cerdanya, sur la face nord de la *sierra* de Cadi et j'aime aller y faire des balades au printemps et en été.

L'autre se situe entre Alp et La Molina, sur le versant de la Tosa d'Alp. C'est une forêt magnifique où j'aime passer des heures au printemps et à l'automne. Elles ont chacune leurs particularités et offrent des lumières, des bruits et des odeurs variés. C'est dans ces deux forêts que je trouve la paix et la sérénité nécessaires pour m'apaiser et écrire. J'écris en ce moment même dans une de ces forêts, la première, dans une clairière protégée du vent surplombant un sentier légèrement en pente donnant sur la Tosa d'Alp, tout en profitant de la chaleur des rayons du soleil de printemps.

Shinrin-yo

On peut se baigner dans la mer ou dans des eaux thermales, et même prendre des bains de soleil. Au Japon, ce sont les bains de forêt qui sont très prisés.

Je vous invite à faire une promenade en forêt, tout seul, juste pour observer ce que vous ressentez, pour en profiter avec tous vos sens (la vue, l'ouïe, l'odorat, le goût, le toucher), pour sentir la chaleur du soleil, la brise, la terre humide et la fraîcheur des pierres.

Vous pouvez aussi apprécier cette balade en observant la lumière du soleil filtrer à travers le feuillage des arbres ou en écoutant les sons de la forêt, le chant des oiseaux, le silence, le murmure des arbres balancés par le vent. Soyez attentif aux odeurs de la forêt, à l'odeur des pins et de la terre, à l'humidité et aux fleurs. Enfin, savourez pleinement ce que la forêt vous offre à boire et à manger, que ce soit une source d'eau fraîche, des fraises des bois ou des baies comestibles.

Vivez intensément cette promenade en forêt et vous verrez que l'inspiration viendra vous trouver.

Une vie sereine est bonne pour le cœur et pour l'esprit, et c'est pourquoi nous avons tout intérêt à rechercher le calme, la tranquillité et la sérénité. N'oubliez pas qu'un esprit apaisé pense mieux et de manière plus approfondie. Adopter une attitude wabi sabi, c'est mener notre existence de manière sereine et détendue. Nous avons besoin de cultiver la patience contemplative, la capacité d'observer et d'accepter ce qui nous entoure avec bienveillance afin d'atteindre un niveau de compréhension plus profond. Ce qu'on considère comme « perdre son temps » est parfois la meilleure façon d'investir le temps dont vous disposez : cela vous permet de vous relier à vous-même et à vos besoins et de mieux comprendre le sens de votre existence.

En nous éloignant de la nature, nous avons perdu le contact avec quelque chose qui est essentiel pour notre équilibre. Nous reléguons au week-end ce dont nous avons besoin chaque jour. C'est pourtant dans la nature que vous trouverez votre meilleure alliée, car elle encouragera votre esprit à apaiser votre cœur agité.

Asseyez-vous face à la mer, au milieu d'une forêt, en haut d'une colline, au bord d'une rivière ou dans un parc. Restez assis sans rien faire et contemplez. Laissez votre esprit se détendre, votre corps se calmer et votre âme se nourrir.

Recherchez le silence. Retrouvez votre calme. J'ai écrit une grande partie de ce livre au milieu de prairies, au bord d'une rivière, sur des sommets ensoleillés ou dans des forêts pleines de fraîcheur. Vous trouverez dans la nature tout ce dont vous avez besoin pour réfléchir à ce que je vais vous proposer.

J'ai toujours fait en sorte de rester proche de la nature. À l'époque où je vivais en ville, j'allais souvent m'échapper dans les montagnes les plus proches pour courir, marcher, faire de l'escalade ou simplement réfléchir. J'ai aussi organisé pour mes clients des séances et des formations à la montagne. Pendant mes études de psychologie, je travaillais déjà dans la nature comme guide de rafting, de ski et d'escalade. Je vivais alors à proximité de montagnes, mais quand je vivais à Barcelone, une très belle ville, je n'étais qu'à quelques minutes de Collserola, la montagne la plus proche de la ville.

C'est en 2013 qu'avec ma compagne nous avons décidé d'opérer un changement radical dans notre vie et de nous installer dans les Pyrénées. C'est ici que je vis maintenant, à mille mètres d'altitude, entouré de montagnes et près d'une rivière où j'aime me promener et écrire. Ces pages ont été écrites alors que j'étais littéralement en contact avec la nature.

J'aime aller me promener, courir ou skier avec mon iPad et mes chiens, et je passe de longs moments assis, perdu dans la montagne, dans une prairie ou dans une forêt à écrire des pages et des pages. Je m'assieds parfois à même le sol, mais il m'arrive aussi d'emporter un hamac fabriqué en toile de parachute, à la fois léger et ne prenant pas beaucoup de place, que je déplie à l'ombre de grands conifères.

J'aime marcher pieds nus dans l'herbe, me baigner nu dans des lacs de haute montagne, me détendre dans des cuvettes naturelles d'eaux thermales découvertes au détour d'une promenade. J'aime aussi marcher dans le lit de rivières aux eaux glacées, sentir que les pierres me massent les pieds, fermer les yeux et savourer le soleil du printemps – celui qui réchauffe, mais ne brûle pas –, me promener sous la pluie, regarder l'orage, observer les chamois et les marmottes, m'émouvoir des premiers chants des oiseaux au printemps, perdre le souffle en grimpant une pente raide, tout comme j'aime écouter la nuit le hululement d'un hibou ou le hurlement d'un loup, et me régaler de morilles, de baies, de framboises et de fraises au printemps, de champignons ramassés sur les bords des routes en été, d'amandes, de giroles, de cèpes et d'autres champignons à l'automne, ou dormir à l'ombre d'une forêt et humer les senteurs extraordinaires qui émanent des essences des arbres, des champignons et des plantes qui y vivent.

La nature m'a sauvé la vie. Cela ne fait aucun doute, en ce sens qu'elle m'a permis de trouver la paix et la sérénité nécessaires pour réfléchir, me détendre, clarifier mes pensées et mon ressenti afin de prendre les bonnes décisions. Elle ne m'a pas seulement apporté cette paix intérieure, elle m'a aussi inspiré. Pour de grands artistes et architectes comme Picasso ou Gaudi, la nature a bien souvent été à l'origine du souffle créateur.

La plupart du temps, pour ne pas dire toujours, une promenade en forêt est tout ce dont nous avons besoin pour trouver une réponse aux maux et préoccupations qui nous assaillent. Nous aurons parfois besoin de perdre le souffle à marcher en montagne pour faire taire le cheval sauvage et impitoyable que sont l'anxiété et l'inquiétude, et d'autres fois de nous asseoir face à la mer et d'écouter le flux et le reflux des vagues pour nous réconforter.

La nature peut nous apporter un réel bien-être et une infinité de moments joyeux, mais nous lui tournons le dos. Nous avons besoin de nous reconnecter avec la nature et de réapprendre à vivre avec elle. Nous l'ignorons, la maltraitons et abusons de sa bonté et de sa bienveillance, alors que nous lui devons tout. Nous sous-estimons tout ce qu'elle nous apporte, ignorons les messages qu'elle nous transmet, tentons de la dominer et finissons par ignorer une des meilleures sources de contentement qui soient à notre portée.

Vous aurez compris, après ces quelques réflexions, pourquoi je propose des séances, des ateliers et des formations en pleine nature, en pratiquant la marche, le vélo ou le ski.

Les affaires non réglées

« Ce qui, aujourd'hui, nous semble être des épreuves cessera de l'être demain. »

Je vous invite à passer en revue toutes les affaires que vous n'avez pas réglées et à les régler, ou à admettre que, tant qu'une chose qui ne dépend pas de vous n'aura pas eu lieu, vous ne pourrez pas la régler. Sachez que les affaires non réglées ne se règlent pas d'un coup de baguette magique. Ce que nous ne ferons pas, personne ne le fera à notre place. Il est par conséquent capital, si vous voulez mener la vie sereine à laquelle vous aspirez tant, de commencer par les régler.

Les affaires en suspens

Il y a parfois des affaires qu'on ne peut pas régler. Si vous êtes dans cette situation :

- Commencez par vous demander si vous ne pouvez vraiment pas régler cette affaire ou s'il vous serait possible de la prendre en main. On se laisse parfois suggérer des solutions simples wet confortables, oubliant que d'autres solutions sont possibles, même si celles-ci sont plus inconfortables, laborieuses et moins évidentes.

- Ensuite, demandez-vous s'il n'y a vraiment rien que vous puissiez faire et pour quelle raison, puis laissez la question de côté en attendant qu'il y ait un changement dans certains paramètres qui échappent à votre contrôle. La question n'aura pas été réglée, mais ce ne sera pas un renoncement non plus, juste une façon de la mettre de côté en attendant des conditions plus favorables.

Quand une affaire ne peut être réglée à un moment donné, nous devons gérer ce temps d'attente avec patience et poursuivre notre but, tout en sachant que nous ne pouvons rien faire pour l'instant.

Pendant ce temps, nous restons attentifs aux petits changements dans notre entourage qui nous indiquent que nous pouvons passer à l'action et faisons en sorte de nous distraire de manière constructive et enrichissante, mais toujours en gardant notre but à l'esprit.

Quand nous pensons ne pas pouvoir régler certaines affaires en suspens, nous pouvons tomber dans ce qu'on appelle un « pessimisme circonscrit », c'est-à-dire avoir le sentiment d'être sans défense et dans l'attente de résultats négatifs dans un domaine déterminé. La réalité qui est la nôtre à un moment donné, surtout quand on attend quelque chose, nous fait croire que nous ne parviendrons pas à atteindre les buts que nous nous sommes fixés dans un avenir proche. L'état de passivité dans lequel on s'enfonce quand on attend quelque chose nous fait tomber dans ce pessimisme circonscrit et penser qu'à force d'attendre nous ne pourrons pas mener à bien nos projets. Je vous conseille, pendant cette attente, de vous enrichir, d'apprendre, de lire, de bouger, de terminer d'autres projets inachevés ou d'en avoir de nouveaux, sans jamais perdre de vue le but du projet resté en suspens. Faites en sorte que cette attente ne soit pas passive, mais un moment pour gagner en force et en sagesse, prendre votre élan et atteindre votre but.

Une question de cohérence

La paix de l'esprit est étroitement liée à la cohérence et à nos valeurs. Lorsque nous nous trouvons dans l'obligation de faire quelque chose qui ne cadre pas avec nos priorités ou notre système de valeurs, nous ne sommes plus en paix… C'est l'un des moyens que notre corps a trouvés pour nous inviter à réexaminer ce que nous sommes en train de faire.

Si nous ne parvenons pas toujours à régler des affaires en suspens, cela tient parfois à des conflits de but, qui sont eux-mêmes une importante source de mal-être. Il y a conflit de but, par exemple, quand on doit finir sa thèse de doctorat, mais qu'on a perdu la motivation ; quand on doit clore un projet, mais qu'on n'a pas envie de rouvrir de vieux dossiers. Dans un conflit de but, les deux buts sont incompatibles et génèrent des forces d'activation et d'évitement. Trouver un équilibre n'a effectivement rien de facile.

Enfin, ce qui nous empêche parfois de régler des affaires en suspens tient à la question de savoir si les buts que l'on se propose d'atteindre sont nos buts ou bien ceux d'autrui. Si nous nous sommes imposé nos buts nous-mêmes, nous aurons moins de mal à régler une affaire en suspens, mais s'ils nous ont été imposés, nous aurons beaucoup plus de mal à trouver ce supplément d'énergie pour régler et archiver ce dossier. Quoi qu'il en soit, il est toujours préférable de choisir plutôt que de se voir imposer quelque chose. La force de but sera très différente dans les deux cas, de même que la satisfaction perçue. Dans certains cas, nous pouvons aussi transformer un but imposé en choix en faisant un effort de créativité et de responsabilité. Il n'en demeure pas moins que les buts qui nous sont imposés sont plus difficiles à atteindre que ceux que nous avons nous-mêmes choisis. Comme je l'ai rappelé à de nombreuses reprises, se conformer au contexte des autres et chercher à accomplir des buts ou des rêves qui ne sont pas les nôtres est une erreur qui ne peut que générer une perte de motivation et de la frustration. Définissez vos propres buts et faites en sorte de les réaliser.

Ne vous manquerait-il pas un défi à relever ?

« Nous avons besoin d'avoir des objectifs, et même des objectifs ambitieux. »

Une attitude wabi sabi est une attitude qui trouve un équilibre entre les défis et le calme. La motivation est mobilisatrice. Quand nous avons besoin de quelque chose, notre corps est tendu et notre esprit rempli d'une anxiété qui disparaîtra une fois notre besoin satisfait. Sans anxiété, nous mourrions de faim, de soif, de froid…

Il existe un point d'équilibre optimal entre l'anxiété et la passivité. Le défi que représente une souffrance ou un manque de stimuli nous fait perdre la paix dont nous avons tant besoin. Grâce au sport, de nombreuses personnes ont trouvé une manière de canaliser cette anxiété sous forme de défis, parfois même surhumains, comme courir, pédaler, marcher ou nager pendant des heures, voire des jours.

Peut-être faudrait-il se demander si ces défis ne sont pas un moyen de nous distraire des affaires dont nous devrions nous occuper. En tout état de cause, il ne faut pas confondre l'activation (*arousal* en anglais) causée par un défi stimulant et l'anxiété ou l'angoisse.

Ce qu'on appelle le « seuil d'activation » est l'un des éléments responsables de la mise en place ou du maintien d'un comportement, ainsi que de son intensité. Le terme technique utilisé est « *arousal* », un état qui peut aller de la léthargie à l'hyperactivité.

Activateurs internes et externes

Quand on fait le lien entre la théorie de l'arousal et celle de la personnalité, on observe qu'une personne introvertie a un seuil d'activation interne élevé et n'est pas en quête d'activateurs externes, alors qu'une personne extravertie a un seuil d'activation bas et recherche des activateurs externes pour maintenir le seuil d'activation souhaité.

L'activation est l'énergie que nous consacrons ou sommes prêts à investir en vue d'atteindre notre objectif ou de satisfaire notre besoin, et c'est elle qui est responsable de la mobilisation des ressources nécessaires pour atteindre notre objectif.

Il convient toutefois de garder à l'esprit que l'activation suit une forme de « U » inversé : un seuil d'activation bas face à quelque chose de peu stimulant et, face à quelque chose de stimulant, un point d'activation optimal, ce qui explique qu'un projet trop ambitieux entraîne une hyperstimulation et nous mette sur les nerfs. Trop d'activation est source d'angoisse et trop peu d'activation provoque l'ennui. Comme vous le savez, le manque de défis est source d'ennui ; l'excès de défis, cause de stress ; et l'équilibre entre passivité et activité, le seuil adéquat, celui qui motive.

Le flow

Peut-être avez-vous déjà éprouvé cette merveilleuse sensation d'être dans le *flow*, quand vous perdez la notion du temps, de l'espace, de la souffrance et restez concentré sur la tâche qui vous occupe. C'est un moment de concentration maximale. Pour ressentir cette fluidité, la tâche qui vous occupe doit être proportionnelle à vos capacités : si vous êtes très en deçà de vos capacités, vous vous ennuierez, et si celle-ci dépasse vos capacités elle générera du stress.

Nous oscillons parfois entre des sources de stimulation de faible intensité pour nous syntoniser avec elles et nous détendre (par exemple, regarder la télévision) et des sources de stimulation d'intensité élevée pour nous mettre à l'épreuve et nous dépasser (par exemple, nous entraîner pour un marathon qui aura lieu dans un mois). Il est important de bien définir nos choix, en sachant que l'équilibre se situe entre une faible intensité et une intensité élevée, de façon à ne pas tomber dans la lenteur et l'ennui en étant hypostimulés, ou l'énervement et l'angoisse en étant hyperstimulés.

Quand les défis nous distraient

Nous cherchons parfois à nous distraire en enchaînant les défis comme si c'étaient des preuves expiatoires à même d'apaiser notre âme. Or, l'anxiété que nous éprouvons ne disparaîtra pas, quels que soient les défis que nous nous attacherons à relever, tant que nous ne prendrons pas en main ce qui doit l'être, que nous n'aurons pas pris la décision qui s'impose ou que nous ne mettrons pas au premier plan ce qui compte réellement pour nous.

N'oubliez pas non plus que le seuil d'activation optimal varie en fonction de plusieurs paramètres. Ce qui un jour peut vous activer pourra n'avoir aucun effet le lendemain. Ce seuil d'activation optimal dépendra de la situation dans laquelle vous vous trouvez, de votre état d'esprit et de votre expérience.

Voici un exemple personnel. Pendant très longtemps, j'ai associé mon estime de moi-même aux réussites sportives et à la reconnaissance des autres. Quand j'étais petit, je ne supportais pas de perdre aux petits chevaux. J'ai pratiqué de nombreux sports et, chaque fois que j'arrivais au but ou à la fin d'une partie, j'étais épuisé et sur le point de m'évanouir.

Ma philosophie consistait en quelque sorte à gagner ou à mourir pour gagner. Mais, un jour, alors que j'étais déjà à l'université, j'ai compris que je ne me limitais pas à mes performances sportives et ne dépendais pas de l'admiration qu'elles suscitaient, et j'ai pu ainsi dissocier mon identité de la compétition. Avant, « pourquoi pas ? » suffisait à m'activer, mais ce n'est plus le cas aujourd'hui, et cela fait des années qu'au lieu d'un « pourquoi pas ? » je réponds « eh bien ! non ».

En définitive, je vous invite à trouver une alternance sereine entre le défi et le calme, en sachant qu'en excès les deux peuvent nous faire perdre la sérénité que nous souhaitons tant connaître. De même qu'après un entraînement on a besoin de se reposer, on a aussi besoin de se reposer après avoir relevé un défi.

CHAPITRE 7
Kogarashi, le non-attachement

> *« Il en est de même pour nous. Nous regardons ce qui relève de l'accessoire et nous plaignons de choses sur lesquelles nous n'avons aucun pouvoir. »*

Il m'arrive parfois d'éprouver un *kogarashi* émotionnel. C'est peut-être aussi votre cas, même si vous ne savez pas encore ce que cela signifie.

« *Kogarashi* », ce joli mot japonais, désigne le vent froid du nord qui fait plier les arbres et annonce l'arrivée de l'hiver.

Personnellement, j'adore l'hiver et m'amuser comme un enfant dans la neige. Et je tolère mal la chaleur, de sorte que je suis une sorte de marmotte, mais à l'envers : en été, je me limite à dormir et à survivre et, en hiver, je suis plus actif que jamais.

L'hiver a pourtant une connotation négative, parce qu'il fait froid, que les journées sont courtes et que le soleil peine à nous réchauffer. Ici, dans les Pyrénées, l'arrivée de l'hiver génère chez les habitants une légère mauvaise humeur pendant quelques jours.

C'est le moment où les températures baissent et commence à souffler le si redouté vent du nord. Le *kogarashi* détermine l'état d'esprit des gens, qui est teinté de négativité. « Ça y est, l'hiver est là » ou « Espérons que ces quatre mois passent vite » sont des phrases qui reviennent dans toutes les conversations pendant la semaine du *kogarashi*.

Cette semaine-là, les gens ont la tête ailleurs et leur attitude est sombre et abattue. C'est comme si le *kogarashi* avait pris le contrôle de leur vie émotionnelle, ce qui provoque un effet halo qui affecte tous les aspects de leur quotidien.

Heureusement, une fois cette semaine passée et dès que tombent les premières neiges, les enfants sont excités et les gens se ressaisissent en pensant à l'arrivée prochaine des vacanciers.

Cette notion de *kogarashi* me semble fondamentale. Sans que nous sachions toujours pourquoi, nous avons besoin d'un changement. Pour certains c'est le « sirocco », pour d'autres le « vent du nord », et c'est bien de vents qu'il s'agit…

Se pourrait-il que le vent nous parle ? La réalité est que nous avons parfois la sensation qu'une étape se termine, qu'il faut en commencer une nouvelle ou que nous avons besoin d'opérer un changement. Le *kogarashi*, c'est comme un signal nous indiquant que nous sommes arrivés à la fin d'une étape. Mais nous avons parfois du mal à nous en rendre compte, à changer, persuadés que la sécurité du connu est préférable à ce que l'on ne connaît pas encore, et restons bloqués dans une étape que nous devrions clore.

Sentez le *kogarashi* quand il vient vous rendre visite : il vous indique que quelque chose dans votre vie ne fonctionne pas bien et que vous devez le modifier. C'est parfois quelque chose de réel et d'objectif, par exemple la perception subtile qu'on est arrivé au bout d'une étape professionnelle, d'une relation avec un client ou un partenaire, ou de la durée de vie de votre véhicule. Mais le *kogarashi* ne nous laisse pas toujours un message clair et nous devons alors rechercher activement ce qu'il veut nous dire. Veillez à toujours prêter la plus grande attention au *kogarashi* et au message qu'il cherche à vous transmettre, qu'il soit évident ou plus subtil.

Sentez ce vent froid et les messages qu'il porte. Changez, car, si vous ne le faites pas, vous ne laisserez pas le vent froid s'adoucir, comme le vin, et il s'installera dans votre cœur pendant longtemps. Certaines personnes ont le cœur froid. Vous en connaissez peut-être ? Vous pourrez les reconnaître à leur manque de courtoisie, leur attitude égoïste et égocentrique, leur manque de respect envers leur entourage, le mépris que leur inspirent les sentiments des autres, leur manière d'utiliser et de manipuler tout être vivant…

Ce froid est parfois passager, mais pas toujours. J'ai travaillé avec de nombreuses personnes qui m'ont dit que leur partenaire avait changé, que son cœur était devenu glacé, mais, la plupart du temps, après avoir analysé cette situation avec calme, elles ont admis qu'en réalité leur partenaire avait toujours été ainsi, mais que, maintenant, c'était la goutte d'eau qui avait fait déborder le vase. Ce froid peut être permanent, et il sera alors difficile à changer. C'est pourquoi je vous invite, si vous ne voulez pas prendre le risque d'avoir le cœur glacé, à être attentif aux problèmes que le *kogarashi* vous apporte et à modifier votre contexte si cela s'avère nécessaire.

Cher lecteur, l'hiver est inévitable, mais vous pouvez le passer près d'une cheminée dans une cabane agréable ou vous isoler dans votre cœur glacé. Que préférez-vous ? Je pense que le choix est simple. Quoi qu'il en soit, quand vous sentez le *kogarashi*, arrêtez-vous pour observer ce qui se passe. Quelque chose est peut-être en train de changer, de se terminer et de commencer, et plus vite vous vous adapterez à cette nouvelle situation, plus votre présent en sera amélioré.

La menace de la perte

« Certes, il y a des épreuves, mais ne les anticipe pas et ne les vis pas avant qu'elles se produisent. »

Une menace est comme une ombre qui plane sur notre avenir, quelque chose d'incertain qui cherche à déterminer nos choix, un danger annoncé pouvant dissimuler une peur qui nous opprime et détermine notre ressenti, nos actes et nos pensées.

Les menaces nous font perdre de notre paix et de notre sérénité. L'ombre de la menace s'étend, car elle est projetée à partir de possibilités. Tout est possible ou susceptible de se produire, et cette incertitude est l'outil auquel s'accroche la menace pour s'intensifier et projeter toujours plus d'ombre.

Lorsqu'une menace entre dans notre vie, ce qui est possible prend le contrôle et remise ce qui est probable au débarras. Nous ne parvenons plus à penser correctement et le risque s'immisce dans notre vie et prend les commandes.

Le risque est un fantasme auquel il est très difficile d'échapper. Nous voulons vivre une vie exempte de risques, alors que la vie est un risque en soi. Une attitude wabi sabi nous permet de vivre avec le risque, de le regarder dans les yeux, de lui parler sans détour, de le comprendre et de l'analyser, de le gérer, de le minimiser ou de l'assumer, mais en aucun cas elle ne nous invite à l'ignorer, car ce serait faire preuve de la témérité la plus absolue.

Nous craignons de perdre ce que nous avons en oubliant que ce que nous avons est transitoire, limité et susceptible d'être perdu. Accepter cette perte est pourtant ce qui nous libérera de la peur. Je perdrai un jour mon épouse que j'aime ; je perdrai un jour mon chien adoré, je perdrai un jour ce que j'ai de plus cher, mais, en attendant ce jour, je ferai en sorte de profiter au maximum de ce que j'ai.

Je ne conserve rien pour plus tard, car on ne sait pas s'il y aura un demain. La seule certitude, c'est qu'il y a aujourd'hui, et c'est aujourd'hui que nous devons embrasser ceux que nous aimons, utiliser ce que nous avons et profiter de la vie.

Qui plus est, ce n'est pas parce que vous avez décidé d'adopter une attitude wabi sabi que vous devez cesser de prendre des risques si vous estimez que c'est nécessaire. Mais ne prenez pas non plus de risques inconsidérés. Celui qui ne craint rien ou n'a rien prend tous les risques, mais, entre tout et rien, il y a de multiples possibilités. Si le navire reste amarré au port, il ne pourra jamais en sortir. Vous trouverez la liberté quand vous serez libéré de la menace de la perte, quand vous pourrez apprécier ce qui est là aujourd'hui dans la sérénité.

C'est parfois notre entourage qui génère en nous une attente négative qui va chercher à contrôler notre comportement, et, d'autres fois, nous générons nous-mêmes cette attente négative, sans en être conscients. Cette peur, cette menace anticipée, devrait nous permettre de penser d'une manière différente et non nous limiter.

Lorsque vous éprouvez un sentiment d'insécurité, observez si vous avez intériorisé une menace de perte.

Vous serez libre quand vous pourrez regarder vos peurs et vos menaces droit dans les yeux, quand vous saurez qu'elles sont là et que vous ne les laisserez pas vous intimider.

Je sais que la peur de la perte est terrifiante. On peut effectivement tout perdre, mais cela ne veut pas dire que cette peur de la perte doit nous paralyser ou que nous devons renoncer à la vaincre. Certaines personnes préfèrent ne pas tomber amoureuses de peur de perdre un jour leur bien-aimé, parce qu'un jour il partira, il mourra. Mais, en attendant, pourquoi se priver de vivre intensément avec celui ou celle que vous aimez ? Le risque étant consubstantiel à la vie, en ne voulant prendre aucun risque, on finit par ne plus rien décider et se retrouver bloqué dans la passivité, à survivre au lieu de vivre intensément le cadeau qu'est la vie.

Cette peur doit être interprétée de manière adéquate : le message qu'elle veut vous faire parvenir, c'est de profiter au maximum du temps qui vous est donné. Ne laissez rien pour plus tard, car vous n'en aurez peut-être plus l'occasion.

La vie est changement et tout passe. Ce qui avait un sens hier peut ne plus en avoir aujourd'hui… Les étapes ont une fin, et le monde, les personnes et la vie évoluent. Plus vite nous en serons conscients, plus vite nous pourrons nous adapter au changement. Le nier revient à repousser l'inévitable. Mais il faut du courage pour l'accepter. En fin de compte, le problème n'est pas la perte en soi, mais la façon dont nous interprétons cette perte et la traduisons sur le plan cognitif, comme vous avez pu le voir plus haut.

Attachement et détachement

> *« Notre vie influe aussi sur la vie des personnes avec lesquelles nous interagissons. »*

Nous créons parfois des attachements qui s'additionnent et finissent par rester. Nous n'avons pas besoin de grand-chose ni de grandes choses pour être heureux, mais seulement de plusieurs besoins vitaux à satisfaire. Le rôle du besoin est important, voire indispensable, pour assurer notre bon développement psychosocial. Ceux qui n'ont pas de désirs n'évoluent pas et finissent par stagner. C'est une bonne chose d'avoir des buts et des désirs, à condition de savoir bien les gérer. N'oublions pas non plus que nos désirs doivent être en adéquation avec nos besoins, et non avec des besoins créés par d'autres ou fondés sur des délires ou des illusions.

On parle beaucoup des besoins, ou alors on dit que, pour être heureux, il ne faudrait avoir besoin de rien. Souvent, ceux qui vous conseillent d'ignorer vos besoins et vous encouragent à vous comporter de manière stoïque sont, eux, incapables de le faire. Ils ne savent pas vous dire comment y parvenir et font l'impasse sur un des principaux processus motivationnels.

Au début des années 1990, Henry A. Murray, psychologue américain spécialiste de la motivation, a mis en lumière deux types de facteurs externes qui réveillent nos besoins ou qui, pour le moins, provoquent une réponse motivationnelle très semblable à celle qui serait déclenchée par un besoin.

Murray a défini aussi bien les *press* (activateurs externes de la motivation) que les besoins, et, encore plus important, il a identifié deux types de *press* : les *press* alpha, qui se rapportent aux caractéristiques objectives d'un élément ou d'une situation, et les *press* bêta, qui se rapportent à l'interprétation subjective des stimuli externes par l'individu.

Les *press*, qui induisent nos comportements et nos actes, sont en somme des facteurs de motivation. Je vous propose un exemple pour vous aider à mieux comprendre cette théorie. Face au dernier smartphone qui vient de sortir, les *press* alpha nous indiquent que cet appareil, au vu de ses caractéristiques, ne présente peut-être pas assez d'avantages objectifs pour nous pousser à changer de téléphone, sachant que nous possédons le modèle précédent. C'est alors qu'entrent en jeu les *press* bêta, qui vont agir sur nos émotions et nos besoins les plus intimes pour nous pousser à acquérir le dernier smartphone en nous faisant croire que nous serons plus au goût du jour, que cela nous apportera une certaine reconnaissance et que nous nous sentirons mieux.

La dissonance cognitive se charge du reste, en déformant la réalité pour nous convaincre que nos *press* bêta ont raison et que nous avons besoin de ce téléphone. Comment s'y prennent-elles ? En convainquant les *press* alpha que l'écran est de meilleure qualité ou que ce modèle est plus performant, et en mettant en avant toutes sortes d'arguments que nous n'aurions pas pu percevoir sans la publicité ou d'autres stimuli externes.

Le besoin, tel que l'entendent les psychologues, est un état de manque de l'organisme qui nous pousse à poursuivre un objectif déterminé afin d'assurer notre survie ou d'atteindre un état souhaité. Or, si l'on y réfléchit bien, nos besoins, c'est-à-dire les buts que nous avons besoin d'atteindre pour rester en équilibre, sont peu nombreux.

Il en est de même avec les personnes, notre travail ou nos animaux de compagnie. Nous sommes persuadés que nous avons besoin d'une présence à nos côtés à tout prix. Or, à partir du moment où ce qui était optionnel devient nécessaire, la peur de la perte et la dépendance émotionnelle sont activées.

Nous pouvons être dépendants de notre voiture, de notre chien, de notre partenaire, de notre père, de notre mère ou de notre smartphone, tout comme nous pouvons être « accros » à la reconnaissance, à l'admiration des autres ou à certaines sensations, comme l'apport d'adrénaline en pratiquant un sport à risque.

Il est important d'apprendre à nous défaire de ce qui génère en nous une dépendance émotionnelle, sachant que toute dépendance sera une entrave à notre liberté et à notre développement psychosocial. Le détachement est un processus par lequel nous tentons de rationaliser l'irrationnel, de nommer les sensations et les émotions que nous éprouvons et de prendre conscience de ce que nous ne voulons pas voir ou assumer.

Le détachement commence par un processus d'analyse afin de déterminer si quelque chose est nécessaire ou s'il s'agit d'un désir irréaliste. Nous devons ensuite nous demander si ce besoin auquel nous sommes si attachés nous aide vraiment ou s'il nous limite.

Parler de détachement revient à parler de liberté. Il ne s'agit pas de faire preuve d'individualisme, mais d'indépendance afin de décider selon vos critères et non en fonction des attentes des autres. Le détachement est un élément clé d'une attitude wabi sabi en ce sens qu'il vous rend libre.

Nos routines mentales

Nos routines mentales peuvent nous procurer un sentiment de sécurité ou, pour le moins, de sécurité apparente. Demandez-vous si vos routines mentales vous apportent réellement une sécurité ou si elles vous limitent. Je ne peux que vous encourager à vous défaire de ces routines.

S'apitoyer sur son sort, culpabiliser ou vivre dans ses rêves sont autant de routines mentales qui peuvent avoir un effet beaucoup plus important que vous ne le pensez. Repérez ces routines et mettez-vous au travail pour les gérer de manière adéquate.

Quand vous aurez pu vous défaire de l'inutile, vous vous sentirez plus léger et plus libre et prêt à assimiler de nouvelles expériences.

Le rôle de la pulsion

« Nous cherchons à garder auprès de nous des choses qui ne peuvent demeurer avec nous. »

Pour exercer une influence, le besoin s'accompagne d'une réponse viscérale et irrationnelle nommée « pulsion ». Face aux pulsions, nous ne pouvons pas faire grand-chose. Lorsqu'un besoin prend le contrôle, il réveille en nous une impérieuse pulsion de satisfaction qui créera une certaine tension tant que notre besoin n'aura pas été assouvi.

La pulsion serait ainsi l'acte à accomplir pour satisfaire un besoin réel. Quand on a faim (besoin), c'est la pulsion de manger qui se réveille ; quand on a soif (besoin), celle de boire ; quand on ne se sent pas en sécurité, celle de rechercher un abri, et, quand on se sent dévalorisé, celle de se mettre en quête de reconnaissance…

La pulsion est positive à condition de rester dans une juste mesure. Mais, si elle n'est pas satisfaite, la tension ne fera que grandir avec le temps et pourra se manifester sous forme de troubles tels que l'anxiété. Or, la tension générée par les pulsions est aussi celle qui nous donne l'occasion d'envoyer un stimulus à notre cerveau pour demander à la raison de faire acte de présence et de se charger de répondre à un besoin réel.

Maintenant que nous avons examiné les notions de « besoin » et de « pulsion », nous verrons en quoi une attitude wabi sabi peut vous aider. Posez-vous les questions suivantes : nos pulsions naissent-elles d'un besoin réel ? Quand nous nous sentons sous-estimés, le sommes-nous vraiment ou est-ce un sentiment subjectif totalement déconnecté de la réalité ?

En règle générale, nous nous efforçons de satisfaire la pulsion assez rapidement, ne supportant pas la pression qu'elle exerce sur nous, alors que nous devrions plutôt analyser l'origine du besoin qui a activé cette pulsion pour fermer ce robinet qui goutte.

Comme les besoins naissent des variables externes ou internes qui les génèrent, une attitude déterminée, comme l'attitude wabi sabi, vous offre un cadre de référence apaisé qui vous aidera à différencier les besoins véritables des besoins induits.

La bonne nouvelle, c'est que les besoins sont un état motivationnel passager sur lequel il est possible d'exercer un certain contrôle en agissant sur des variables personnelles ou externes.

Quand on boit régulièrement, cela nous évite d'avoir soif au point de devoir tout arrêter pour boire un peu d'eau, et il en est de même avec tous les besoins d'ordre psychique.

Réexaminez vos besoins régulièrement et pensez à toujours emporter une bouteille d'eau, juste au cas où, afin d'éviter bien des déboires. Réajustez l'image que vous avez de vous-même et vous ne serez pas dépendant de la reconnaissance des autres pour avoir une bonne estime de vous-même. En réajustant vos attentes, vous n'aurez plus à dépendre d'un sentiment de sécurité et, en réajustant vos propres capacités, vous éviterez d'avoir peur.

Quand nous ne parvenons pas à satisfaire nos besoins, la frustration s'empare de nous et cela ne fait qu'aggraver les choses. La frustration gagne notre univers émotionnel et nous fait ressentir des émotions intenses telles que la colère, qui peut à son tour générer des émotions toxiques comme la haine ou la rancœur.

Peut-être n'en êtes-vous pas conscient, mais vous êtes maintenant au fait des grandes théories de la psychologie ! Je viens en effet de vous expliquer la théorie sur laquelle ont travaillé Lewin, dans les années 1930, et Festinger, dans les années 1940. Cette théorie nous propose deux notions intéressantes : celle de « tension » en vue d'obtenir ce dont nous avons besoin, qui explique l'anxiété, et celle de « frustration », qui explique ce qui se passe en nous quand nous n'obtenons pas ce dont nous avons besoin.

Vous saisissez peut-être mieux maintenant mon obsession de sortir la psychologie des amphithéâtres et de l'université pour la rendre accessible au plus grand nombre.

La notion d'homéostasie dynamique

> *« Veillez à ce que ce qui est important soit réellement important. »*

Nous reviendrons sur la notion d'« homéostasie » évoquée dans le chapitre précédent pour la développer et voir comment l'appliquer à une nouvelle réalité en adoptant une attitude wabi sabi.

À l'origine, l'homéostasie fait référence à un équilibre sur le plan biologique qui, s'il est perdu, a besoin d'être compensé. C'est le cas, par exemple, de la faim, de la soif, de la régulation de la température ou de la sexualité.

Cette notion peut nous emmener encore plus loin. Quand nous perdons quelque chose dont nous avons besoin ou que nous désirons, nous sommes persuadés que nous allons perdre notre équilibre. Nous pensons que notre équilibre est possible uniquement parce que nous avons telle ou telle chose. C'est la base de l'attachement : la crainte de perdre notre équilibre, notre sécurité, en fin de compte notre homéostasie. De plus, comme nous l'avons déjà vu, un attachement excessif générera une dépendance émotionnelle vis-à-vis d'un élément, d'une situation ou d'une personne. Et la dépendance, loin d'être positive, générera un sentiment d'insécurité et de peur de perdre l'objet, la croyance ou la personne qui nous apporte cette sécurité apparente.

Comme cette homéostasie est dynamique, ce à quoi on s'était attaché, quelque chose ou quelqu'un, et qui avait du sens pour nous peut ne plus en avoir maintenant. Or, si nous ne prenons pas la peine de nous assurer que cette chose ou cette personne a du sens pour nous maintenant, nous ne prendrons pas conscience de la réalité.

Il convient également de savoir que l'homéostasie nous donne une marge de temps plus ou moins importante pendant laquelle nous pouvons agir pour satisfaire nos besoins. Par exemple, nous pouvons avoir un peu faim ou un peu soif, sans qu'il soit nécessaire de calmer notre pulsion en mangeant ou en buvant quelque chose sur-le-champ. De même, nous pouvons perdre un peu de sécurité sans éprouver automatiquement la crainte de nous détacher de l'objet ou de la personne auxquels nous sommes si attachés.

Apprenez à vous autoréguler. Si, sur le plan physiologique, nous dépendons bien souvent de facteurs externes (par exemple, boire de l'eau pour calmer notre soif), sur le plan psychologique, nous avons besoin de travailler l'autorégulation. Celle-ci fonctionne à l'aide de facteurs internes.

Nous recherchons hors de nous ce qui est en nous. Nous pensons que telles ou telles possessions ou réussites nous apporteront la paix, le calme dont nous avons besoin ou la reconnaissance à laquelle nous aspirons. C'est un processus sans fin. En effet, chaque fois que vous aurez obtenu ce que vous désirez, vous vous apercevrez qu'il existe quelque chose d'encore mieux, que vous vous procurerez, pour ensuite vous rendre compte qu'il existe quelque chose de bien mieux encore. Cette spirale infernale provoque une anxiété infinie, de sorte que vous risquez de passer votre vivre à poursuivre des chimères.

Il n'est pas toujours possible de s'autoréguler

Il est certain qu'il n'est pas toujours possible de s'autoréguler. Mais ne vous inquiétez pas, deux possibilités s'offrent alors à vous : rechercher l'aide d'un professionnel compétent qui vous aidera de manière exogène (externe) à trouver vos propres ressources pour vous autoréguler de manière endogène (interne) ou si vous n'avez pas les moyens de consulter un professionnel, rechercher dans la nature, la lecture et le silence l'inspiration dont vous avez tant besoin.

Nous pensons souvent à tort être dépourvus de capacités. Or, si nous ne voyons pas ces capacités, c'est parce qu'elles sont parfois endormies ou cachées.

Enfin, si nous sommes en droit d'avoir des attachements et de vouloir tout ce qui nous passe par la tête, nous devons nous assurer que ces besoins remplissent deux critères : nos besoins doivent être les nôtres, et non ceux des autres, et ils doivent nous apporter de la liberté, et non de l'insécurité.

Daniel E. Berlyne, psychologue américain, propose la théorie du seuil optimal, à savoir que nous avons besoin d'atteindre un seuil de désir déterminé pour que s'activent la motivation et le comportement. Par exemple, si nous voulons déménager, tant qu'un seuil d'activation optimal n'aura pas été atteint (tant que nous ne nous sentirons pas suffisamment forts et actifs pour rechercher un nouveau lieu de vie), tant qu'un seuil de stimulation optimal n'aura pas été atteint (tant que nous n'aurons pas opté pour des solutions claires et à notre portée) ou tant qu'un seuil de dissonance optimal n'aura pas été atteint (tant que nous ne supporterons plus de vivre ne serait-ce qu'une minute là où nous vivons), nous ne nous mettrons pas en quête d'un nouveau logement.

Berlyne nous explique pourquoi certaines personnes ne quittent pas leur partenaire tant qu'elles n'ont pas fait une nouvelle rencontre. Une personne change de partenaire quand son seuil d'activation, de stimulation ou de dissonance est suffisamment élevé. Bien qu'il soit fréquent, ce phénomène soulève de nombreuses questions éthiques. Mon propos n'est toutefois pas de porter des jugements, mais d'observer que, tant que l'intensité d'un désir n'est pas suffisamment élevée pour me faire dévier de mes propres règles ou me pousser à tout mettre en œuvre pour le réaliser, je renoncerai à assouvir ce désir.

C'est en identifiant l'origine et la force d'attraction du désir que nous serons à même de gérer le besoin qu'il fait naître. Berlyne a également mis en évidence que les déductions et les prédictions que nous faisons jouent un rôle déterminant dans la gestion de nos motivations.

Si nous pensons que nous serons mieux avec quelqu'un d'autre, que cette croyance soit réelle ou non, nous trouverons l'excuse nécessaire pour nous affranchir des normes plus ou moins explicites ou convenues avec notre partenaire, par exemple la fidélité.

Il existe en tout état de cause un seuil de motivation optimal. Ce que Berlyne nous dit, c'est qu'on ne fait pas n'importe quoi, qu'on ne prend pas de risques si on ne sait pas très bien où on va, et que ces variations individuelles peuvent être étudiées et améliorées, par exemple grâce à l'éducation.

Mais comment s'organisent les besoins ? Comment établissons-nous des priorités face à plusieurs besoins ? Que se passe-t-il quand nos besoins ne sont pas compatibles entre eux ? Les psychologues qui s'attachent à donner des réponses à toutes ces questions sont peu nombreux. De grands noms de la psychologie comme Alderfer, Maslow ou Murray s'accordent à dire que les besoins s'ordonnent généralement de manière hiérarchique en fonction de nos valeurs, mais aussi en fonction de facteurs externes comme l'opportunisme, la sensation de disponibilité ou de rareté, l'appréciation des risques et des bénéfices ou la facilité pour atteindre un but.

Cette hiérarchie peut être personnelle et même varier au fil du temps. Quand notre hiérarchie de besoins ne change pas dans le même sens que celle de notre couple, le conflit est inévitable, étant donné que cette hiérarchie détermine ce que nous ressentons, pensons et faisons, que nous soyons conscients ou non de nos besoins.

Shinrin-yoku, une vie intense est une question de qualité et non de quantité

> *« Fais de nouvelles expériences, observe, apprends, mais ne répète pas la même erreur. »*

Connaissez-vous la différence entre une vie intense et une vie qui ne l'est pas ? C'est la qualité, et non la quantité. La quantité est réservée à ceux qui sont incapables de s'émerveiller devant ce qui est simple et beau. Et ceux qui ne sont pas heureux avec ce qu'ils ont ne pourront pas plus l'être avec ce qui leur manque.

Moins, c'est plus. Si vous n'êtes plus en quête du bonheur, vous pourrez profiter des innombrables plaisirs que nous apportent les petites joies comme les grandes joies. Mais l'homme ne vit pas seulement de joie, il vit aussi de la sérénité que lui procure le sentiment de ne pas douter de ses capacités et de son potentiel, de l'impulsion créée par un rêve ou un projet, ou encore de l'excitation d'avoir un rendez-vous important.

En visant tellement le bonheur, nous en oublions les innombrables sensations, perceptions, sentiments et plaisirs qui sont là, prêts à embellir notre existence. Ne jouez pas votre vie sur une seule carte. Il n'y a pas que du bonheur dans la vie. Wabi sabi, c'est une invitation à profiter de tout ce qui est, des grandes comme des petites choses, de l'éphémère et du réel.

Sakura fubuki

Sakura fubuki, c'est ainsi que les Japonais désignent les pétales des fleurs de cerisier *(sakura)* qui flottent dans l'air comme des flocons de neige. Rien qu'en les imaginant, je peux sentir comme c'est beau, aussi beau que simple.

Indépendamment du fait qu'elles soient rentables, il y a des choses que vous faites uniquement parce que vous y trouvez du plaisir ou un intérêt, ou parce qu'elles contribuent à vos objectifs ou vous apportent une certaine reconnaissance. Cessez d'être obsédé par l'idée d'être productif. Achetez-vous un hamac pour vous prélasser au soleil, allez vous promener sans but précis au lieu de courir, laissez-vous flotter dans la piscine au lieu de nager ou allez rendre visite à un ami au lieu d'étudier. Accordez-vous ces petits moments de calme et de plaisir dans votre quotidien.

Appréciez les choses simples. En espérant des choses qui ne se produiront peut-être jamais, vous passerez à côté de la beauté des choses simples et toute votre vie en sera conditionnée.

Voici un exemple. Il y a un mois, une association de malades du cancer m'a demandé si je voulais bien collaborer avec eux dans le cadre d'une conférence-discussion, ce que j'ai accepté avec grand plaisir. Nous avons fixé une date et j'ai organisé le reste de la journée en conséquence, pour parvenir à caser les réunions et des séances que j'avais prévues le même jour dans une entreprise.

À l'heure dite, quand je suis arrivé dans les locaux de l'association, quelle ne fut pas ma surprise de constater qu'il y avait seulement six chaises dans la salle où j'allais donner la conférence. Les organisateurs m'ont expliqué qu'ils n'avaient pas d'autres chaises et attendaient un public de huit personnes et qu'on pouvait utiliser les deux sièges des secrétaires de l'association. J'ai cédé le mien et ils ont fait entrer quelqu'un d'autre.

Comme j'ai l'habitude de m'adresser à des auditoires beaucoup plus importants, j'avoue avoir été surpris de prime abord. Je me suis même dit que j'avais réorganisé mon emploi du temps juste pour m'adresser à neuf personnes, mais, au moment même où j'ai eu cette réaction humaine, j'ai réalisé que huit personnes étaient tout aussi importantes que mille. Ce petit groupe de personnes, dont certaines étaient venues de très loin, s'était déplacé uniquement pour écouter ce que j'avais à leur dire, et celles qui étaient en plein traitement avaient dû faire encore plus d'efforts pour venir m'écouter. Qu'elles aient été huit ou quatre-vingts, leur disposition était admirable.

Finalement, avec un si petit auditoire, nous avons pu faire une séance quasi personnalisée qui a plu à tous les participants, aux assistants et à moi. Pour ce qui est des effets de cette conférence, j'ignore si elle a été meilleure que toutes celles que j'ai pu donner devant de plus vastes auditoires, mais j'ai en tout cas appris que ce qui est petit peut être réellement beau.

Une attitude humble et modeste

« La carpe nage à contre-courant pour atteindre sa destination. »

Une attitude humble et modeste nous aidera à mieux savourer la vie. L'humilité nous permet de grandir et de nous améliorer, et la modestie d'ajuster nos aspirations et de les moduler afin de différencier les chimères du réel et ce qui est possible de ce qui est probable. L'humilité vous immunise contre la manipulation que les personnes toxiques tentent d'exercer sur vous.

Certaines personnes ont besoin de se sentir uniques. À un moment dans notre vie, nous intégrons dans notre répertoire de besoins fondamentaux un élément qui déterminera ce que nous pensons, ressentons, décidons et désirons : le besoin d'être reconnus comme possédant quelque chose que personne d'autre ne possède. Il existe un marqueur clair d'une attitude totalement dépourvue d'humilité : le besoin compulsif de montrer un statut de supériorité, que ce soit avec subtilité et élégance ou de façon explicite et manifeste, et, pis, de considérer ce besoin comme normal à tel point que nous n'en soyons pas même conscients.

Un manque d'humilité a des conséquences aussi nombreuses que néfastes. Plus concrètement, je vous parlerai de quatre effets délétères :

- **La première conséquence est que vous vous retrouvez à faire des choses dépourvues de sens,** comme céder à tout type de proposition, si cela vous donne le sentiment d'être important et spécial, par exemple changer de portable chaque fois qu'un nouveau modèle apparaît sur le marché alors que le vôtre fonctionne parfaitement, acquérir des imitations de produits exclusifs et convoités, car vous n'avez pas assez d'argent pour vous offrir l'original, mais que le plus important pour vous est d'être associé à ce statut ; ou choisir un vêtement qui symbolise ce statut, même si le modèle ne vous plaît pas particulièrement.

- **La deuxième conséquence, qui découle de la première, est le besoin de consommer tout ce qui nous rend singuliers et uniques, quel que soit le prix à payer.** Nous achetons de manière compulsive dans l'espoir de trouver dans des biens de consommation la sécurité et la reconnaissance dont nous avons besoin. Bien évidemment, nous ne parvenons pas à atteindre notre objectif. Nous épargnons pendant des mois pour nous offrir l'objet tant convoité, pour nous apercevoir aussitôt que nous ne sommes pas le seul à en posséder un dans notre entourage, ce qui le rend beaucoup moins exclusif que nous le pensions. Et, quand un nouveau modèle encore plus perfectionné est mis en vente, nous comprenons que cette sensation de bien-être est totalement éphémère.

Vous souvenez-vous de ce que je vous ai expliqué au sujet de l'exorégulation et de l'autorégulation ? Eh bien, c'est pareil : il est vain de chercher à se réguler à partir de l'extérieur, le bien-être ne pouvant surgir que de l'intérieur.

Le rôle de la privation

Quand nous ne savons pas ce dont nous avons besoin, c'est le malaise assuré.

Tout notre comportement est axé sur l'objet convoité, ce qui active des mécanismes spécifiques tels que l'attention sélective. Toute notre attention est centrée sur ce qui nous rappelle l'objet de nos désirs et toutes nos pensées sont tournées sur les moyens de l'obtenir, ce qui explique pourquoi nous avons du mal à nous concentrer, à travailler et à nous détendre.

La privation n'est pas mauvaise en soi, en ce sens qu'elle nous permet de hiérarchiser nos différents besoins. Sans privation, nous mourrions de faim et de soif. Le problème, c'est quand la privation est activée pour quelque chose qui n'est pas réellement prioritaire.

- **La troisième conséquence est que nous passons nos journées à rivaliser avec tout le monde, ce qui est épuisant.** Nous devons être les meilleurs en tout, être plus efficaces que nos collègues de bureau, être au top, faire des apéros plus sympas, avoir dans notre dressing les vêtements les plus tendance de la saison, passer des vacances encore plus géniales et nous lancer en permanence de nouveaux défis pour prouver aux autres et nous prouver à nous-mêmes que nous sommes les meilleurs.

- **Enfin, la quatrième conséquence est de vouloir nous surpasser en permanence au point de nous raconter des histoires** pour compenser la frustration de voir que nos attentes irréalistes – que nous nous sommes nous-mêmes imposées – ne se sont pas réalisées. Il nous sera difficile d'accepter le fait que nous sommes quelqu'un de moyen – ce qui ne veut pas dire médiocre – si nous pensons que nous devons nous distinguer et être le meilleur en tout. Cette révélation qu'il n'est pas possible d'être le meilleur en tout et toujours au-dessus des autres est source de frustration.

C'est pourquoi nous devons cultiver l'humilité, mais aussi faire une place dans notre vie à l'austérité. L'austérité nous permet de relativiser la valeur des choses, de les contextualiser et de nous réajuster. Les biens de consommation que nous désirons tant en valent-ils vraiment la peine ? N'est-ce pas plutôt leur contenu symbolique ou le statut qu'ils nous apportent qui leur confèrent cette valeur, ce prix que nous sommes prêts à payer ?

Voyons ce que nous pouvons faire pour gagner en humilité et en austérité. Vous verrez, ce n'est pas aussi difficile que vous pourriez le penser. Rappelez-vous qu'une attitude, en l'occurrence une attitude wabi sabi, relève de choix personnels. Dans un premier temps, nous devrons désapprendre notre façon d'interagir avec nous-mêmes et avec le monde, et apprendre un nouveau modèle de relation, plus sain et plus constructif, où la compétition n'a pas sa place.

Nous devons également continuer d'ajuster nos attentes. Nous n'avons pas besoin de la reconnaissance des autres, qui ne peut être qu'apparente, intéressée, superficielle ou éphémère. L'industrie du marketing et de la publicité se fonde sur la satisfaction du besoin de reconnaissance et de statut pour vous confectionner un vêtement sur mesure encore plus beau que celui de l'empereur. Oui, je sais bien que vous pensez avoir besoin de ces cinquante chevaux de puissance en plus ou de ces deux mégapixels de qualité d'image de plus. Je sais que vous en êtes convaincu, mais je peux vous assurer que la seule chose dont vous ayez besoin est de réajuster vos attentes envers vous-même et envers la vie.

Renforcez votre estime de vous-même et vous verrez que vous vous sentirez en sécurité où que vous soyez et quelles que soient vos possessions. Votre sécurité se trouve dans la même boîte que celle où vous conservez votre estime de vous-même, d'où l'importance de remplir cette boîte d'émotions et d'appréciations positives. Vous pouvez consolider la conscience que vous avez de vous-même en vous acceptant davantage et en ayant une meilleure connaissance de vos qualités et de vos limites.

Les pulsions conditionnées

La pulsion est parfois motivée par le besoin à satisfaire, mais elle peut aussi l'être pour d'autres motifs. Par exemple, si nous pensons que posséder ce véhicule nous permettra d'accéder à un meilleur statut, le désir d'avoir ce statut est à l'origine de la pulsion qui nous pousse à prendre une décision impulsive ou nous accable si nous ne parvenons pas à la satisfaire.

En réalité, nous n'avons pas besoin de cette voiture, mais nous avons besoin de nous sentir plus valorisés, plus admirés ou d'avoir un meilleur statut ; et c'est ce besoin qui sera le détonateur de la pulsion et prendra le contrôle de notre vie tant qu'il n'aura pas été satisfait.

Les pulsions sont conditionnées lorsqu'il y a transfert d'une autre pulsion ou d'un autre besoin sur un objet, une personne ou un comportement.

Élaborez un plan de priorités, une feuille de route qui vous fourniront un cadre pour prendre vos décisions et savoir différencier ce qui est important pour vous et vos objectifs de ce qui ne l'est pas.

Bannissez la reconnaissance et le statut de votre système de valeurs. Il n'y a rien de plus facile pour vous manipuler et tirer parti de vos failles en matière de sécurité, d'estime de soi et d'ego. Le besoin d'avoir un statut fait de vous une personne fragile et vulnérable, une cible parfaite pour les personnes toxiques.

Enfin, acceptez-vous tel que vous êtes. Vous regorgez de qualités, vous êtes une merveille de la nature, un prodige qui n'a pas besoin d'être accepté par les autres pour être valable. Vivez en fonction de vos priorités et de vos besoins. Ce qui compte, c'est que ces priorités et ces besoins soient les vôtres et ne vous aient pas été imposés. Définissez quels sont vos objectifs essentiels et faites en sorte de les atteindre et d'en profiter, même si cela peut susciter l'incompréhension de votre entourage.

La richesse spirituelle

« Transformer les difficultés en défis. »

Vous trouverez la richesse spirituelle quand vous saurez distinguer l'important de l'accessoire, ce qui nécessite de s'isoler et de prendre le temps de réfléchir.

Une attitude wabi sabi vous aidera à trouver du plaisir dans les petites choses du quotidien, en sachant que vous devez vous concentrer en particulier sur votre réalité quotidienne. Lorsque ce que nous avons est moins important que ce que nous n'avons pas, c'est comme si nous montions un cheval emporté par l'anxiété et l'insatisfaction permanente.

Adopter une attitude wabi sabi, c'est se défaire de tout l'inutile pour deux raisons : premièrement, parce que quelqu'un pourra lui trouver une utilité et, deuxièmement, parce que ce faisant, vous vivrez plus léger et ferez de l'espace pour assimiler de nouvelles expériences, de nouvelles habitudes, de nouvelles routines et de nouveaux acquis.

Adoptez une attitude wabi sabi : centrez-vous sur ce qui relève de l'intrinsèque et ignorez le matériel. Le matériel n'est qu'un élément auquel nous avons associé des souvenirs, des désirs ou des émotions. Ne renoncez pas à faire une excursion parce que vous n'avez pas de téléphone portable, ou à voyager parce que vous n'avez pas de voiture, ou à faire des rencontres de peur du qu'en-dira-t-on.

Wabi sabi, c'est l'équilibre, et vous le trouverez en vous libérant de certains biens matériels, mais aussi de croyances rigides et de certains comportements, voire de certaines personnes toxiques. Cela dit, on n'a pas besoin de se libérer des personnes, seulement de prendre de la distance.

C'est le prix de la liberté ! Se défaire de l'inutile ne peut qu'avoir des effets très positifs sur votre état d'esprit. Donnez ce que vous n'utilisez pas, vendez-le et, avec cet argent, partez en vacances, jouez au loto ou faites un don à une association. Qu'est-ce que ça va changer ? Ce qui compte, c'est d'avoir de la place dans votre armoire émotionnelle et dans votre armoire physique.

Votre penderie déborde de vêtements que vous ne portez pas ? Votre débarras est plein de choses dont vous ne vous êtes pas servi depuis des années ? Votre esprit contient tellement de souvenirs qu'ils vous font souffrir ? Qu'attendez-vous pour faire de la place ? Libérez-vous de l'excédent. Voyager léger dans la vie est si important, ne l'oubliez pas !

Une vie wabi sabi se fonde sur l'équilibre, et non sur la croissance sans fin ou l'accumulation. Nous n'avons pas besoin de grand-chose pour être heureux et ne pouvons pas non plus toujours nous dépasser. Nous avons besoin de périodes de repos, d'assimilation, de reconnexion et de déconnexion pour pouvoir assimiler de nouveaux comportements et de nouvelles expériences et laisser derrière nous ceux qui ne nous apportent plus rien.

CHAPITRE 8
Gaman, l'art de persévérer

> *« La vie est imparfaite et exige beaucoup d'efforts. »*

Tout au long de notre existence, nous devrons nous heurter à des obstacles, des contretemps, des difficultés et des épreuves. Je ne cesserai de le répéter : notre véritable problème est de ne pas gérer les petites contrariétés du quotidien. Le problème, ce ne sont pas les grandes contrariétés, mais la somme de petites difficultés auxquelles nous n'avons pas fait face, de petits problèmes non résolus, de petites frustrations non gérées, de petites attentes non réalisées, de petites déceptions non guéries.

Cette accumulation finit par nous bloquer et par générer en nous un immense malaise. Les problèmes non résolus du quotidien étant de toute évidence la principale source de mal-être, je vous invite à les régler petit à petit au lieu de les laisser s'accumuler, ce qui vous évitera souffrance et mal-être.

La bonne nouvelle, c'est qu'une attitude wabi sabi appliquée au quotidien peut vous aider à faire face aux inévitables obstacles, contretemps, difficultés et adversités que nous ne manquerons pas de rencontrer dans la vie.

Il y aura toujours des épreuves et des accidents ; la vie n'est pas parfaite, elle n'est ni juste ni injuste, elle est comme elle est, naturelle et capricieuse.

La microgestion comme stratégie

Petit à petit, un problème après l'autre, sans reporter ni faire traîner en longueur, la clé est dans la microgestion. Chaque fois que vous aurez résolu un problème, vous vous sentirez mieux, plus en sécurité et apte à affronter le suivant. Si vous ne parvenez pas à régler un problème, laissez-le de côté. On a parfois besoin d'une nouvelle perspective pour traiter un problème quand on a le sentiment de ne pas avancer. Ne perdez pas votre temps à tenter de le résoudre et passez à un autre. Mettez-le de côté jusqu'à ce que l'inspiration arrive.

Si vous voulez avoir une attitude wabi sabi, je vous invite à utiliser la microgestion pour trouver une solution aux difficultés que vous pouvez être amené à rencontrer. Ne laissez pas les problèmes s'accumuler, car ils seront trop grands quand vous voudrez vous en occuper. Il est préférable de trouver une solution difficulté après difficulté, même pour les plus petites, et vous éviterez d'être submergé par les problèmes.

La vie est imparfaite, et, si elle exige des efforts pour être vécue, il est inutile de faire plus d'efforts que nécessaire. Concentrez-vous sur ce qui est important et vous vivrez votre existence en dépit de l'adversité. Je sais qu'il nous arrive parfois de tout voir en noir, d'avoir le sentiment d'être dans une impasse, mais, dans ces moments de faiblesse, rappelez-vous que la meilleure chose à faire n'est pas d'abandonner, mais de se reposer. Reposez-vous ! Nous avons besoin de recouvrer nos forces pour continuer à avancer, de même que la carpe koï a besoin de se reposer dans l'eau dormante avant d'affronter une cascade qui lui demandera de tout donner.

Ne vous engagez pas dans des combats qui ne sont pas les vôtres ; apprenez à distinguer ce qui est important de ce qui est secondaire et n'oubliez pas que l'énergie et la concentration sont des biens limités et rares, et trop précieux pour se risquer à les perdre dans des combats inutiles.

Il y a des guerres qui ne sont pas pour vous, des provocations et même des façons de vous tester qui ne sont que des jeux. Ne cédez pas, ne démarrez pas au quart de tour. Vous n'avez pas besoin d'être de tous les combats. Soyez sélectif et suivez le même critère que pour les objectifs. Menez-les s'ils sont en phase avec vos priorités et ignorez les autres.

Nous avons les yeux rivés sur ce qui est secondaire ou accessoire. Nous nous plaignons de situations contre lesquelles nous ne pouvons pas lutter… Ne pensez-vous pas qu'au lieu de nous lamenter nous aurions tout intérêt à intérioriser le fait que la vie est imparfaite et qu'elle doit être vécue de la meilleure manière possible malgré cette imperfection ?

Des buts difficiles à atteindre

Nous confondons parfois des buts difficiles à atteindre et des épreuves. Les buts difficiles à atteindre sont ceux qui exigent de nous beaucoup d'efforts pour tenir un engagement, par exemple se priver de nourriture pour perdre du poids. Or, nous avons tendance à penser que ne pas manger à notre faim est une épreuve en soi, alors que c'est un but difficile à atteindre que nous nous sommes fixé, une idée erronée que nous utilisons pour nous justifier. Par exemple, nous nous dirons que, si nous avons fini par céder au grignotage entre les repas, c'est parce que c'était vraiment trop difficile. Un autre exemple serait de rêver de se lever tôt le matin pour écrire. Dans ce cas, se lever à l'aube pour écrire n'est pas une épreuve, mais un effort nécessaire pour atteindre son but, qui est de terminer un livre dans les délais convenus.

Ne faites pas l'erreur de confondre les efforts nécessaires pour atteindre un but avec des épreuves, car cela pourrait vous conduire à renoncer à votre but. N'oubliez jamais qu'atteindre de grands buts exige beaucoup d'efforts.

Rappelez-vous que, face à une difficulté, deux possibilités s'offrent à vous : penser que vous ne parviendrez pas à la surmonter et vous installer dans la plainte, ou l'analyser et y réfléchir, en examinant comment vous pourriez y arriver. C'est la deuxième attitude – une attitude wabi sabi – qui est la bonne.

Et vous, vous plaignez-vous d'avoir une vie imparfaite ou mettez-vous vos ressources à profit pour la vivre intensément ?

Vivre avec la frustration

> *« Regarde cette carpe, elle est concentrée sur ce qu'elle a à faire. »*

La frustration peut être gérée ou subie. Tout au long de notre vie, nous serons amenés à faire l'expérience de la frustration. Nous sommes humains et imparfaits, et lorsque nous avons des espoirs, des désirs et des attentes, nous nous sentons frustrés quand les choses ne se passent pas comment nous l'avions espéré.

Nos projets ne se réalisent pas toujours, notre conjoint peut nous quitter de façon incompréhensible et nous pouvons être licenciés. Nous devons vivre avec des événements imprévus ou des choses dépourvues de sens ou incompréhensibles.

Notre environnement échappe à notre contrôle et ses fluctuations peuvent générer en nous un sentiment de frustration plus ou moins fort. Nous espérons manger une glace et il n'y en a plus. Nous espérons un baiser qu'on ne nous fait pas, nous espérons un week-end ensoleillé et il ne fait que pleuvoir. Nous espérons une reconnaissance qui n'arrive jamais et nous nous le reprochons. Espérer est humain.

Les choses changent, et pas toujours comme nous l'aurions espéré. Elles peuvent même changer subitement et de façon inattendue. Nous pouvons aussi devoir faire face à la perversité, à la tromperie et à la trahison. Nous accordons parfois notre confiance à des personnes qui ne font que nous utiliser et nous duper, ce qui provoque en nous beaucoup de frustration et de souffrance.

La frustration peut aussi apparaître quand nous n'avons pas les moyens de satisfaire un besoin, ou quand des barrières et des obstacles nous empêchent d'accomplir notre objectif ou de répondre à nos besoins. Qui a dit que les choses étaient faciles ?

Comme nous venons de le voir, nous pouvons être amenés à nous sentir frustrés tout au long de notre vie. Plutôt que de subir cette frustration, ne croyez-vous pas qu'il vaudrait mieux apprendre à la gérer ?

La frustration non gérée est une frustration subie. Vous savez certainement qu'une personne qui souffre peut facilement ressentir de l'agressivité. La frustration génère de la rage et de la colère ; elle est le détonateur de l'agressivité, qu'elle soit manifeste, plus subtile, dirigée vers les autres sous forme d'explosions ou envers soi-même sous forme d'implosions.

La frustration non gérée est aussi responsable de processus régressifs. Nous pouvons ainsi décider de revenir à des moments de notre vie d'avant qui nous apportaient une certaine sécurité, par exemple être à nouveau célibataire après la frustration causée par une relation amoureuse qui s'est mal terminée. Sachez toutefois que rester figé dans le passé n'est jamais une solution.

Enfin, il peut y avoir de la frustration derrière d'autres processus mentaux inadaptés, comme la fixation. La fixation consiste à centrer toute son attention sur une personne, un fait ou une expérience, en étant incapable de les gérer et de les surmonter et en se rendant responsable de ce qui est arrivé.

Comme nous venons de le voir, la frustration est une réaction face à l'impossibilité d'atteindre l'objectif que l'on s'est fixé malgré tous nos efforts, mais aussi quand on nous retire quelque chose qu'on espérait, ce qui crée en nous une déception.

Se sentir frustré n'est ni bien ni mal, c'est humain. Le problème n'est pas dans la frustration en soi, mais dans notre façon de la gérer. Ne cherchez pas à éviter la frustration, car il y en aura toujours. Ne cherchez pas à la dissimuler ni à l'ignorer, mais apprenez à y faire face.

Envisagez la possibilité d'échouer

> *« Ce qui nous semble insupportable cesse de l'être quand nous nous sentons capables, enthousiastes et tournés vers un objectif. »*

Je sais que vous avez peur d'échouer. C'est humain, c'est wabi sabi. Quand nous voulons obtenir quelque chose, même si nous faisons tout pour l'atteindre, nos efforts ne sont pas toujours couronnés de succès. Nous avons beau le savoir, nous ne renonçons pas pour autant.

La peur de l'échec est nécessaire en ce sens qu'elle nous encourage à faire plus d'efforts, mais c'est bien sa seule utilité. C'est une manière d'appeler votre d'attention, de vous dire de vous appliquer, d'affiner vos sens et de rester concentré sur ce que vous faites.

On peut échouer, mais, si vous me le permettez, j'aimerais vous proposer un autre mot que le mot « échouer ». Nous parlerons d'« échec » uniquement dans les cas où nous n'aurons pas réussi à atteindre notre objectif et que nous n'en aurons rien appris. Dans tous les autres cas, nous dirons que nous n'avons pas atteint notre objectif, mais jamais que nous avons échoué. Soit on gagne, soit on apprend.

Aucun échec n'est éternel

Vous connaissez certainement quelqu'un qui vit en ressassant un échec du passé ? Je me souviens d'un dessin animé où le méchant se rappelait que, dans son enfance, il n'avait pas réussi à lancer la balle pendant une partie de base-ball. C'était un lancer essentiel qui aurait pu offrir la victoire à son équipe. Tout au long de sa vie, il s'était souvenu de cet échec et ne s'en était pas remis. Quelle erreur !

C'est humain de faire des erreurs, plus encore si cela permet de marquer un point dans une partie. Vous aurez beau être très bon, l'adversaire peut être meilleur, ou alors ce sont vos nerfs qui peuvent vous jouer un mauvais tour. Ne laissez pas un échec gouverner votre vie, voyez-y plutôt une occasion d'apprendre. Face à un échec, ou plus exactement lorsque vous ne parvenez pas à atteindre votre objectif, vous pouvez en tirer les enseignements, clore cette étape et passer à une nouvelle étape.

Face à des échecs répétés tout au long de notre vie, il est essentiel d'analyser ce qui s'est passé, faute de quoi cela aura des conséquences et nous laissera des séquelles sous forme de phénomènes psychologiques, que ce soit le manque de défense acquis ou le désespoir généralisé dont nous avons déjà parlé, ou le pessimisme comme trait de caractère et le pessimisme circonscrit, que je me propose de vous expliquer.

Le pessimisme est un trait de caractère qui consiste à croire qu'on nous mène en bateau et que, quoi qu'on fasse, rien ne se passera bien. Ce trait peut venir d'une série télévisée ou de ce qu'on a pu observer chez nos parents ou des personnes d'influence, ou s'expliquer par une mauvaise gestion des expériences négatives que nous avons vécues. Le pessimiste, lorsqu'il s'agit d'un trait de caractère, est un pessimiste absolu qui voit l'avenir en noir, qui est bloqué et a du mal à entreprendre quoi que ce soit.

Le pessimisme circonscrit, en revanche, consiste à croire que dans certains domaines de notre vie, liés à un échec mal géré, nous n'aurons pas de chance ou ça va mal se passer. Il peut s'agir, par exemple, de la gestion d'une entreprise si nous avons mis autrefois la clé sous la porte, d'une compétition sportive, de l'amour en général… Un peu comme si c'était pour nous un sujet tabou et que prononcer son nom suffisait à porter malheur.

« Persévère, car on ne réussit rien de bien du premier coup. »

Êtes-vous prêt pour un peu plus de théorie ? Harter et White nous proposent la théorie de l'efficacité pour comprendre pourquoi il nous manque parfois la capacité de persévérer. Ils considèrent que nous avons besoin de deux éléments pour pouvoir persévérer face aux difficultés :

- **Le premier est de se sentir compétent,** ou pour le moins suffisamment compétent, pour réussir à persévérer dans ce que l'on a entrepris. Comme vous pouvez l'imaginer, l'éducation joue un rôle essentiel.

Le sentiment d'insécurité est à l'opposé du sentiment de compétence. Quand on éprouve un sentiment d'insécurité, on croit ne pas avoir les capacités ni les ressources pour faire face à une situation donnée, de sorte qu'on abandonne au lieu de persévérer.

Pour développer ce sentiment de compétence, nous devons doter nos enfants et nous-mêmes de ressources cristallisées et fluides. Par « ressources cristallisées », j'entends les ressources tirées de notre propre expérience, acquises après un processus d'analyse de ce que nous avons vécu et assimilées dans notre répertoire de ressources. Par « ressources fluides », j'entends les ressources ou capacités dynamiques qui nous aident à vivre et à mieux nous adapter, par exemple la capacité d'analyse pour prendre des décisions, la créativité ou une réflexion de qualité.

Si vous êtes conscient de vos ressources cristallisées et de vos ressources fluides, qui sont en réalité des forces émotionnelles, vous vous sentez fort, sûr de vous et déterminé. Voilà votre priorité de travail : être conscient de ces ressources et les intégrer dans votre quotidien.

Conscience de la performance

Il m'arrive de recevoir en consultation des personnes pleines de ressources et de forces émotionnelles, mais qui ne sont pas conscientes de tout leur potentiel. Mon travail consiste à leur montrer comment se relier à leur force émotionnelle, car, si elles pensent ne pas avoir de ressources, ce sera leur réalité et elles agiront en conséquence, c'est-à-dire qu'elles manqueront d'assurance et seront incapables de persévérer face aux assauts de la vie.

Connaître nos forces émotionnelles et nos ressources est le premier pas. Nous pourrons alors nous en servir comme d'outils qui nous permettront d'atteindre nos buts plus facilement. Par exemple, quand on éprouve un sentiment de sécurité, on est en meilleure disposition pour affronter une difficulté ou un défi.

- **Le deuxième élément est le sens que vous donnez à ce qui vous arrive.** Si vous pouvez y trouver un sens positif, vous verrez que cela vous permettra d'avancer. De même que les exercices de mathématiques, les problèmes peuvent être résolus, et quand les difficultés sont transformées en défis, elles deviennent stimulantes et peuvent réveiller nos compétences au lieu de nous bloquer.

La clé est de se sentir capable d'affronter les défis de la vie et du quotidien avec un esprit joyeux, constructif et combatif, en acceptant le fait que nous ne pouvons pas tout changer afin de diriger toute notre énergie sur ce que nous pouvons changer.

Le défi optimal

Certains défis sont trop grands pour nous, ou alors ils sont trop grands à un moment donné. Aujourd'hui, je ne pourrais pas nager plus de vingt kilomètres, mais j'ai pu le faire par le passé, et j'en serais peut-être encore capable si je m'entraînais plusieurs mois.

Ce qui est très simple à résoudre et ne présente aucune difficulté apparente pour nous n'est pas un défi. À l'inverse, ce qui nous pose d'énormes difficultés et génère en nous de la souffrance n'est pas pour nous ; pas pour l'instant. Le défi optimal est celui qui implique un effort, mais pas une souffrance.

Enfin, n'oubliez pas que persévérer, c'est dans certains cas attendre patiemment une occasion de passer à l'action. Tout vient et repart, et c'est la raison pour laquelle savoir attendre le bon moment, cette occasion de passer à l'action, est une des clés pour trouver l'équilibre entre le succès et l'échec.

Une détermination intelligente

« Ce qui semble insupportable est plus supportable si on y trouve du sens. »

« *Gaman* » est un très joli mot japonais qui sert à décrire la détermination nécessaire pour affronter les obstacles dans la vie et persévérer face à des difficultés qui semblent insurmontables. Quand on connaît la notion de « *gaman* », on comprend pourquoi elle provient du Japon.

Chaque printemps, les familles japonaises agitent des drapeaux en forme de carpe, un poisson qui nage à contre-courant et symbolise pour eux l'esprit *gaman* : la détermination d'affronter les obstacles dans la vie, de persévérer dans son intention avec patience et dignité, y compris face à des difficultés qui semblent insurmontables.

La légende de la carpe koï est très populaire dans la culture japonaise. Elle raconte le parcours semé d'embûches d'une carpe qui remonte la rivière en nageant à contre-courant, mais reste centrée sur son objectif : atteindre une grande cascade et se transformer en dragon qui crache des flammes. Vous connaissez cette légende grâce aux conversations entre le jeune Susumo et l'ancien, Hitoshi.

La carpe koï représente la fermeté des idéaux et la volonté d'atteindre les objectifs que nous nous sommes fixés, ce qui nous pousse à cultiver des valeurs comme la patience, la force, le courage ou la résilience afin de surmonter les obstacles de la vie et finalement triompher.

Tout a une histoire

Tout objet et toute personne ont une histoire. Tout nous dit quelque chose, que nous en soyons conscients ou non. Nous ne cessons de recevoir ces informations, et bien que nous les ignorions parfois, celles-ci ont des effets sur nous.

Le fait de connaître l'histoire nous permet d'éprouver de l'empathie et d'améliorer notre relation avec cette personne ou cet objet. Il n'y a rien de plus naturel que les émotions intenses pour ressentir la vie pleinement. Ce qui compte, c'est de savoir apprécier les détails. Tout devient alors plus intense.

Chaque carpe a son chemin. Quel est le vôtre ? Vous aurez de meilleures relations avec ceux dont vous aurez compris le chemin.

Tous les buts que vous vous proposez d'atteindre exigeront un engagement de votre part. Certains sont plus contraignants, comme préparer un concours, d'autres, comme lire un livre, beaucoup moins. Cet engagement peut aussi varier en fonction de la personne. Par exemple, faire une carrière de cycliste nécessite une implication beaucoup plus importante pour moi que pour quelqu'un qui fait du vélo régulièrement et a déjà un très bon niveau.

Certaines personnes se fixent des buts sans tenir compte de l'engagement que cela suppose. Ainsi, avoir des enfants exige un réel engagement, sans quoi les conséquences ou les difficultés que l'on peut rencontrer peuvent se transformer en épreuves.

Pour atteindre un but, il est indispensable d'effectuer un investissement personnel en ressources motivationnelles, sachant que cet investissement sera plus élevé pour des buts exigeants et moins important pour des buts moins exigeants. Quoi qu'il en soit, cet investissement sera nécessaire. En cas d'écart entre l'investissement que nous devons réaliser et celui que nous réalisons, nous constaterons que notre but s'éloigne et conclurons que nous n'avons pas de chance, alors qu'en réalité nous n'y avons pas consacré les ressources suffisantes.

Quand nous nous préparons pour un concours, un examen ou une carrière, notre engagement de but est très important et, si nous ne sommes pas suffisamment motivés, nous n'aurons peut-être pas la force d'étudier et conclurons que la carrière, l'examen ou le concours étaient trop difficiles et que ce n'était pas pour nous. Nous finirons par nous trouver des excuses ou nous raconter des histoires.

L'investissement personnel consiste notamment à déterminer jusqu'à quand et jusqu'où persévérer et à adopter les comportements qui nous permettront d'atteindre notre but, en l'occurrence nous préparer pour cet examen avec suffisamment d'intensité et d'envie pour le réussir.

Des efforts mal investis

Il en est de même des investissements motivationnels que des investissements économiques : quand on fait des prévisions, on peut se tromper. Pour prévoir l'investissement nécessaire en vue d'atteindre un but, nous nous basons sur ce que nous avons vécu, sur notre expérience et sur des informations plus ou moins fiables que nous avons pu recueillir dans notre entourage.

Le problème est que nous ne sommes pas conscients que ces sources d'information – les paroles d'un ami, ce que l'on voit à la télévision, ce que l'on lit ou ce que l'on vit – sont filtrées et conditionnées par des facteurs externes. C'est pourquoi plus l'absence de fiabilité sera grande, plus la probabilité de nous tromper dans le calcul de l'investissement nécessaire pour atteindre notre objectif sera grande.

Tout comme la carpe koï, nous devons nous préparer pour la vie et pour les difficultés que nous allons rencontrer, mais toujours en veillant à ne pas considérer comme des épreuves ce qui ne l'est pas et à ne pas les anticiper.

Vous aurez envie d'abandonner, de tout laisser tomber, de fuir et de disparaître, mais quand cela vous arrivera, surprenez-vous à crier « wabi sabi ». N'abandonnez pas ! Reposez-vous, reconsidérez les choses, amorcez un virage, changez, mais n'abandonnez pas la vie et continuez à la vivre intensément. Persévérez ! On ne réussit rien de bien du premier coup. Persévérez et battez-vous avec la meilleure des attitudes *gaman* !

Persévérez de façon intelligente. Ne vous résignez pas. Soyez patient. Rappelez-vous que tout a besoin d'un processus, et tolérez l'incertitude et l'imperfection. Trouver des réponses exige parfois une recherche active, mais ces réponses ne dépendent pas toujours de nous, de sorte que parfois tous nos efforts pour trouver la réponse tant espérée resteront vains. Plutôt que de nous résigner, nous devons avoir la patience nécessaire pour ne pas nous embrouiller l'esprit ou entraver notre capacité d'analyser ce qui s'est passé et ce que nous avons ressenti en voulant trouver des réponses à la hâte.

Je sais que c'est difficile. Prenons l'exemple de la maladie ou de la mort. Il n'y a pas de réponse pour apaiser un cœur brisé par la mort d'un être cher, ou la souffrance physique ressentie de jour comme de nuit, mais la patience nous permet de conserver la capacité de voir ce qu'il faut faire, comment redéfinir notre vie pour accepter cette nouvelle réalité.

Ce qui nous semble insupportable cesse de l'être lorsque nous nous sentons capables de l'affronter enthousiastes et tournés vers un objectif.

Une attitude wabi sabi vous aide à rester centré

> *« La clé du wabi sabi réside bien souvent dans le contrôle de soi, et non dans le refoulement. »*

Gaman est une attitude, une décision consciente et volontaire. Vous n'avez rien de nouveau à apprendre, seulement à choisir d'adopter une attitude *gaman* ; et c'est cette attitude, avec le passage du temps, qui finira par faire partie intégrante de vous. Êtes-vous conscient de votre façon de marcher ou du battement de votre cœur ? De même, vous verrez que l'attitude *gaman* et l'attitude wabi sabi prendront racine en vous.

Gaman est une démonstration de force et de patience face aux épreuves ou à la souffrance, aux difficultés inhérentes à une vie imparfaite, à cette souffrance incompréhensible pour un esprit qui n'est pas wabi sabi ; mais qui sont acceptées par un esprit plein de sagesse qui contemple l'imperfection et l'absence de sens dans la vie. Wabi sabi est aussi une forme de civisme : penser au groupe, coopérer, s'aider les uns les autres.

Faire preuve de *gaman* est considéré comme un signe de maturité et de force. Au Japon, ne pas parler de ses affaires personnelles et de ses problèmes et ne pas se plaindre sont un signe de force et de bonne éducation, car les autres ont peut-être des problèmes plus graves que ceux auxquels vous devez faire face. Si une personne faisant preuve de *gaman* doit recevoir de l'aide d'une autre personne, elle se montrera humble, sans demander plus que ce dont elle a besoin et sans abuser de la générosité de son interlocuteur.

Il est humain de penser que nous pensons mal, que notre vie est pire que celle des autres, mais cela ne nous aide pas à nous épanouir, parce qu'au lieu de regarder devant nous nous regardons derrière et sur les côtés. Il faut toujours regarder devant soi. Vers l'objectif que nous nous sommes fixé, vers la vie. Ne regardez autour de vous que pour apprécier le paysage et ne pas passer à côté des occasions qui se présentent, mais ne le faites jamais pour vous comparer aux autres. Chacun a sa propre histoire, son contexte, ses problèmes et ses difficultés.

Pratiquez aussi le contrôle de vous-même. La clé du wabi sabi est bien souvent le contrôle de soi, mais jamais le refoulement. Le refoulement est le déni de nos propres pulsions et besoins. L'autocontrôle consiste à gérer ces pulsions et ces besoins, sachant qu'il y a un moment opportun, un espace pour s'exprimer et les bonnes personnes pour nous écouter. Quoi qu'il en soit, si vous ne parvenez pas à gérer ou contrôler ce que vous ressentez, ne vous inquiétez pas et ne vous torturez pas. Il nous arrive à tous de perdre cet autocontrôle dont nous avons tant besoin. Prenez une respiration, pensez-y et revenez à votre ressenti. Wabi sabi, la vie est imparfaite.

Gaman, c'est quelque chose que l'on cultive pour soi-même, mais aussi en pensant aux autres, tout comme le wabi sabi. Ces deux attitudes face à la vie seront d'une grande aide, pour nous et les personnes qui nous entourent et sur lesquelles nous exerçons chaque jour une influence, que ce soient nos enfants, les enfants qui nous regardent, nos proches, nos voisins ou nos collègues. Nous pouvons leur offrir notre sourire ou leur montrer notre souffrance.

Rappelez-vous que nous voyons les difficultés à partir du moment où nous détournons les yeux de notre objectif.

TROISIÈME PARTIE

Le sentiment de transcendance

Susumo avait choisi pour la première fois le sentier qu'ils allaient emprunter pour accéder à une clairière semblable à une prairie parsemée de fleurs. Il avait choisi le sentier le plus agréable de la forêt, sachant que le chemin est aussi important que la destination et qu'ils n'étaient pas pressés d'arriver.

La vie est belle, même avec des erreurs. Susumo repensait à tout ce que lui avait dit Hitoshi, son grand-père bien-aimé. Nous avons des grands-parents qui sont des anges, des grands-parents qui nous apprennent des choses, nous éduquent et nous ouvrent l'esprit, des grands-parents qui nous inspirent et nous présentent un monde plein de possibilités, un monde qui n'a jamais été imaginé, des grands-parents qui nous aident à nous épanouir et nous accompagnent pour la vie, pour toujours.

Hitoshi avait pénétré l'âme de Susumo... Ils avaient mené tant de réflexions ensemble... Susumo sentait les battements de son cœur dans sa tête, où résonnaient encore les paroles de son grand-père bien-aimé.

Tout le monde n'a pas la chance d'avoir eu un mentor comme Hitoshi, pensa Susumo avec un sentiment d'humilité et de gratitude. Son grand-père lui avait beaucoup appris, mais ce qui comptait le plus était le changement qu'il avait suscité en lui : il avait transformé son attitude, ce que seuls les grands maîtres savent faire.

Susumo se sentait plus courageux et plus sûr de lui, car il savait maintenant que ses jugements dépendaient de son état d'esprit, de ses peurs et de ses désirs. Qui plus est, il ne craignait plus d'éprouver un sentiment d'insécurité, parce qu'il savait désormais ce qu'il devait faire pour se reconnecter à lui-même.

Susumo marchait en silence, absorbé dans ses pensées. Le jeune homme était fait d'une pâte spéciale et possédait une sensibilité étonnante. Sa détermination lui permettait d'affronter ses peurs et d'en ressortir renforcé. Susumo était un jeune homme qui avait besoin de comprendre, et si ce besoin de cohérence le faisait souffrir, il lui procurait aussi les plus belles joies. Il avait cette capacité de saisir en un instant ce qui est trop complexe pour être appréhendé à l'aide de mots.

Susumo allait souffrir toute sa vie, mais il pourrait aussi partager ce qu'il avait appris avec d'autres. Il avait besoin de prendre sa vie en main et de vivre pleinement ce qu'il avait à vivre, indépendamment de ce que les autres avaient préparé pour lui.

Susumo avait besoin de se sentir en sécurité et soutenu, de faire siennes quelques maximes et de modifier son attitude. C'est ainsi qu'il allait pouvoir devenir celui qu'il voulait être, et peut-être même changer de direction au cours de sa vie. Pour faire bouger les choses, il faut avoir un point d'appui.

Susumo était un explorateur-né. Il aimait sonder les forêts et les montagnes tout autant que les pensées et les idées, les notions et les attitudes. Il aimait réfléchir et se montrait curieux, il était courageux et hasardeux, impétueux et prudent. C'est cette dualité dans ses traits de caractère qui le rendait unique.

Toujours absorbé dans ses pensées, Susumo arriva dans la prairie, s'inclina et ouvrit l'urne toute simple qui contenait les cendres de Hitoshi. Il s'agenouilla, ferma les yeux et répandit les cendres sur la terre de cette prairie d'altitude où il avait passé tant d'heures avec son grand-père, une prairie baignée de soleil qui offrait une vue imprenable sur la vallée.

Susumo pensa au regard de Hitoshi. Son grand-père pouvait exprimer tant de choses sans même ouvrir la bouche... Sa simple compagnie était parfois une source d'inspiration. Il lui transmettait le calme, lui montrait des endroits sauvages magnifiques, lui gardait les meilleurs petits pois de son jardin et lui offrait son plus beau sourire.

Susumo ouvrit les yeux. Une brise d'air frais automnal avait soulevé les cendres, qui s'élevaient en forme de spirale, et les dispersait dans la vallée.

Susumo comprit en cet instant que Hitoshi n'était pas mort, et que, tant qu'il se souviendrait de lui et partagerait sa sagesse, Hitoshi serait toujours vivant. Il savait qu'il pouvait trouver son grand-père dans chaque montagne, chaque vallée, chaque rivière et chaque plage, sur un sentier de montagne ou dans un jardin. Hitoshi serait vivant dans les yeux d'un enfant et les mains d'un vieil homme, au lever et au coucher du soleil, dans la pluie et dans la neige, dans la simplicité et dans l'humilité, dans chaque plante et dans chaque animal. Hitoshi était la sensibilité et la curiosité, l'humilité et la transcendance. Hitoshi était la vie, certes imparfaite, mais réelle, subtile et intense, joyeuse et nostalgique.

Susumo prit le cerf-volant qu'il avait emporté et commença à écrire quelques mots.

« Cher grand-père, tu m'as tant appris... Tu ne sauras jamais à quel point je t'en suis reconnaissant. Je t'écris depuis ta prairie préférée, en regardant le soleil se lever entre les montagnes.

« J'ai fini par comprendre tout ce que tu m'as appris. J'ai compris que la vie doit être vécue, et que tu ne voulais pas que je reproduise l'erreur que tu avais commise, afin de laisser de la place pour d'autres erreurs. La vie n'est-elle pas une accumulation d'erreurs et de réussites, de sourires et de larmes, de baisers et d'adieux ? J'ai compris qu'une vie intense est une vie wabi sabi, que je peux vivre en me laissant porter par le vent, léger comme l'air, comme ce cerf-volant. J'ai compris que j'ai besoin d'espace pour accueillir de nouvelles expériences, et qu'il me faut pour cela faire de la place dans mon cœur et dans ma vie, et me défaire de tout l'inutile.

« Ce qui me semblait nécessaire hier est aujourd'hui un poids. Combien cela m'a-t-il coûté d'apprendre à différencier ce qui est nécessaire de ce que je souhaite ? J'ai été esclave de mes désirs, que j'ai confondus avec des besoins. Mais j'ai aussi été esclave des désirs des autres auxquels j'ai donné plus d'importance qu'à mes propres désirs.

« Cher grand-père, tu es parti, mais je te sens tout près de moi. Tu as laissé en moi des souvenirs que je n'oublierai jamais. J'ai appris à m'accommoder de la vie, à m'écouter et à écouter mon corps et mon esprit, à découvrir la beauté dans chaque petit détail et à m'émerveiller face à la grandeur de ce qui est petit, insignifiant, humble et simple.

« Cher grand-père, je me sens serein dans l'imperfection. J'ai appris à tolérer ce qui est incomplet et impermanent, comme ton départ. Ce n'est jamais le bon moment pour une perte, et ce n'est jamais le bon moment pour accepter le fait que je ne pourrai plus jamais entendre ta voix.

« Mais je crois que ton message a pénétré mon âme et que, où que je sois, lorsque je fermerai les yeux, je pourrai me souvenir de ce que tu m'as dit et imaginer ce que tu me dirais. Cher grand-père, tu n'es pas parti, tu es en moi, dans mon âme.

« Je me souviens des promenades, des bains, des heures passées à nous occuper du jardin et du bonsaï. Je me souviens de la sagesse de ton regard, de ta main dans la mienne et de la simplicité de ton sourire. Cher grand-père, nous venons et repartons, et ce n'est ni bien ni mal, seulement naturel et nécessaire.

« Grand-père, je voulais te dire que j'ai suivi un chemin que mon père avait parcouru et qu'il avait tracé pour moi, mais j'ai décidé de l'abandonner pour marcher dans la forêt en quête de nouveaux horizons, pour découvrir de nouveaux sentiers, traverser d'autres rivières, escalader des montagnes et dévaler des vallées. Je ne sais pas ce qu'il adviendra, mais je sais que maintenant j'ai besoin d'explorer. Je ne peux pas me décider pour quelque chose sans avoir vu le reste. Aujourd'hui, j'entreprends un voyage en moi-même et dans le monde. Pour découvrir le monde et me découvrir. Un périple dont la destinée, la durée et le parcours demeurent inconnus. Je profiterai du chemin, peu m'importe où il me mènera et prendra fin. Aujourd'hui, je me sens capable d'entreprendre ce voyage, je me sens en sécurité, j'ai confiance en moi et dans mes aptitudes.

« Je vais commencer aujourd'hui même à marcher vers l'ouest, après, j'ignore où je poursuivrai ma route. »

Susumo ferma les yeux. Il sentait la caresse du vent sur ses cheveux, son visage et ses vêtements. Était-ce une caresse de son grand-père ? Il se releva et lança son cerf-volant dans les airs. Il le fit s'élever haut dans le ciel, très haut, aussi haut que le fil qui le tenait le lui permettait. Le cerf-volant était sur le point de s'envoler. Les rafales étaient de plus en plus fortes et Susumo avait les cheveux tout ébouriffés. Il ferma les yeux et reconnut le *kogarashi*, le vent froid du nord qui annonce l'arrivée de l'hiver. Il écouta le sifflement du vent et comprit que c'était le moment de laisser le cerf-volant s'envoler. Certain que le vent se chargerait de le conduire jusqu'à son grand-père, Susumo lâcha alors le fil du cerf-volant, qu'il vit disparaître peu à peu à l'horizon, derrière des nuages.

Le ciel se couvrit soudain de nuages poussés par le vent du nord. Un frisson lui parcourut le corps. Susumo décida de fixer un souvenir de son grand-père dans son esprit. Il le revoyait dans le jardin, lézardant au soleil, appuyé sur son bâton, qui le regardait avec une admiration silencieuse tandis qu'il préparait une soupe de miso… Il y avait tant d'images, et en même temps si peu…

Une image lui vint soudain à l'esprit : il le voyait marcher lentement devant lui, avec son bâton et son chapeau, serein et apaisé, digne dans son humilité, amoureux de la montagne et de la nature.

C'était l'image qui s'imposait à lui parmi toutes les autres, celle de son grand-père marchant devant lui sur les sentiers de Furano, sur les chemins de la vie. Ce grand-père l'avait inspiré à mener une vie meilleure, à profiter pleinement d'une vie certes imparfaite, mais d'une grande richesse, une vie humble, mais digne d'être vécue intensément.

Une vie reliée au monde intérieur et au monde extérieur, une vie qui demande du courage et de la patience, une vie faite de cohérence et de contradictions, une vie à explorer et à découvrir, en somme, une vie saine, pleine d'espoirs et intense, une vie wabi sabi, parce que la vie est belle, malgré les erreurs qu'elle comporte.

CHAPITRE 9
Yoroshiku onegaishimasu, enchanté de me redécouvrir

L'histoire d'Amaterasu

> *« Je commencerai aujourd'hui même à marcher vers l'ouest et j'ignore où j'irai après. »*

La mythologie japonaise raconte qu'Amaterasu, la déesse du Soleil, était furieuse contre son frère, qui venait de lui faire une très mauvaise blague. Prise d'un accès de colère, elle partit se cacher dans une grotte dont elle ferma l'entrée avec une grosse pierre.

Après la disparition d'Amaterasu, les ténèbres et les forces malignes s'emparèrent de la terre. Désespérés, les dieux, qui étaient les amis d'Amaterasu, décidèrent de s'approcher de la grotte et d'organiser une fête pour attirer son attention et tenter de la convaincre de sortir de sa cachette.

Intriguée par ce tintamarre, Amaterasu sortit de sa grotte pour savoir ce qui pouvait bien l'avoir provoqué. Ses amis lui expliquèrent qu'ils célébraient la présence d'une personne très importante et l'invitèrent à se joindre à la fête. Piquée par la curiosité, Amaterasu accepta de sortir de sa grotte. Quelle ne fut pas sa surprise quand elle vit son reflet dans un miroir ! La personne si importante pour laquelle on avait organisé toutes ces festivités, c'était elle !

J'adore ce conte, que j'utilise régulièrement pour illustrer une notion très importante : vous devez croire en vous, vous respecter et bien vous traiter. Vous êtes l'hôte le plus important de votre vie et c'est pourquoi vous devez prendre soin de vous et vous chouchouter.

Je vous invite à trouver un miroir ; un miroir qui vous montre toute votre valeur et votre splendeur, et à qui vous poserez les questions suivantes : quelle relation ai-je avec moi-même ? Comment est-ce que je me traite ? La relation que vous établissez avec vous-même est aussi importante, voire plus importante que celles que vous pouvez établir avec les autres. Voulez-vous savoir pourquoi ?

« *Yoroshiku onegaishimasu* » exprime un sentiment très particulier que l'on éprouve au commencement d'une relation entre deux personnes ou plus. Concrètement, elle exprime le désir de faire quelque chose d'exceptionnel pour cette personne ou cette relation comme symbole de l'importance qu'elle revêt pour nous. Je vous propose de vous dire intérieurement « *yoroshiku onegaishimasu* » en vous tenant face au miroir. Je vous invite à commencer à nouer une relation très spéciale avec vous-même, une relation plus saine et plus juste, plus respectueuse et plus constructive. En fin de compte, je vous invite à faire quelque chose pour vous et avec vous et à vous traiter avec le respect et l'amour que vous méritez.

Le type de relation que nous établissons avec nous-mêmes détermine des aspects de notre vie aussi importants que l'estime de soi ou la conscience de soi. La « conscience de soi », dont nous avons abondamment parlé tout au long de ces pages, est l'image que nous avons de nous-mêmes et notre façon de nous voir. Mais comment cette conscience de soi a-t-elle été créée ?

Le plus souvent, notre conscience de nous-même a été créée sur une base erronée, une vision partielle constituée à partir de ce que des figures particulièrement importantes ont pu dire de nous, c'est-à-dire penser de nous.

Le fait est que nous avons construit notre conscience de nous-même sur une base totalement instable et partielle faite d'opinions arbitraires et généralement erronées que nous prenons pour des faits réels ou des avis d'experts en psychologie. La meilleure chose que vous puissiez faire est par conséquent de vous offrir la possibilité de vous redécouvrir et de tenter de vous comprendre.

La conscience que nous avons de nous-mêmes est également déterminée par notre manière d'être, qui est dynamique, tout comme nos priorités et nos intérêts, en ce sens que nous évoluons à chaque cycle que nous vivons. Ce qui était valable hier ne l'est plus aujourd'hui, nous venons et repartons et, en chemin, nous nous transformons. Notre conscience de nous-même doit par conséquent être actualisée en continu pour nous permettre de nous adapter à ces changements.

Il en est de même pour l'estime de soi. L'estime de soi, c'est le jugement que vous portez sur vous-même. Une estime de soi saine est une estime de soi équilibrée : ni trop élevée ni trop faible, et toujours être adaptée au contexte dans lequel vous vous trouvez.

Les comparaisons, nos faiblesses et nos points forts, nos références et la façon dont nous avons été traités déterminent notre estime de nous-même. Comme nous l'avons vu pour la conscience de soi, l'estime de soi est dynamique et a besoin d'être actualisée. Aimez-vous malgré vos imperfections ; elles ne sont peut-être pas si grandes que vous l'imaginez. On voit souvent la perfection chez les autres et l'imperfection en soi, mais en réalité les autres ne sont pas si parfaits et nous ne sommes pas si imparfaits.

L'estime de soi et le contexte

L'estime de soi peut varier en fonction du contexte et de la vision que nous en avons. Face à des personnes que nous considérons comme inférieures, notre estime de nous-même est renforcée et, à l'inverse, quand nous avons le sentiment d'être inférieurs, notre estime de nous-même en prend un coup.

Or, nous faisons erreur dans les deux cas, en considérant les gens de façon subjective, avec nos peurs et nos doutes, nos fantasmes et nos désirs, notre passion et nos phobies, de sorte que ces jugements qui vont déterminer notre estime de nous-même sont généralement très confus.

Une attitude wabi sabi vous aidera à avoir une estime de nous-même saine et indépendante de la situation dans laquelle vous vous trouvez, ainsi qu'une conscience de nous-même dynamique et conforme à la réalité. Je suis certain que lorsque vous vous rendrez au Japon et verrez un miroir dans un temple, vous y plongerez votre regard. Et je suis certain que vous y verrez une personne qui, comme Amaterasu, éclaire le monde.

Vive la différence !

« En s'évertuant à reproduire les choses, on ne peut qu'obtenir le même résultat. »

Ce message s'adresse à tous ceux qui se sentent différents et ont, comme moi, le sentiment d'être de petits êtres anormaux. Se sentir différent est pourtant loin d'être un problème, c'est même une qualité. Vous êtes différent. En quoi est-ce un problème ? Qui vous a fait croire que vous étiez moins bien que les autres parce que vous êtes différent ?

Nous sommes tous autant que nous sommes des êtres uniques, nés pour être réels et non pour être parfaits, nés pour vivre, et non pour nous contenter de survivre, nés pour être des originaux et non des copies. Notre individualité est la clé de notre beauté intérieure et extérieure. Ce qui est authentique est beau, ce qui est essentiel est enrichissant et ce qui est différent est beau.

Nous avons des exigences envers nous-mêmes que nous n'avons pas envers les autres ; nous traînons nos fantasmes, nos peurs et nos chaînes. Nous pensons que nous devrions être meilleurs, dignes d'admiration, mais ce désir d'admiration, cette crainte du regard des autres ne sont ni réels ni sains. Si vous voulez trouver la paix, commencez par apprendre à pardonner un accident ou une anomalie, que ce soit en vous ou autour de vous.

La culpabilité

La culpabilité est une réaction d'empathie qui naît lorsque nous pensons être à l'origine de la souffrance d'une autre personne… Mais est-ce le cas quand la souffrance que nous voyons chez l'autre est simulée ? Que se passe-t-il lorsqu'elle est supposée, projetée ou imaginée, ou n'est pas juste ?

Je vous invite à examiner l'origine de vos sentiments de culpabilité. Vos parents, vos professeurs ou vos amis auraient peut-être souhaité que vous soyez autrement, mais vous n'avez pas à vous sentir coupable de ne pas avoir comblé leurs attentes.

Méfiez-vous des gens « normaux », de ceux qui brandissent le standard de la normalité pour se sentir en sécurité, échapper à ce qu'ils estiment anormal et masquer leurs propres peurs. Ces vies parfaites ou normales en apparence ne sont généralement que des scénarios, des montages ou des réalités partielles et maquillées. Le plus souvent, les efforts que nous faisons pour montrer que nous menons une vie parfaite et normale sont directement proportionnels à l'insécurité que nous ressentons et à notre incapacité d'accepter dans notre vie l'imperfection et ce qui sort de la norme.

Les aspirations

Pourquoi tenez-vous tellement à être parfait ? Pourquoi voulez-vous être comme les autres ? Je vous invite à examiner si, réellement, vous n'êtes pas beau et pour qui vous ne l'êtes pas. Ce que vous ne voyez pas en vous-même, vous ne le trouverez nulle part ailleurs et, si jamais vous deviez le trouver, ce sera éphémère et aura un prix élevé.

Aspirez-vous à être autre que ce que vous êtes ? Cessez de vous évaluer et de vous juger, de vous comparer, de vous torturer. Vous êtes beau, vous êtes belle comme vous êtes et votre beauté intrinsèque est votre plus grande valeur. Tous ceux et celles qui sauront la voir seront bienvenus. Quant aux autres, ignorez-les. Ne vendez pas votre âme pour plaire à des personnes qui ne s'intéressent pas à ce que vous êtes, mais à votre paraître.

Vous n'êtes pas conventionnel, vous n'êtes pas normal. C'est bien d'être rare et atypique. Ne cherchez pas à rentrer dans le moule. Offrez-vous la possibilité de vous redécouvrir, faites en sorte de vous comprendre, de vous respecter, de vous aimer malgré vos imperfections. Elles ne sont peut-être pas aussi grandes que vous l'imaginez.

Donnons de la visibilité à ce qui est anormal. Normalisons la variété, ce qui est imparfait et naturel. Considérons comme une norme le fait que la vie est imparfaite, mais belle. Partagez ce plaidoyer avec ceux qui vous entourent et autorisez-vous à exprimer votre beauté dans toute sa splendeur. Acceptez avec humilité vos propres limites et laissez les autres vous découvrir tel que vous êtes, sans déguisement, sans maquillage, sans façade. Vous verrez que cette attitude est beaucoup plus saine et honnête. N'ayez pas honte de vos imperfections, car ce sont elles qui vous rendent unique.

La fragilité émotionnelle

« Accepter ce qui ne peut qu'être accepté. »

Nous sommes des êtres à la fois fragiles et forts. Notre force réside précisément dans notre capacité à transcender notre fragilité, une fragilité qui trouve son origine dans deux qualités humaines essentielles : la sensibilité et la compassion.

Nous pouvons être brisés des centaines de fois, mais nous avons aussi une pulsion innée de réparation qui nous permet de nous remettre de tous les coups durs et d'en ressortir encore plus forts, plus beaux et plus sages.

Certaines personnes craignent de montrer leur fragilité et se réfugient derrière des cuirasses rigides qui les isolent plus qu'elles ne les protègent. Ces cuirasses leur évitent de ressentir la souffrance, mais, comme ces personnes sont faites de froideur émotionnelle, elles finissent un jour par perdre cette sensibilité et cette compassion dont le monde a besoin.

Quand on ne se sent pas à sa place

Il nous arrive parfois de ne pas nous sentir à notre place. N'oubliez pas que l'endroit où l'on naît est un pur hasard. Je vous encourage, si vous êtes dans ce cas, à ne pas renoncer à trouver un groupe de référence où vous vous sentirez à l'aise. Voyagez, utilisez Internet, mais ne renoncez pas à être vous-même et à chercher à rencontrer plus de personnes comme vous. Il y en a, cela ne fait aucun doute. Vous seriez surpris de la variété des associations en tout genre qui existent de par le monde. Il n'y en a peut-être pas dans votre ville ou votre pays, mais rappelez-vous que vous n'avez pas de racines, mais des pieds. Si le cœur vous en dit, vous pouvez retrouver l'esprit nomade de vos ancêtres et aller à la rencontre de votre tribu.

Internet peut être un allié de taille : il vous permet de voyager loin de chez vous sans avoir à en sortir, d'explorer de nouvelles destinations avant de vous lancer dans l'aventure ou de contacter des personnes comme vous que vous n'auriez jamais rencontrées autrement.

Nous avons peur de montrer notre fragilité émotionnelle, mais qu'est-ce que la fragilité émotionnelle, exactement ? Qu'est-ce que la sensibilité ? Est-ce mal d'être trop sensible ? Est-ce mal d'être émotionnellement fragile ?

Pourquoi suis-je quelqu'un d'émotionnellement fragile ? Serai-je fort un jour ?

Il n'y a rien de mal à être sensible, c'est au contraire une qualité tout à fait souhaitable. Certains confondent toutefois sensibilité et fragilité, ou fragilité émotionnelle. La sensibilité est la force émotionnelle qui nous permet de nous connecter avec notre entourage et d'être réceptifs à ce qui s'y passe. Les personnes sensibles sont plus réceptives et font davantage preuve d'empathie. Une personne sensible est une personne impliquée et proche qui ressent intensément la vie. Une personne sensible est une personne merveilleuse, ce qui en fait une proie tentante et facile pour les personnes toxiques, égoïstes, manipulatrices ou cruelles. C'est certes un danger qui doit nous rendre vigilants, mais nous ne devons pas pour autant cesser d'être sensibles.

Être sensible est une qualité ! C'est bien d'être sensible, mais dans cette société où l'agitation et la vitesse sont la norme, les personnes sensibles sont stigmatisées. Nous avons au contraire besoin de plus de personnes sensibles dans le monde, car ce sont les seules à pouvoir regarder les autres dans les yeux et à éprouver de véritables émotions. J'ajouterai que la sensibilité favorise la coopération, une stratégie beaucoup plus judicieuse que la compétition.

Il n'empêche, dans cette société artificielle, hyperproductive, insensible et où tout s'accélère, les personnes sensibles sont mal vues. J'entends par là les personnes qui pensent, analysent, ressentent et perçoivent ce qui se passe autour d'elles et ont des critères et un système de valeurs auxquels elles tiennent. J'aime regarder les gens dans les yeux… ainsi que les animaux. Quand je regarde un être humain ou un animal dans les yeux, je vois une âme et tout ce qu'elle a à me dire. Je souffre quand je vois un enfant souffrir, la souffrance des personnes de mon entourage m'affecte, je suis en colère contre les injustices et perds le sommeil parce que ça s'agite dans ma tête. Je suis sensible, ce qui, loin d'être un problème, devrait être considéré comme une qualité.

Je suis triste, je suis contrarié, j'ai peur et j'éprouve du dégoût et du rejet… Le plus important est de ne pas ignorer ces émotions et les messages que les personnes qui m'entourent, la société et mon corps me font parvenir. Je ne nie pas ce que je ressens, je ne le fuis pas, je n'en tiens pas les autres pour responsables et j'assume ma part de responsabilité, voire plus.

Mono no aware

« *Mono no aware* » est une notion essentielle de l'esthétique japonaise, qui se traduit généralement par « empathie » ou « sensibilité ». C'est la capacité de se laisser surprendre ou émouvoir et d'éprouver ainsi de la mélancolie ou de la tristesse face à l'éphémère, la vie et l'amour, une qualité qui nous permet de mieux nous recentrer dans le présent.

Je vous propose ainsi d'intégrer dans votre dictionnaire cette notion très précieuse et parfaitement en accord avec une attitude wabi sabi et de la mettre en pratique dans votre vie.

Les personnes sensibles, dont je fais partie, ne devraient pas être montrées du doigt ou dites bizarres. Ce sont plutôt elles qu'on devrait qualifier de personnes « normales », ce qui pourrait contribuer à rendre cette société plus humaine, plus sensible, plus inclusive et plus encline à l'empathie et à la compassion.

Le fait d'être sensible ne devrait en aucun cas être mal vu. Le problème est qu'il y a trop de personnes insensibles. J'entends par personnes insensibles les narcissiques qui isolent leurs proches de tout ce qui les entoure, ceux qui rivalisent pour posséder ce qu'il y a de mieux, pour être les meilleurs et avoir plus que le voisin et qui n'hésitent pas à recourir à la violence, à la manipulation, à la tromperie, à l'escroquerie ou au vol pour parvenir à leurs fins.

Il y a dans notre société un très grand nombre de personnes qui n'ont plus de véritables liens avec les autres et sont en quête de distraction et de bruit pour ne pas réfléchir. Ces personnes se racontent des histoires toute la journée, baissent les yeux pour ne pas avoir à bouger le petit doigt pour qui que ce soit et sont incapables d'apporter leur contribution à la société, à moins qu'une énorme récompense les incite à changer. Elles n'ont pas d'amis, seulement des contacts à exploiter. Elles sont soumises à leur propre ambition et sauront se remplir de tout ce qu'elles trouveront sur leur chemin. En fin de compte, ces personnes sont dénaturalisées, capables d'ignorer la souffrance humaine, incapables de coopérer pour le bien commun et ne visent que leur enrichissement personnel, qu'il soit d'ordre économique, social ou émotionnel.

La peur d'être soi-même

Nous sommes tenaillés par la peur. Nous avons peur qu'on nous quitte, qu'on nous vole, de ne pas être aimés et de bien d'autres choses. Notre vie tourne autour de la peur. Et même quand tout va bien dans notre vie, au lieu d'en profiter pleinement, nous avons peur de perdre cette sensation éphémère de bonheur.

Nous éprouvons toutes sortes de peurs. Il nous arrive même d'avoir peur juste au cas où… Ce fameux « et si… » est la mère de toutes les peurs, la grande peur qui est source d'insécurité et de crainte. Entre nos propres peurs et celles que nous font porter nos parents, nos responsables politiques, nos professeurs, nos amis et nos collègues de travail, l'une d'elles remporte la palme d'or : la peur d'être découverts et que l'on nous voie tels que nous sommes.

Il suffit qu'on vous présente comme psychologue pour voir la peur dans les yeux de votre nouvel interlocuteur. Un psychologue qui, de surcroît, s'aventure à deviner ce qui se passe dans la tête de notre nouvel ami craintif, assailli par des pensées et des émotions comme « eh merde ! il m'analyse » ou « il va voir qui je suis vraiment ».

De toute évidence, la racine de toute cette peur réside dans les efforts déployés par les parents, les enseignants et autres figures d'autorité éducative pour malmener et dilapider notre estime et notre conscience de nous-même. Tout le monde nous dit comment nous devrions être !

Dans ces circonstances, comme nous ne pouvons pas être ce que nous sommes, nous nous efforçons d'être comme nous pensons devoir être jusqu'au moment où arrive le vent du nord, la crise ou l'attaque. Nous commençons alors à nous interroger sur notre essence et sur l'essence de la personne avec laquelle nous vivons depuis trente ou quarante ans.

C'est alors que se met en place un processus qui nous permettra de nous relier à notre conscience de nous-même, mais où il y aura du sang, de la sueur et des larmes. Pour savoir qui nous sommes et découvrir notre essence, nous devons nous défaire de tous les vêtements que nous avons portés, de toutes les distractions que nous avons utilisées pendant des années, de tous les mensonges que nous avons répétés comme des mantras et de tous les caprices et fioritures que nous avons employés pour maintenir si longtemps cet équilibre délicat.

Je sais que c'est difficile, car nous avons construit un décor de façon à contenter les personnes qui nous disaient comment nous devrions être et fait en sorte de maintenir une façade pour échapper aux jugements et aux opinions que nous avions pris pour des faits.

Je sais parfaitement que cela ne se fait pas sans mal. Je sais ce que c'est que de se retrouver soudain seul face à une foule, sans façade, sans scénario, sans fioritures ni décorations et sans déguisement ni maquillage. Je sais ce que c'est que de craindre de ne pas être accepté et de partir en courant sans regarder derrière pour ne pas avoir à affronter le jugement de ceux qui voudraient que vous vous conformiez à leurs désirs.

Cher lecteur, le meilleur conseil que je puisse vous donner est de cesser de courir. Et si vous ne pouvez pas faire autrement, courez, mais pour atteindre un lieu qui vous convient, où vous êtes accepté et apprécié pour ce que vous êtes et non pour ce que vous possédez, vos succès, votre soumission ou votre paraître.

Commencez par vous accepter, cessez de faire semblant et montrez-vous tel que vous êtes. Croyez-moi, vous n'avez pas besoin d'ornements ou de fioritures ni de faire semblant. Détendez-vous et cessez de courir pour éviter de vous regarder. Cessez de fabriquer un décor et, plutôt que de vous démener pour vous faire apprécier des autres, faites en sorte de renforcer vos qualités, votre estime et conscience de vous-même, sans servitudes ni préjugés.

Accueillez avec un sourire ceux qui vous acceptent tel que vous êtes et dites adieu avec un sourire à ceux qui veulent faire de vous quelqu'un que vous n'êtes pas.

Je vous donnerai deux conseils. Eh oui, nous autres psychologues donnons des conseils ! La vie est brève et, pour comprendre certaines choses, il n'est pas nécessaire de les expérimenter ni de les découvrir par soi-même. Consacrez le temps précieux que vous auriez passé à réfléchir à ces questions à faire autre chose et mettez à profit toutes ces connaissances ancestrales dont je vous ai fait part.

Je ne vais pas y aller par quatre chemins. Le fait que vous ne plaisiez pas à quelqu'un ne signifie pas que vous ne pouvez pas plaire à des millions de personnes. Je vous conseille également de ne plus chercher à vous faire apprécier, à faire plaisir et à plaire à tout le monde, et de commencer plutôt à vous connaître tel que vous êtes et à travailler sur vous-même et votre épanouissement.

Des cœurs de glace

> *« Une parole bienveillante permet de supporter trois mois d'hiver. »*

Peut-être connaissez-vous quelqu'un qui a un cœur de glace et ne se soucie pas le moins du monde de la souffrance, de votre souffrance, quelqu'un qui vous utilise pour satisfaire ses besoins et combler ses failles et qui peut être votre partenaire, votre parent, un collègue de travail ou un prétendu ami.

Il n'est pas rare que ce soient ceux auxquels vous vous attendiez le moins qui vous fassent le plus de mal. Je dois hélas ! vous informer que les cœurs de glace finissent par glacer le cœur de leurs proches. Cette attitude néfaste, cette toxicité, cette amertume, cette peur ou cette désillusion sont contagieuses, même si vous n'en êtes pas conscient. Comment peut-on vivre avec un cœur de glace si on ne s'est pas désensibilisé ? Peut-être avez-vous un grand cœur ? Les cœurs de glace recherchent les cœurs sensibles, emplis de compassion et de douceur, des cœurs capables de faire preuve d'un amour inconditionnel et d'une bienveillance désintéressée, d'éviter l'humiliation et la domination et de satisfaire les besoins de l'autre avant leurs propres besoins.

Un cœur ne devient pas glacé en un jour ; c'est un processus qui prend du temps et avance de manière presque imperceptible. Peu à peu, le cœur se refroidit et la personne perd progressivement son sourire, sa lumière et son énergie. Son cœur, engourdi par le froid, cesse de vivre intensément et se limite à survivre.

Sans nous en rendre compte, nous perdons notre essence et finissons par devenir l'ombre affaiblie de ce que nous étions auparavant. Sans nous en rendre compte, en ignorant les signaux externes qui nous mettent en garde, en nous fâchant avec les personnes qui nous aiment et nous font part de leurs préoccupations et de leurs peurs. Nous nous isolons peu à peu de tout ce qui pourrait nous faire prendre conscience que notre cœur est de plus en plus froid. Petit à petit, nous nous déconnectons du monde extérieur pour nous réfugier dans un monde intérieur froid, obscur et vide.

Aussi devrez-vous peut-être, avant que l'hiver ne s'installe dans votre cœur, prendre des décisions pour ne pas vous retrouver submergé par un sentiment de tristesse, de rancœur ou même de haine.

Je vous invite à partager avec une personne qui vous est proche votre désir d'inverser ce processus de congélation. Montrez-lui une porte ouverte et une main tendue vers une attitude plus chaleureuse. Faites en sorte de définir un nouveau cadre de relation avec le monde et avec vous-même. Et, si cela ne fonctionne pas, ne laissez pas votre cœur geler. Vous méritez de vivre, de ressentir et de voler librement. Ne renoncez pas à une vie intense pour vivre la vie des autres, leurs attentes, leurs fantasmes et leurs traumatismes.

Libérez votre cœur de la glace. Montrez le chemin à ce cœur gelé. Si toutefois vous ne pouvez pas faire plus, si vous décidez de ne pas vous donner la main, si vous ignorez la possibilité qui vous est donnée, vous n'êtes pas prêt à faire ce pas. Ne renoncez pas pour autant et ne vous résignez pas, car, ne l'oubliez pas, vous méritez de vivre.

Mettez de la fluidité dans votre vie

Il y a aura de la fluidité dans votre vie à partir du moment où il y en aura en vous. Je vous propose pour y parvenir vingt-cinq conseils qui vous permettront de consolider votre attitude wabi sabi.

1. **L'acceptation est la base pour grandir.** Sans le vouloir, nous renforçons une attitude non conformiste envers nous-mêmes qui provoque un manque d'acceptation, et nous nous fixons des buts et des défis pour tenter d'apporter une réponse à ce non-conformisme débridé. La meilleure indication de notre croissance personnelle est certainement notre capacité à nous accepter. Acceptez-vous tel que vous êtes, sans honte ni culpabilité. Analysez les points sur lesquels vous souhaitez vous améliorer et relevez les manches de

façon à y parvenir petit à petit, sans vous hâter, mais sans faire de pause non plus.

2. **De même que vous changez, vous devez changer la conscience que vous avez de vous-même.** Oubliez ce que vous pensez être. L'image que vous avez de vous-même est constituée de ce que les autres ont pu dire de vous. Offrez-vous la possibilité de vous découvrir et d'accepter vos imperfections pour grandir. Je ne vous propose pas d'en être fier, mais de les repérer au lieu de les masquer, afin de les nommer, de faire un travail sur elles et de les accepter. Observez les jugements que vous avez pu porter sur vous-même et sur votre efficacité personnelle au fil du temps. Observez et analysez ces oscillations et créez des points de sauvegarde et de mise à jour.

3. **Engagez-vous envers vous-même et envers la vie.** L'engagement nous immunise contre l'abattement et c'est un très bon moyen de nous motiver. Tout comme vous vous engagez vis-à-vis d'autrui, le moment de vous engager envers vous-même est arrivé. Vous aurez peut-être beaucoup de choses à accepter et d'autres à changer, mais vous ne pourrez pas changer tant que vous ne tiendrez pas compte des conséquences de votre passivité, ce qui requiert un engagement envers vous-même et vos objectifs.

4. **Ne jugez pas les autres et ne vous jugez pas.** Il est difficile de juger, au risque de se leurrer soi-même pour pouvoir supporter une telle dureté. Apprenez plutôt à analyser, observer et comprendre. Quand on se juge soi-même on finit par juger les autres, et inversement. Engagez-vous à vous traiter avec bienveillance. Créez votre propre espace de bienveillance, un lieu symbolique ou réel où vous pourrez prendre soin de vous et vous parler avec respect. Soyez bienveillant envers vous-même. Ne vous parlez pas comme vous ne souhaiteriez pas qu'on vous parle. Si la colère s'est emparée de vous, dirigez-vous vers cet espace de bienveillance pour chasser cette colère, cette tendance que nous avons à culpabiliser et les exigences que nous avons envers nous-mêmes sans tenir compte de la réalité du contexte. Faites-vous un massage émotionnel afin de retrouver une perspective beaucoup plus juste.

5. **Faites en sorte de vivre de manière détendue.** S'il y a des tensions en vous, vous serez plus susceptible et aurez tendance à interpréter ce qui vous arrive comme une menace ou une provocation. Si vous vivez dans un environnement qui ne vous permet pas de vous détendre quand vous le souhaitez, vous avez encore plus besoin de vous détendre ;

pour compenser ce que vous ne pouvez pas changer, en tout cas pour le moment. Je vous suggère plusieurs pratiques qui, en plus d'être de bons stimulants, sont de très bonnes ressources : faites de l'exercice, lisez, respirez, prenez un bain, faites des massages et profitez du grand air. Nourrissez votre âme, votre vie et votre esprit tout comme vous nourrissez votre corps. Votre engagement envers vous-même se renforcera en fonction de la nourriture que vous vous donnerez.

6. **Choisissez de vous aimer dès lors que vous vous sentez emporté par une émotion négative ou tenaillé par un sentiment d'insécurité.** C'est ainsi que vous trouverez la patience, la sérénité et l'humilité nécessaires pour prendre du recul et examiner en détail ce qui se passe. Ayez sur vous-même un regard bienveillant et faites preuve d'indulgence envers vous-même. Vous punir ne vous aidera pas, bien au contraire.

7. **Mieux vaut tenter de comprendre la résistance plutôt que de chercher à la vaincre.** La plupart des arbres que vous voyez n'auraient jamais grandi s'ils avaient cherché à vaincre la résistance. Au lieu de cela, ils ont adapté leur forme pour s'acclimater aux vents du nord, fuir l'ombre et trouver la lumière au-dessus des autres arbres.

La tempête parfaite

Une accumulation de circonstances finit parfois par provoquer une situation que nous n'aurions jamais prévue ou imaginée.

La vie est imparfaite, de même que la connaissance que nous avons de nous-mêmes et de nos réactions.

Quand la tempête parfaite arrive, soyez bienveillant envers vous-même, protégez-vous et analysez ce qui l'a provoquée.

---

8. **Il est préférable de rechercher des solutions personnelles plutôt que des prototypes universels.** La situation dans laquelle vous vous trouvez est une combinaison de paramètres presque impossibles à reproduire. Au lieu de copier des solutions universelles, je vous invite à élaborer vos propres solutions. Si vous n'y parvenez pas du premier coup, ne vous inquiétez pas, ce n'est qu'une question de temps et de persévérance.

9. **Trouvez l'équilibre entre la sagesse et la folie.** On doit parfois s'en remettre au bon sens et d'autres

fois à la désinhibition. Ne vous inquiétez pas, c'est comme lorsqu'on apprend à cuisiner. Au début, on peut préparer un plat qui sera fade, ou pas assez salé. Mais avec le temps et l'expérience nous savons quelle quantité de sel mettre dans nos plats. Il en est de même pour la vie, où alternent moments de folie et de sagesse pour trouver l'équilibre.

Vivez vos rêves

Je dédie cet encadré aux fous qui rêvent et sont capables d'envisager la possibilité de vivre leurs propres rêves. Nous avons peur de rêver éveillé. C'est pourtant un exercice que nous devrions faire souvent, car quand nous rêvons éveillés, l'espoir a les coudées franches sur un terrain où la cognition peut venir nous offrir des possibilités de réaliser nos rêves.

Mais la peur et l'insécurité font parfois acte de présence et nos rêves sont alors passés au crible de la raison, qui est beaucoup plus figée et restrictive et s'emploie à nous faire douter de nos projets. Il nous faut faire preuve d'un grand courage pour accomplir nos rêves, et même être un peu fou... À moins que le fou ne soit celui qui n'a pas le courage d'accomplir ses rêves ?

---

10. **Analysez la perception que vous avez de vos compétences.** Peut-être n'est-elle pas fondée. Peut-être êtes-vous plus compétent que vous ne le pensez ? Vous pouvez apprendre, vous améliorer et grandir. Et plus vous serez compétent, plus vous vous sentirez en sécurité. Le sentiment de compétence est essentiel pour développer le courage et vous motiver à passer à l'action.

11. **Ne renoncez pas à être comme vous êtes pour vous faire accepter.** Mettez sous contrôle votre moi idéal. Nous croyons à tort que notre moi qui aspire à réaliser des choses crée une impulsion, alors qu'il ne pourra jamais motiver un comportement ou une action. L'idéalisation a pour effet de vous démotiver en ce sens qu'elle vous dit que vous n'êtes pas bien comme vous êtes. Ce manque d'acceptation provoque en nous de la tristesse puis de l'anxiété quand nous constatons que notre idéal ne se réalise pas. Soyez très attentif à la pertinence de cette représentation, car celle-ci est bien souvent illusoire. Elle n'est qu'un idéal et c'est pourquoi je vous invite à repérer vos idéaux et à leur faire suivre un régime strict de réalité.

12. **Quand on ne fonctionne pas bien, ce n'est ni le moment d'agir ni de prendre des décisions.** La meilleure chose à faire est d'observer notre

imperfection et de faire en sorte de la débloquer. Et pour la débloquer, il existe un tandem qui se révèle toujours efficace : faire de l'exercice et passer du temps au grand air. Si vous êtes bloqué dans l'indécision, mettez en pratique cette maxime : s'il ne s'agit pas d'une question de vie ou de mort, mieux vaut ne rien décider (et de même si c'est une question de vie ou de mort !).

Faites quelque chose pour quelqu'un

Lorsque vous vous sentez bloqué, épuisé et frustré, il existe une ressource que je pratique régulièrement et vous invite à pratiquer : faire quelque chose pour quelqu'un.

Vous pouvez faire quelque chose pour une personne que vous connaissez ou qui vous est totalement inconnue. Observez simplement comment votre sentiment d'être bloqué disparaît alors. Faire quelque chose pour quelqu'un vous permettra de sortir de cette spirale de blocage dans laquelle vous êtes enfermé et d'avoir la satisfaction d'avoir contribué au bien-être de quelqu'un.

---

13. **Rappelez-vous que nous espérons que les choses seront en syntonie avec notre état mental.** Si nous nous sentons un peu bizarres, nous donnons

un cadre à nos attentes et celles-ci guideront notre comportement et nous finirons par nous comporter comme des bêtes curieuses. D'où l'importance de revoir vos attentes et vos prédictions si vous voulez éviter ce genre de problème.

14. **L'intention ne vous conduira nulle part.** Ce qu'il faut, c'est transformer ses intentions en actions. Nous nous levons le matin pleins d'intentions, mais qu'est-ce qui fait que cette intention se transforme en action ? C'est la détermination. Dressez la liste de vos motivations et de vos priorités, de vos désirs et de vos besoins, et examinez si vous les comblez. Ce sont les choix que nous faisons qui déterminent comment nous évoluons, mais il nous faut pour grandir avoir transformé nos intentions en résolutions, en engagements et en actions.

15. **Rencontrez toutes sortes de personnes.** Nouez des liens d'amitié avec des personnes qui vivent dans un autre pays, parlez avec des gens d'une autre classe sociale, recherchez la compagnie de personnes différentes, sans juger et sans vous juger. Voyagez pour rencontrer des gens d'autres cultures et vous verrez, en plus de vous enrichir, qu'il existe un monde au-delà

de votre monde, que votre horizon s'élargit et que vous n'êtes pas aussi bizarre que vous le pensez.

16. **Nous sommes vulnérables et c'est ce qui nous rend humains.** Admettez que vous êtes fragile et que vous avez besoin de vous protéger, mais ne renoncez jamais à quelque chose de peur d'être brisé. Vous savez que vous pourrez vous reconstruire. Vous êtes aussi fragile que fort. Engagez-vous à réparer vos cicatrices et votre souffrance. J'aime les personnes qui ont des cicatrices, car elles sont la meilleure preuve qu'elles ont osé vivre de façon intense et désinhibée. Ne cachez pas vos cicatrices, elles vous rendent plus beau et plus fort. Je suis imparfait, fragile et brisé, mais je n'en ai pas honte. Et vous ne devriez pas en avoir honte non plus…

17. **Apprenez à vivre avec un certain degré de dissonance en vous et autour de vous.** Nous avons besoin de nous donner et de donner aux autres une marge, car une cohérence totale nous paralyserait et aurait pour effet que nous ne pourrions pas tolérer les défauts des autres et aurions du mal à nouer des relations d'une manière positive.

18. **Donnez-vous une nouvelle chance.** Les échecs éternels n'existent pas. Cessez de ressasser un échec que vous avez connu dans le passé. Qui plus est, ce que vous considérez comme un échec cessera de l'être si vous parvenez à tirer les leçons de votre expérience. Apprenez de cet échec, archivez-le et oubliez-le pour pouvoir diriger toute votre attention sur un présent stimulant et plein de nouveaux défis.

19. **Cessez de vouloir adapter votre vie au rythme des autres.** Notre situation et les circonstances qui sont les nôtres ne sont pas les leurs, et vous n'avez pas à vivre leur vie avant de commencer à vivre la vôtre. À trop regarder celle des autres, vous passez à côté de votre vie. Définissez vos priorités. Si vous ne les définissez pas vous-même, qui va les définir pour vous ?

20. **Examinez vos habitudes et vos routines.** Nous faisons souvent des choses vides de sens et camouflées derrière une habitude, que ce soit prendre un café dont nous n'avons pas besoin ou consulter notre téléphone au volant… Quel sens cela a-t-il ? Pouvez-vous changer cette habitude ? Voulez-vous en changer ? Le sens de ce que vous faites est la clé qui guidera votre vie. Demandez-vous quel est le sens de ce que vous

faites et de ce que vous avez décidé de ne plus faire. Assurez-vous aussi que ce que vous faites a du sens pour vous et non pour d'autres personnes. À quoi bon persévérer dans quelque chose qui n'a pas de sens ?

21. **Lorsque nous vivons dans le mensonge ou poursuivons une chimère, nous avons peur de nous réveiller.** Certaines personnes se sont peu à peu déconnectées du monde en se coupant de la réalité. Engagez-vous à ne pas vous raconter d'histoires. Notre capacité à nous convaincre de tout et n'importe quoi n'est qu'un constat.

22. **Observez-vous comme s'il s'agissait de quelqu'un d'autre.** Regardez-vous de loin, en prenant de la distance. On voit tout beaucoup mieux avec du recul. Vous n'êtes pas une exception. Nous avons besoin de comprendre en profondeur certains aspects de notre esprit, de nos émotions, de notre comportement et de la façon dont ils interagissent à certains moments. Il existe une relation entre les processus mentaux et le monde émotionnel et leurs effets sur nos attentes, nos rêves et nos désirs, ainsi que sur nos jugements, notre satisfaction, notre sentiment de honte ou de culpabilité. La seule manière de nous com-

prendre est de nous observer et de nous analyser plus en profondeur.

23. **Fuyez l'approbation sociale.** Passez-vous-en et vous serez libre. Quelqu'un qui se sent menacé par vous, par quelque chose que vous possédez, que vous représentez, qui lui manque et qu'il veut avoir, dont il a besoin et que vous avez, vous attaquera, prendra ses distances ou s'en prendra à votre conscience de vous-même. C'est, hélas, un phénomène fréquent dans les familles, chez les parents non sécurisants qui ne veulent pas que leurs enfants les dépassent ou les mères qui ne veulent pas perdre leur rôle de mère protectrice et élèvent leurs enfants en les rendant vulnérables et dépendants. Vous devez en tout état de cause protéger votre conscience de vous-même, car ce n'est pas vous qui avez un problème, mais eux.

24. **En tant qu'adultes, nous pouvons jouer un rôle capital.** Nous pouvons amener les enfants qui nous entourent à voir les choses autrement. N'éludez pas cette responsabilité. Exercez-la avec diligence et discrétion chaque fois que vous êtes témoin d'une situation défavorable pour un enfant. Votre capacité d'influence est beaucoup plus grande que vous ne le pensez. Faites-en bon

usage, apportez-leur sécurité et courage, équilibre et indépendance, autonomie et liberté. Un geste de complicité suffit parfois.

25. **Wabi sabi, c'est le respect de la diversité et de l'inclusion.** Veillez à ne pas discriminer, marginaliser ou montrer du doigt. Acceptez les autres et rapprochez-vous si vous le souhaitez, ou éloignez-vous si vous préférez vous éloigner, mais toujours avec respect. Veillez à inclure plutôt qu'à exclure, et partagez cette attitude avec vos proches. Faites en sorte de renforcer auprès de vos proches la tolérance, la coopération, la sensibilité, l'équilibre et la capacité de persévérer en dépit de l'adversité.

CHAPITRE 10
Kokei mikuni, le sentiment de transcendance

> *« Il avait besoin de se sentir en sécurité, de se sentir épaulé. »*

Pour terminer, je souhaiterais partager avec vous tout ce que la vie m'a appris ou, pour le dire autrement, tout ce que j'ai appris en vivant.

J'ai longtemps pensé que la raison était un signe de supériorité et de maturité et lui avais donné un rôle prédominant dans ma vie. Jusqu'au jour où j'ai compris que la raison et l'esprit n'étaient pas tout-puissants, et que les émotions et la motivation étaient tout aussi importantes.

J'ai appris que ce n'est pas en m'appuyant sur la seule raison que j'allais pouvoir comprendre le monde ou le vivre pleinement. La raison m'avait toujours été d'une grande aide, mais je ne pouvais pas ignorer les émotions que j'éprouvais, ni les pulsions, les besoins et les désirs que j'avais ou cessais d'avoir.

J'ai prêté attention aux signaux d'incohérence entre ce que je voulais, ressentais et désirais. J'ai cessé de les ignorer pour commencer à analyser ce qu'ils me disaient en les mettant en perspective et en prenant de la distance, ce qui m'a permis de comprendre le message que je n'étais jusque-là pas prêt à entendre.

J'ai compris que, pour vivre en équilibre, je devais fonder ma vie sur un tripode, et non sur un piédestal. Il n'existe presque aucune irrégularité de terrain à laquelle une structure comportant trois points d'appui ne puisse s'adapter, et il est pratiquement impossible de ne pas trouver un point d'équilibre avec un tripode.

J'ai beaucoup cherché, mais ce n'est qu'à partir du moment où j'ai abandonné les piédestaux et commencé à penser en termes de tripode que j'ai trouvé l'équilibre. De tripode qui s'appuie sur la raison, l'émotion et la motivation, les trois grands mécanismes d'adaptation psychologique qui m'ont aidé à transcender, transformer, comprendre les choses et à vivre en paix.

Plutôt que de chercher des solutions, j'ai commencé à chercher l'inspiration

« Dans l'imperfection, je me sens serein. »

J'ai appris que, si je ne réglais pas mes problèmes, personne d'autre n'allait se charger de le faire à ma place. J'ai passé la moitié de ma vie à chercher des solutions qui fonctionnent et des recettes à appliquer, mais rien de ce que je lisais, voyais ou étudiais ne fonctionnait pour moi.

Je cherchais des solutions universelles sans savoir qu'elles n'allaient jamais fonctionner pour moi comme elles avaient fonctionné pour les autres et que je devais trouver une issue qui me soit propre. De nombreuses personnes, pour la plupart bien intentionnées, m'avaient expliqué ce qu'elles avaient fait pour trouver une réponse à leurs problèmes ou opérer un changement dans leur vie, persuadées que, si cela avait fonctionné pour elles, cela fonctionnerait pour moi. Ce qu'elles ignoraient, c'est que ma situation n'était pas la même que la leur et que leurs conseils ne pouvaient que renforcer ma frustration.

J'ai décidé d'oublier les recettes et les solutions universelles et magiques pour rechercher quelque chose qui m'aiderait à réfléchir, m'inspirerait et serait une sorte de point de départ pour évoluer, mûrir et rechercher des alternatives afin de satisfaire mes besoins et de résoudre mes problèmes. Les solutions universelles n'ont rien de bon ni d'efficace. En fait, elles n'existent pas. C'est ainsi que j'ai commencé plutôt à chercher des sources d'inspiration.

Déconstruire

> *« J'entreprends un voyage en moi-même et dans le monde. »*

Au fil du temps, à force de lire, d'observer et d'analyser, j'ai appris à voir le monde avec un regard wabi sabi. Cela s'est passé sans que je m'en rende compte, sans que je le nomme ainsi et sans même lui donner un nom. Il m'a fallu déconstruire des notions que je trouvais sensées et cesser de voir ce que je pensais voir et voulais voir, pour aller à la rencontre de la réalité, si terrible soit-elle, sans filtres, sans ajouts, sans peurs ni désirs, sans pressions internes ou externes, et sans doutes et attentes à satisfaire.

Je me suis rendu compte que, lorsque je prenais des décisions ou planifiais mon avenir, je ne partais pas de la réalité, mais de l'image que je m'en étais faite. Je prenais des décisions trop hâtives, ce qui avait d'énormes répercussions sur ma vie. Je comprenais mal la réalité, simplifiais trop ce que je voyais et anticipais des conclusions en suivant un processus logique, mais sur une base erronée. J'ai découvert que ce qui commence mal peut difficilement bien finir.

Je me suis rendu compte que mes analyses étaient très superficielles, et que ce qui est superficiel nous induit en erreur. J'étais guidé par les apparences et les pressions, et les personnes autour de moi qui l'avaient compris agissaient en conséquence. J'avais des préjugés au lieu d'analyser, jugeais au lieu d'observer et confondais mes désirs et mes peurs avec la réalité, si bien que je prêtais plus d'attention à l'image déformée et précipitée que je m'étais faite de la réalité qu'à la réalité elle-même.

Je me suis aperçu que je n'affrontais pas la réalité, mais une représentation de la réalité, ce qui revenait à la simplifier. J'ignorais certains détails et restais focalisé sur d'autres, contaminant la réalité avec mes raisonnements, mes peurs, mes attentes et mes biais.

Dans ma vie agitée, j'ignorais les détails et tout ce qu'ils pouvaient m'apporter comme informations. Je ne tenais pas compte des subtilités qui font toute la différence et, au lieu d'accepter le fait que je me trompais à cause de mes analyses superficielles, légères et précipitées, je continuais à me mentir, à faire porter le chapeau aux autres ou à minimiser les conséquences négatives de mon erreur, de sorte qu'au lieu d'évoluer j'allais d'erreur en erreur, de déception en déception, de souffrance en souffrance.

Mais, un beau jour, tout a changé : j'ai commencé à déconstruire les notions et les schémas que j'avais du monde en adoptant le regard de l'enfant que je n'ai pas été et de l'explorateur que j'ai toujours voulu être, et à analyser en détail tout ce que je voyais comme si c'était la première fois.

J'ai abandonné le regard du spécialiste derrière lequel je me réfugiais pour commencer à découvrir avec bonheur ce qui était autour de moi. J'ai recherché le détail et la subtilité et commencé à élaborer une nouvelle vision du monde, de la vie et des individus, beaucoup plus dynamique, ouverte et constructive.

J'ai compris que la vie est un processus dynamique qui nous permet de nous créer et de nous recréer aussi souvent que nécessaire. J'ai pris conscience que nous ne sommes pas déterminés et que nous pouvons changer. J'ai travaillé sur moi-même, je me suis réinventé, je me suis actualisé. J'ai réexaminé mes croyances, les notions et les schémas que j'avais de la réalité et je me suis mis en quête d'un nouveau sens pour ma vie, mes pensées et mon ressenti. En somme, j'ai déconstruit pour pouvoir reconstruire.

J'ai commencé à vivre léger

> *« Aujourd'hui, je me sens capable d'entreprendre ce voyage, je me sens en sécurité. »*

Sans y mettre un nom, sans savoir que c'était une vie wabi sabi, j'ai décidé que j'allais vivre le moment présent et qu'il me fallait pour cela voyager léger. J'ai commencé à apprécier la simplicité et à lâcher du lest. Si je voulais remplir ma vie, je devais me défaire des choses que je n'avais pas réglées et qui me pesaient. C'était la seule façon d'enrichir ma vie.

J'ai réexaminé les poids que je portais et qui me procuraient un semblant de sécurité. J'ai mis en pratique le non-attachement aux objets et aux possessions, mais aussi aux émotions, aux sentiments, aux personnes et aux chimères.

C'est dans le dépouillement que j'ai trouvé la légèreté que je recherchais. J'ai tout ce dont j'ai besoin, tout ce que je désire, mais mes possessions ne me limitent pas et ne sont pas un poids. J'ai cessé d'accumuler, de me préparer pour des choses qui n'auront jamais lieu. J'ai lâché prise et commencé à marcher en étant plus léger, et c'est cette légèreté qui m'a permis de m'adapter rapidement aux changements que la vie allait me proposer.

Je me suis concentré sur le fait « être » et j'ai éliminé les distractions matérielles, ce qui m'a permis de gagner en sécurité et de mieux recourir à mes propres ressources. J'ai cessé de croire que je ne pouvais pas et de me sentir incomplet, vulnérable et incapable. J'ai cessé de rechercher à l'extérieur quelque chose qui m'aiderait à pouvoir et vouloir vivre, et j'ai compris que notre force émotionnelle est notre meilleure ressource, ce que nous possédons de plus précieux, notre meilleur soutien.

Cette sécurité nouvelle m'a permis de me sentir libre sur le plan émotionnel et mental, libre de vivre intensément et sans inhibitions. Je vous invite à en faire l'expérience. Rapprochez-vous, abordez de nouvelles personnes, explorez, exercez votre curiosité en étant libre de préjugés, détachez-vous de vos préoccupations. Faites-le, passez à l'action. C'est en explorant que vous pourrez construire.

J'ai cessé de tout préparer et de tout planifier. J'ai cessé de vouloir contrôler l'avenir et me suis ouvert à une vie plus désinhibée, ce qui a permis au changement, à la nouveauté et à l'inattendu d'entrer dans ma vie.

J'ai appris à vivre avec ce qui est incomplet et à regarder ce que j'ai et non ce qui me manque. J'ai accepté l'imperfection, en moi et autour de moi, et compris que la beauté est éphémère, ce qui me permet d'apprécier sa transformation et d'en profiter avec un regard neuf, plein d'amour et de compréhension.

J'ai levé le pied de l'accélérateur. Je me suis mis à rechercher activement la tranquillité, sachant qu'elle est la meilleure ressource pour vivre sa vie pleinement et sereinement.

Avec humilité et modestie, j'ai accepté mes limites. Je les ai explorées en sachant que je ne pouvais pas me surpasser ni me mettre à l'épreuve en permanence. J'ai calmé mon cœur qui s'était emballé et lui ai accordé du repos. J'ai appris que j'avais besoin de faire alterner défis et périodes de repos, périodes de travail et de calme, phases d'activité et de contemplation.

J'ai commencé à vivre sans prétention, sans avoir besoin d'être au centre de l'attention, sans vouloir être important et en faisant preuve de modestie, mais en étant bien présent. Mon authenticité, tout comme votre authenticité, s'apprécie par le contact et la façon dont nous nous comportons avec les autres. J'étais libre. Je n'avais pas à montrer ni à confirmer mon statut. Quel statut ? J'ai cessé d'accorder de l'importance à mes diplômes et de montrer d'où je venais. Je me suis libéré d'un poids qui a cessé de me conditionner et que je considère maintenant comme quelque chose qui a pesé sur moi pendant un temps. J'ai accepté le fait que mes qualités ne dépendent pas de mon passé, de mon histoire, de ma classe sociale, de mes origines, ni même de mon avenir, mais seulement de mon présent. J'ai décidé de me présenter tel que je suis : authentique, simple, sans artifices ni sophistications qui viendraient masquer mon essence véritable.

J'ai pris conscience que la simplicité est la clé et décidé de réduire ma vie à son essence, mais en gardant la poésie. J'étais enfin libre d'avancer dans le monde. Le perfectionnisme, la peur de l'échec et la non-acceptation des pertes prenaient toute la place, me conditionnaient, m'entravaient, me pesaient, me ralentissaient et m'empêchaient d'adopter une posture plus souple, plus détendue et plus réaliste. Je me suis délesté de ce poids qui n'avait aucun sens. J'ai libéré ma vie et mon esprit de l'esclavage de la non-acceptation et du perfectionnisme et ressenti pour la première fois la liberté d'être moi-même.

Aujourd'hui, avec cette nouvelle perspective, j'accepte le fait que j'avais peur que les choses ne se passent pas comme je le souhaitais, ne durent pas aussi longtemps que je l'espérais et ne soient pas aussi parfaites que je l'aurais voulu. De toute évidence, la perte et le caractère périssable des choses m'avaient conditionné pendant très longtemps. Je l'admets avec l'humilité de celui qui, lorsqu'il regarde en arrière, reconnaît avoir parcouru un chemin tortueux et incertain pour être celui qu'il est maintenant.

Personne ne m'a appris à vivre. Personne ne m'a appris à comprendre le monde. J'ai dû le faire pas à pas, en lisant des livres et en me posant des questions, avec des désillusions et des chutes, des découvertes et des frustrations, de la satisfaction et de la souffrance.

J'ai dû me réconcilier avec l'incertitude, la peur, le passage du temps, l'échec, les attentes non comblées ou mon incapacité, parfois, de trouver des réponses. Mais, grâce à tout ce que j'ai appris, j'ai pu enfin commencer à vivre au lieu de survivre et à vivre intensément en dépit de l'imperfection et de ma propre imperfection.

Avec le temps, j'ai adopté une attitude plus réaliste et détendue envers l'existence, parce que j'avais compris que rien n'est complet, tout se transforme, tout vient et repart, tout croît ou décroît, et que j'avais besoin de poser sur les choses un nouveau regard pour vivre cette vie dynamique.

J'ai réexaminé mon mode de vie et me suis demandé si ma vie pouvait être différente, sachant que la réponse que j'allais donner à cette question courageuse allait peut-être entraîner dans ma vie un changement sans retour.

Henko, un changement sans retour

« Wabi sabi, parce que la vie est belle, même avec des erreurs. »

Au Japon, on emploie le mot « *henko* » pour décrire un changement irréversible, recherché ou non, mais qui provoque une transformation révélatrice.

Je sais maintenant qu'il y a eu à un moment donné dans ma vie une expérience *henko*. Mon *henko* a été d'ordre comportemental, un changement d'attitude qui m'a conduit à adopter une nouvelle manière de voir, d'observer, de ressentir et de réagir. J'ai acquis une nouvelle perspective, une nouvelle façon d'aborder les choses, un nouveau cadre de sens pour être en relation avec le monde et le comprendre. Sans le savoir, j'avais adopté une attitude wabi sabi.

Ce changement d'attitude m'a permis d'accepter le fait que certaines choses ne changeront jamais, quoi que je puisse décider, tenter ou souhaiter. Je ne pouvais ni ne devais agir sur tout ce qui m'entourait. J'ai appris qu'il est parfois préférable d'accepter les choses plutôt que de combattre un géant, et qu'il était beaucoup plus pertinent de porter mon attention sur ce qui pouvait effectivement être changé.

Mon processus *henko* a été un changement de mon attitude, et non de la réalité, des personnes ou du monde. J'ai compris que la vie est telle qu'elle est, mais que mon attitude pouvait changer. Mon nouveau regard me permettait de distinguer de nouveaux sens. J'ai compris qu'il fallait éclairer ce qui ne l'est pas ou passe inaperçu. Grâce à mon changement *henko*, j'ai découvert de nouvelles façons de vivre que je n'aurais jamais imaginées auparavant, ou que je n'aurais jamais pensé adopter un jour. J'ai compris que ce n'est pas parce que certaines choses dans la vie n'ont aucun sens que nous ne pouvons pas vivre avec.

Je lui dois beaucoup, à mon changement *henko*…

J'ai aussi ressenti un jour l'effet *hatsune*. En japonais, « *hatsune* » désigne le premier chant des oiseaux quand le printemps arrive. Il nous indique que la terre se réveille et que le printemps est bel et bien là. C'est très inspirant, n'est-ce pas ? J'ai senti que ma vie se réveillait et que j'étais prêt pour une nouvelle étape et c'était une sensation merveilleuse.

Vous méritez vous aussi de ressentir l'effet *hatsune* dans votre cœur, de sentir le printemps qui se réveille dans votre âme. Un printemps émotionnel que vous pourrez éprouver en prenant quelques décisions et en faisant quelques pas.

Dans l'ombre, tout nous semble obscur et froid et nous avons l'impression que cela ne va pas s'arranger ou que ce sera même pire, quoi qu'on fasse. Ce qui est certain, c'est que j'ai pu observer l'effet *hatsune* chez des personnes ayant décidé de faire le premier pas pour sortir d'une relation toxique, d'un travail démotivant ou d'une famille dominante. Leur visage s'illumine parce qu'elles ont de nouveau le sentiment d'avoir un contrôle sur leur vie et commencent à entrevoir un avenir enrichissant et attrayant.

Le meilleur conseil que je puisse vous donner est d'adopter une attitude wabi sabi, une nouvelle façon de voir, de comprendre, de ressentir et de réagir qui nous permet de transcender les pressions, les jugements et les besoins inutiles pour nous centrer sur ce qui compte vraiment : vivre et enrichir notre vie…

Wabi sabi est une stratégie pour mieux vivre notre existence avec tous nos sens, sachant que les meilleurs moments, les plus riches, commencent avec une décision. Nous avons besoin de dépasser tout ce qui relève du superflu pour adopter un nouveau point de vue, une nouvelle perspective qui nous libère et nous pousse à agir.

Une attitude wabi sabi nous apprend à penser par nous-mêmes. C'est beaucoup plus qu'une notion, et la meilleure ressource à notre disposition pour vivre cette existence imparfaite. Rappelez-vous que la vie est belle, même avec des erreurs.

Wabi sabi, le livre, arrive à sa fin et je consacrerai mes dernières réflexions à la motivation. Nous savons que nous voulons vivre mieux et pensons même savoir comment procéder, mais nous ne faisons rien pour que nos intentions se transforment un jour en réalité. Soit nous ne passons pas à l'action, soit nous tentons d'appliquer ce que les autres nous conseillent de faire sans savoir qu'en règle générale les recettes ne fonctionnent pas. Maintenant que vous avez lu *Wabi sabi*, vous savez que, tant que vous ne changerez pas d'attitude, vous ne pourrez pas faire le premier pas qui vous permettra d'atteindre le but que vous vous êtes fixé.

Si nous ne parvenons pas à changer notre attitude, cela tient souvent à notre manque de motivation, parce que nous ne sommes pas conscients des bienfaits que ce changement pourrait nous apporter ni des effets délétères d'un non-changement. Je vous ai donné dans cet ouvrage des clés pour comprendre le fonctionnement du processus motivationnel, et peut-être souhaiterez-vous en faire une nouvelle lecture, plus approfondie cette fois, en gardant à l'esprit que la motivation est l'impulsion qui initie, maintient et guide le comportement vers un objectif.

Définissez vos intentions, établissez un plan d'action, persévérez de façon intelligente et racontez-moi comment les choses se passent pour vous. Si la volonté ou la motivation vous font défaut, vous trouverez dans ce plan d'action et auprès de moi le meilleur soutien. Écrivez-moi à l'adresse tomas@tomasnavarro.es pour me faire part de votre expérience et je serai ravi de vous répondre et de vous conseiller au mieux.

Faites en sorte de renforcer votre motivation de ressentir et vous verrez qu'elle est plus forte que votre peur. Votre motivation de grandir doit être plus forte que votre confort. Veillez également à ce que votre motivation de vivre soit plus forte que n'importe quelle excuse que vous pourriez trouver.

Chers amis, chers lecteurs, je vous remercie de m'avoir accompagné tout au long de ce voyage. Je ne saurais toutefois vous quitter sans vous rappeler que lorsque l'on ne vit pas, on survit, jusqu'au jour où l'on se rend compte qu'il faut commencer à vivre, ce qui arrive généralement trop tard.

Ce livre est maintenant terminé et je me mettrai d'ici à quelques semaines à l'écriture d'un nouvel ouvrage, qui viendra clore la trilogie initiée avec *Kintsukuroi* et dont l'idée m'est venue pendant que j'écrivais celui-ci. Puis-je vous demander quelque chose ? D'avoir vécu quand vous tiendrez mon prochain livre entre les mains…

La Cerdagne, mai 2018.

Remerciements

Je tiens à exprimer ma gratitude à toutes les personnes anonymes qui ont changé la vie d'un enfant, d'un jeune, d'un adulte ou d'une personne âgée. Un simple regard, un geste bienveillant, une caresse ou un sourire peuvent illuminer une vie, inspirer de nouveaux horizons et soulager un cœur bien lourd. Il ne fait aucun doute que le monde est meilleur grâce à vous.

Je tiens également à exprimer ma gratitude et mon admiration à toutes les personnes qui sont capables de faire quelque chose pour quelqu'un d'une manière désintéressée, spontanée et désinhibée, uniquement parce qu'elles ont eu l'impulsion de le faire. De toute évidence, le monde a besoin de plus de personnes comme vous.

Enfin, j'adresse tous mes remerciements à deux êtres qui réunissent ces deux qualités : Nuria et Alicia.

Table des matières

PREMIÈRE PARTIE

Les clés d'une attitude wabi sabi

63

DEUXIÈME PARTIE

Wabi sabi pour tous les jours

165

TROISIÈME PARTIE

Le sentiment de transcendance

409

RÉALISATION : NORD COMPO À VILLENEUVE-D'ASCQ

IMPRESSION : CPI FRANCE

DÉPÔT LÉGAL : AVRIL 2020. N° 143554 (3037549)

IMPRIMÉ EN FRANCE